Comunicação Empresarial
E GESTÃO DE MARCAS

Comunicação Empresarial
E GESTÃO DE MARCAS

WILSON DA COSTA BUENO

Organizador

Manole

Copyright© 2018 Editora Manole Ltda., por meio de contrato com o organizador.

Editora gestora: Sônia Midori Fujiyoshi
Editora responsável: Ana Maria da Silva Hosaka
Projeto gráfico: Acqua Estúdio Gráfico
Diagramação: Elisabeth Miyuki Fucuda
Capa: Rubens Lima

Dados Internacionais de Catalogação na Publicação (CIP)
(Câmara Brasileira do Livro, SP, Brasil)

Comunicação empresarial e gestão de marcas /
organização Wilson da Costa Bueno. –
Barueri : Manole, 2018. – (Série Comunicação Empresarial)

Vários autores.
Bibliografia
ISBN 978-85-204-3838-1

1. Comunicação empresarial 2. Marca comercial –
Administração 3. Mídia I. Bueno, Wilson da Costa. II. Série.

17-06104   CDD-658.45

Índices para catálogo sistemático:
1. Comunicação empresarial : Administração de
empresas 658.45
2. Comunicação nas organizações : Administração de
empresas 658.45

Todos os direitos reservados.
Nenhuma parte deste livro poderá ser reproduzida, por qualquer processo,
sem a permissão expressa dos editores. É proibida a reprodução por xerox.

A Editora Manole é filiada à ABDR – Associação Brasileira de Direitos Reprográficos.

1ª edição – 2018

Editora Manole Ltda.
Av. Ceci, 672 – Tamboré
06460-120 – Barueri – SP – Brasil
Tel.: (11) 4196-6000 – Fax: (11) 4196-6021
www.manole.com.br
info@manole.com.br

Impresso no Brasil
Printed in Brazil

Durante o processo de edição desta obra, foram tomados todos os cuidados para assegurar a publicação de informações precisas e de práticas geralmente aceitas. Do mesmo modo, foram empregados todos os esforços para garantir a autorização das imagens aqui reproduzidas. Caso algum autor sinta-se prejudicado, favor entrar em contato com a editora.

As informações contidas nesta obra são de responsabilidade dos autores. O profissional, com base em sua experiência e conhecimento, deve determinar a aplicabilidade das informações em cada situação.

Sumário

Sobre os autores	VII
Apresentação	XI

PARTE 1 – A dimensão teórica — 1

1. Comunicação e gestão de marcas: revisando conceitos e práticas — 3
Wilson da Costa Bueno

2. Práticas narrativas nas organizações: uma abordagem discursiva — 17
Elizabeth Moraes Gonçalves e Ronivaldo Moreira de Souza

3. Ressignificação de marca: como as interações sociais virtuais geram a percepção do consumidor — 31
Everaldo Pereira

4. Comunicação, marketing e gestão da marca: questões contemporâneas — 51
Victor Hugo Lima Alves

PARTE 2 – Gestão de marcas e estratégias comunicacionais — 67

5. Marcas e conexões: muito além do evento — 69
Andréa Nakane

6. *Brand(ed) content* e estratégias de marca: apontamentos sobre *branding* nas organizações — 85
Marcelo Marques Araújo

7. Comunicação e gestão de marcas: a importância do relacionamento com a mídia 103
Paulo Roberto Salles Garcia

8. A participação dos novos influenciadores digitais na divulgação de produtos e marcas 117
Rogério Furlan de Souza

PARTE 3 – **Estudos de caso** 135

9. Reposicionamento da marca Tim: admitir o erro muda tudo? 137
Ana Maria Dantas de Maio

10. As mídias sociais e o marketing de relacionamento: análise da Gol Linhas Aéreas no Facebook 151
Flávia Danielly de Sousa Costa

11. Gestão das marcas nas mídias sociais: a disputa entre Nike e Adidas na Copa do Mundo de 2014 165
Karla Caldas Ehrenberg e Wilson da Costa Bueno

12. Estratégias comunicacionais e simbólicas dos rótulos de vinhos 183
Marcelo Cymerman Asnis

13. Marcas na berlinda: os sites sociais de reclamação e os desafios da gestão da comunicação corporativa no ambiente virtual 203
Marcelo da Silva

PARTE 4 – **Fontes e recursos para comunicação e gestão de marcas** 219

14. Comunicação e gestão de marcas: fontes e recursos 221
Wilson da Costa Bueno

Índice remissivo 245

Sobre os autores

SOBRE O ORGANIZADOR

Wilson da Costa Bueno é jornalista, ex-professor do Programa de Pós-graduação em Ciências da Comunicação da Escola de Comunicações e Artes da Universidade de São Paulo (ECA-USP) e do Programa de Pós-graduação em Comunicação da Universidade Metodista de São Paulo (UMESP). Mestre e doutor em Ciências da Comunicação pela ECA-USP. Orientou cerca de 120 dissertações e teses em Comunicação e Jornalismo e tem inúmeros livros e *e-books* publicados, além de dezenas de artigos em revistas acadêmico-científicas nacionais e internacionais. Consultor nas áreas de Comunicação Organizacional/Empresarial e Jornalismo Especializado. Diretor da Comtexto Comunicação e Pesquisa e da Mojoara Editorial. E-mail: wilson@comtexto.com.br.

SOBRE OS COLABORADORES

Ana Maria Dantas de Maio é doutora em Comunicação Social pela Universidade Metodista de São Paulo; jornalista da Embrapa Pantanal, em Corumbá (MS), desde 2007; mestre em Comunicação pela Universidade Estadual Paulista (Unesp), em Bauru; e graduada em Comunicação Social pela Universidade Estadual de Londrina (UEL). E-mail: anamaio@uol.com.br.

Andréa Nakane é bacharel em Comunicação Social, com habilitação em Relações Públicas pela Universidade Gama Filho, além de especializações em Marketing, Administração e Organização de Eventos, Educação do Ensino Superior e mestrado em Hospitalidade pela Universidade Anhembi Morumbi. Tem 25 anos de experiência profissional acumulada em vivência na área de hospitalidade e indústria. É sócia-diretora da empresa Mestres da Hospitalidade, cuja *expertise* é em inteligência estrategista em eventos corporativos e culturais, cerimonial e protocolo e capacitação do talento humano na área da hospitalidade. Doutoranda e docente da Universidade Metodista de São Paulo. E-mail: andrea.nakane@metodista.br.

Elizabeth Moraes Gonçalves é doutora em Comunicação Social pela Universidade Metodista de São Paulo. Docente permanente do programa de pós-graduação *stricto sensu* em Comunicação Social da Universidade Metodista de São Paulo, onde coordena o grupo de pesquisa Estudos de Comunicação e Linguagem (Coling). E-mail: bethmgoncalves@terra.com.br.

Everaldo Pereira é doutor em Comunicação Social na linha de pesquisa Comunicação Institucional e Mercadológica, mestre em Comunicação Social, especialista em Planejamento e bacharel em Comunicação Social pela Universidade Metodista de São Paulo; professor do Instituto Mauá de Tecnologia e da Universidade Nove de Julho; pesquisador associado ao Intercom – Sociedade Brasileira de Estudos Interdisciplinares da Comunicação, com experiência nas áreas de Planejamento, Design e Comunicação. E-mail: everaldo@arven.com.br.

Flávia Danielly de Sousa Costa é graduada em Comunicação Social com habilitação em Jornalismo pela Universidade Estadual Paulista (Unesp) e especialista em Comunicação Empresarial pela Universidade Metodista de São Paulo. E-mail: flaviacosta88@gmail.com.

Karla Caldas Ehrenberg é doutora e mestre em Comunicação pela Universidade Metodista de São Paulo. Professora do Centro Universitário Adventista de São Paulo (Unasp) e da Faculdade Adventista de Hortolândia nos cursos de Publicidade e Propaganda, Rádio e TV, e Jornalismo. E-mail: karla@rk28.com.br.

SOBRE OS AUTORES

Marcelo Cymerman Asnis é mestre em Comunicação Social pela Universidade Metodista de São Paulo, especialista em Administração Hoteleira pelo Senac e graduado em Comunicação Visual pela Fundação Armando Alvares Penteado (Faap). Cursou extensão em Graphic Design pela School of Visual Arts, de Nova York, e tem certificação em vinhos pela International Sommelier Guild (ISG). É *sommelier* certificado pela Sommelier School e possui certificação Empretec em empreendedorismo (ONU/Sebrae). E-mail: marceloasnis@gmail.com.

Marcelo da Silva é doutor em Comunicação Social pela Universidade Metodista de São Paulo, mestre em Comunicação Midiática e graduado em Relações Públicas pela Universidade Estadual Paulista (Unesp), em Bauru. Atualmente, é professor do curso de Relações Públicas da Universidade Federal do Maranhão. E-mail: marcelosilva_rp@hotmail.com.

Marcelo Marques Araújo é professor do curso de Comunicação Social com habilitação em Jornalismo da Universidade Federal de Uberlândia; professor e orientador no Programa de Mestrado Profissional em Tecnologias, Comunicação e Educação (Faced/UFU); pesquisador nas áreas de comunicação empresarial, *branding* nas organizações, comunicação especializada e marketing. Lidera o grupo de pesquisa *Branding* e Discurso nas Organizações. E-mail: marcelo.araujo@ufu.br.

Paulo Roberto Salles Garcia é jornalista e doutor em Comunicação Social pela Universidade Metodista de São Paulo. É sócio-diretor da empresa Belaprosa Comunicação Corporativa e Educação, pela qual presta consultoria no campo da comunicação empresarial. Coautor dos livros *Estratégias de comunicação nas mídias sociais*, *Comunicação empresarial: tendências e perspectivas* e *Comunicação empresarial: planejamento e gestão*. Integra o grupo de pesquisa Criticom – Comunicação Empresarial no Brasil: uma leitura crítica. E-mail: paulo.garcia@belaprosa.com.br.

Rogério Furlan de Souza é radialista, mestre em Comunicação Social pela Universidade Metodista de São Paulo, especialista em Comunicação e Marketing pela Metrocamp/Ibmec, docente na Universidade Metodista e no

Centro Universitário Adventista de São Paulo (Unasp) e diretor de audiovisual da RK28 Comunicação. E-mail: rogerio@rk28.com.br.

Ronivaldo Moreira de Souza é doutorando em Comunicação Social pela Universidade Metodista de São Paulo, bolsista integral Capes, membro do grupo de pesquisa Estudos de Comunicação e Linguagem (Coling). E-mail: ronivaldomds@gmail.com.

Victor Hugo Lima Alves é doutor e mestre em Comunicação Social pela Universidade Metodista de São Paulo, administrador especializado em marketing pela Fundação Getulio Vargas (FGV), professor adjunto da Universidade Federal de Roraima, líder do grupo de pesquisa Comunicação, Consumo e Contemporaneidade (Semiocom) e pesquisador do grupo Estudos de Comunicação e Mercado (Ecom). E-mail: valves.mkt@gmail.com.

Apresentação

As marcas (corporativas, de produtos, serviços e mesmo as chamadas marcas pessoais) vivem momentos difíceis na sociedade conectada em que vivemos. Algumas delas se mantêm permanentemente em situação de desconforto, maltratadas por consumidores descontentes, enquanto outras não resistem aos novos desafios e sucumbem, impiedosamente, sem deixar saudades. Um número sensivelmente menor de marcas felizmente não tem do que se queixar e ocupa espaço privilegiado na mente dos cidadãos, conseguindo inclusive ter acesso aos seus bolsos.

A disputa cada vez mais acirrada por um lugar no mercado; a consolidação de um novo perfil assumido pelos públicos de interesse das empresas e organizações, cada vez mais exigentes e articulados; a emergência das mídias sociais que reverberam freneticamente elogios e críticas; e a eclosão sucessiva de crises, disseminadas vertiginosamente por um mundo globalizado, exigem novas posturas e novas práticas.

Diante desse panorama, as marcas não podem abrir mão da excelência em comunicação sob pena de verem comprometidos o seu presente e o seu futuro. Isso significa que devem dispor de estruturas profissionalizadas e competentes, incorporar definitivamente o planejamento e as metodologias de mensuração, e estar alinhadas com atributos fundamentais que tipificam uma sociedade democrática: a sustentabilidade, a inovação, a ética, a transparência e a governança, entre muitos outros.

Este livro, que reúne mais de uma dezena de estudiosos, pesquisadores e profissionais da Comunicação, é a quarta obra da coleção Comunicação Empresarial, da Editora Manole, e traça uma perspectiva atual e ampliada do universo das marcas, buscando estabelecer a relação entre as ações de comunicação e o processo de gestão de marcas, com ênfase na realidade brasileira.

Os capítulos estão distribuídos em quatro partes, que abrangem a revisão dos conceitos, detalham e analisam diversas estratégias comunicacionais aplicadas à gestão das marcas, ilustradas com a apresentação de casos, e finalizam com um amplo levantamento de fontes e recursos para o estudo e a prática dessa temática moderna.

A proposta desta obra, como dos demais livros da coleção, é favorecer o incremento da massa crítica em comunicação e contribuir para ampliar o debate sobre temas emergentes da comunicação empresarial a partir de uma perspectiva crítica, respaldada em conceitos consistentes, em resultados de investigação científica e no olhar acurado sobre o mercado profissional.

Se este livro estimular a realização de novos estudos, pesquisas e reflexões sobre a comunicação empresarial brasileira, teremos atingido plenamente os nossos objetivos.

Boa leitura.

Wilson da Costa Bueno (Org.)
wilson@comtexto.com.br

Parte 1 – A dimensão teórica

1 Comunicação e gestão de marcas: revisando conceitos e práticas

Wilson da Costa Bueno

AS MARCAS NA CONTEMPORANEIDADE

A bibliografia sobre comunicação e gestão de marcas ainda é menos generosa do que se poderia esperar, tendo em vista sobretudo a importância das marcas para as empresas e as organizações modernas. Na verdade, ao entender o conceito em sua perspectiva mais abrangente, será possível estendê-lo inclusive para as pessoas (fala-se com frequência em "marca pessoal" e na "marca Brasil"). Isso não significa que a oferta de bons textos sobre a temática geral que envolve as marcas na contemporaneidade seja reduzida, pelo contrário. O que acontece, porém, é que o foco, sobretudo na literatura brasileira, não está, necessariamente, na gestão da comunicação, mas sim em outros aspectos, como a avaliação do valor da marca, a relação entre marca e consumo e, mais recentemente, o "desconforto" experimentado pelas marcas (de produtos, de serviços e corporativas) nas mídias sociais.

Ao se considerar apenas os títulos tradicionais em comunicação organizacional, comunicação empresarial e comunicação corporativa (e eles são cada vez mais numerosos), percebe-se que há ainda poucas referências explícitas e densas sobre comunicação e gestão de marcas, com atenção específica a ações de relações públicas ou de assessoria de imprensa, por exemplo, com esse foco. Predominam, pois, as obras, dissertações e teses que relacionam as marcas, prioritariamente, com os campos da propaganda e do marketing. A comunicação corporativa as contempla ainda um pouco à distância, como se as marcas estivessem localizadas em outro território, talvez reflexo de um tempo em que a comunicação empresarial (organizacional ou corporativa) se limitava à chamada comunicação institucional e via com preconceito as manifestações de caráter estritamente mercadológico. Na verdade, há duas décadas, era menor a percepção de que existe (e é fundamental construir) uma "marca corporativa" e de que esse termo e esse conceito estavam associados quase sempre apenas a produtos e serviços.

É comum recorrer, para a definição de marca, à Associação Americana de Marketing (AMA), que a vislumbra como "um nome, termo, símbolo, desenho ou uma combinação desses elementos utilizado para identificar os bens ou serviços de um fornecedor e que serve para diferenciá-lo dos seus concorrentes" (Kotler, 2000, p. 426). Talvez seja por isso que muitos professores e profissionais ainda reduzem a marca à sua identidade física ou visual, o que, evidentemente, se constitui em grave equívoco. Ao mesmo tempo, marca não é sinônimo de produto, a não ser que também se flexibilize o próprio conceito de produto, ampliando a visão que o confunde com um bem físico ou um serviço. O produto, em sua concepção moderna, pode estar associado também a uma pessoa, a um lugar, a uma ideia, a uma causa e assim por diante. Ou seja, um produto pode ser adquirido, utilizado, consumido e inclusive ser assumido a partir de uma relação que extrapola a dimensão estritamente física. A Latam é uma marca, mas o Greenpeace também é, assim como representam marcas os times de futebol (alguém desconhece a importância das marcas Barcelona ou Palmeiras?) e, hoje em dia, inúmeras celebridades do mundo da moda, da comunicação e da cultura.

Não há dúvida de que a marca incorpora não apenas atributos racionais, mas também emocionais, afetivos e que eles contribuem para distinguir um produto (entendido em sua perspectiva mais abrangente) dos demais.

Os responsáveis pela gestão das marcas buscam, evidentemente, conferir-lhes credibilidade e prestígio, convictos de que as marcas que têm esse perfil evocam maior fidelidade dos consumidores, são menos vulneráveis às crises e permitem a obtenção de margens de lucro maiores. Na prática, as marcas que alcançam esse patamar na percepção dos consumidores, e dos cidadãos de maneira geral, são frequentemente associadas a uma maior qualidade, a um melhor desempenho, a uma relação mais vantajosa em termos de custo/benefício e, por extensão, conferem aos seus usuários prestígio ou popularidade.

Atualmente, as marcas empenham-se com vigor para serem percebidas a partir de um conjunto básico de valores, como a sustentabilidade e a inovação, e essas características costumam frequentar o processo de comunicação que as projeta para o mercado e para a sociedade.

As marcas enfrentam, no mundo moderno, uma série de desafios, entre os quais estão o aumento do número de concorrentes; a preferência, em certos segmentos, por marcas de menor custo ou já sobejamente conhecidas; a rápida obsolescência dos produtos ou serviços a elas associados; o perfil mutante das novas gerações e a gradativa mobilização dos consumidores; a existência de uma legislação mais severa em relação a problemas de fabricação, aos processos de atendimento e mesmo à comunicação não ética. As marcas não estão imunes ao embate entre o local e o global que, muitas vezes, incorpora, além das dimensões econômica e sociocultural, a questão política ou ideológica, tornando complexo o seu processo de gestão. O processo recorrente de fusão de empresas, que se acirra nos tempos modernos, traz consequências importantes para as marcas porque exige dos seus detentores esforços formidáveis para revitalizá-las, reposicioná-las e até mesmo para excluí-las do mercado (o Banco Santander fez desaparecer as marcas Banespa e Real após a aquisição dessas instituições financeiras, e o processo não foi simples, porque se tratavam de marcas tradicionais de indiscutível prestígio). A criação da BRF, após a fusão da Sadia e da Perdigão, acarretou desdobramentos importantes para essas marcas, reconhecidamente de grande visibilidade em determinados nichos do setor da alimentação, e tem requerido esforço e competência para mantê-las em evidência, porque, tradicionalmente, elas estavam em oposição, lutando ferrenhamente por cada "milímetro" do espaço desse mercado.

Há alguns conceitos importantes e que se relacionam com o universo das marcas, como a sua identidade ou personalidade, a sua imagem, sua força, seu valor, entre outros. Vale a pena abordá-los, ainda que rapidamente, no capítulo que inaugura esta obra.

A PERSONALIDADE E A IDENTIDADE DA MARCA

A personalidade da marca pode ser entendida como um conjunto de características que a definem e que podem estar associadas, por exemplo, a gênero, a idade, a determinada classe socioeconômica. Assim, podemos falar em marcas femininas, marcas jovens, marcas de elite ou de luxo e, no fundo, algumas marcas buscam estar associadas a determinado estilo de vida. A Natura, por exemplo, empenha-se em associar a sua marca corporativa (e a de seus produtos) a valores como sustentabilidade, biodiversidade e bem-estar, e tem sido bem-sucedida graças à gestão e à comunicação reconhecidamente competentes.

A personalidade da marca é, com frequência, influenciada pela categoria do produto ou serviço à qual ela está associada e, no caso de marcas corporativas, a sua personalidade decorre, certamente, do setor ao qual ela se filia. Ainda que uma instituição financeira se empenhe para evidenciar distinções em relação às demais, ela acaba acumulando uma série de percepções que dizem respeito ao setor como um todo. O mesmo se aplica às agroquímicas, às mineradoras, às empresas de construção civil ou de cosméticos, só para citar alguns casos.

Da mesma forma, a personalidade da marca se projeta a partir da sua identidade visual (da embalagem, no caso de produtos físicos), da imagem do "seu dono", da sua tradição no mercado (embora esse atributo esteja sendo pulverizado em determinados segmentos pela consolidação de empresas líderes, embora com pouco tempo no mercado) e mesmo do seu preço de comercialização. Em determinados segmentos, muitas vezes, a qualidade não está associada a preços menores e, dependendo do perfil do usuário de algumas marcas, elas "ficam bem ou mal na foto". É possível afirmar que até o país de origem de uma marca específica (seu fabricante, no caso de marca de produto) empresta a ela certa personalidade, ainda que esse fator possa se modificar ao longo do tempo. Costuma-se associar baixa qualidade, para determinados produtos no Brasil, à procedência chinesa, e essa associação também penalizou, em outros tempos, os produtos oriundos do Japão.

É importante admitir que a mudança de personalidade de uma marca constitui um processo de gestão difícil, porque, em geral, sobretudo para as marcas que estão há longo tempo no mercado ou detêm consumidores fiéis (os fãs da marca), a incorporação de um novo *ethos* não é tarefa nem fácil nem rápida.

Até mesmo a mudança da identidade visual de uma marca, aspecto importante da sua personalidade, pode provocar rupturas na relação desta com os seus públicos de interesse (consumidores, por exemplo), e algumas empresas já experimentaram essa situação de forma dramática. A mudança da personalidade da marca tem importância fundamental para o processo de gestão da comunicação, porque ela quase sempre implica alteração significativa do seu foco, o que, muitas vezes, provoca conflitos com as estratégias de comunicação desencadeadas anteriormente para alavancá-las. Os públicos que se identificam com a personalidade original de uma marca podem não aceitar a mudança e rejeitá-la, o que, num mercado de intensa concorrência, pode significar riscos inclusive à sua sobrevivência.

A personalidade da marca também se identifica com o seu nome, que deve ser escolhido a partir de um amplo estudo e que deve levar em conta fatores culturais, facilidade de memorização (e até de expressão, o que favorece – e muito – a sua comunicação) e de associação à sua utilidade ou uso.

Tomiya (2010) adverte dos riscos que correm as marcas ao não revelarem a sua identidade, ou seja, ao não assumirem o seu DNA. Ele identifica os três principais problemas cometidos por inúmeras marcas e que, segundo ele, acabam provocando "ruídos de percepção" por parte dos seus públicos estratégicos: o mimetismo, o oportunismo e o idealismo.

O mimetismo está relacionado com a inexistência de uma identidade clara e se manifesta quando a marca opta por se tornar refém das marcas líderes, copiando inclusive a sua comunicação. Isso significa que ela abre mão da sua essência, dos seus valores, dos seus diferenciais e se comporta como uma "marca seguidora". Para Tomiya (2010, p. 55):

> O problema do mimetismo acontece nitidamente quando esquecemos nossa identidade. Muitas vezes, esquecemo-nos de quem realmente somos, e a concorrência, a competição sempre nos coloca diante da tentação de fugirmos de nossa identidade e de nossos valores. Quando isso acontece, o risco é muito grande, porque, em vários casos, vemos que marcas líderes adotam como estratégia o *Me-too*.

O oportunismo diz respeito à procura de alternativas de mercado que podem conflitar, inclusive, com sucessos obtidos pelas marcas em situações anteriores. Há várias maneiras de provocar esse conflito, mas o mais comum é adotar a extensão da marca para alguns produtos que acabam por degradar o seu valor. Tomiya (2010, p. 55-6) cita os casos conhecidos da Harley-Davidson, que ousou lançar perfumes aproveitando-se do prestígio da marca, o que não foi simplesmente aceito pelos seus leais clientes; e, da mesma forma, da Starbucks, nos Estados Unidos, que, identificada com a excelência na comercialização do café, cometeu o equívoco de transformar as suas lojas em pontos para venda de sanduíches frios, o que foi rejeitado pelos seus consumidores. Não se altera, impunemente, a essência da marca. Quase sempre, essas tentativas podem resultar em riscos e fracassos.

O idealismo, ainda segundo Tomiya (2010), relaciona-se com a falta de sintonia entre o que a marca almeja ou pretende ser e aquilo que ela efetivamente é. Com isso, ela acaba prometendo o que não consegue entregar e criando expectativas às quais ela não pode corresponder, de que resulta uma interpretação negativa por parte dos seus públicos de interesse.

A IMAGEM DA MARCA

A imagem é um dos valores intangíveis de uma organização, assim como a reputação, a capacidade ou potencial de inovação, o capital humano, a cultura organizacional, o relacionamento com os *stakeholders* etc.

Simplificadamente, a imagem da marca (corporativa ou de produtos) é a representação mental de uma organização ou empresa (ou de seus produtos) construída por um indivíduo ou grupo a partir de percepções e experiências concretas, informações e influências recebidas de terceiros ou da mídia.

A imagem da marca e a identidade da marca são conceitos bastante distintos. Como explica Khauaja (2008, p. 80):

> Identidade, contudo, é diferente de imagem. Identidade é um conceito de emissão e imagem, um conceito de recepção. Ou seja, a identidade é a concepção que a marca tem de si mesma, e a imagem é uma decodificação feita pelo público de todos os sinais emitidos pela marca.

Uma organização pode ter vários produtos ou prestar serviços em algumas áreas, e é razoável admitir que cada um deles pode ter sua própria imagem, ou seja: produtos e serviços (que acabam se consolidando em marcas) de uma mesma organização podem ter imagens distintas.

A imagem de marca corporativa e a imagem de marcas de produtos e serviços não se confundem necessariamente, e algumas marcas de produtos ou serviços não estão obrigatoriamente associadas à marca corporativa. Da mesma forma, é possível admitir que a imagem corporativa e a imagem de marcas de produtos e serviços costumam requerer esforços e ações distintas em termos de comunicação/marketing, porque a imagem corporativa e a imagem de marcas de produtos e serviços normalmente obedecem a processos distintos de segmentação e, portanto, se reportam a públicos não totalmente coincidentes ou sobrepostos. Isso não significa que se deve reforçar a velha e equivocada dualidade entre as dimensões institucional e mercadológica de uma marca. As marcas corporativa e de produtos de uma empresa ou organização precisam estar articuladas e, nesse sentido, a comunicação exerce um papel fundamental para estabelecer essa articulação.

A imagem das marcas (corporativas e de produtos) pode ser construída e/ou gerenciada, mas é importante ter presente que esse processo não depende unicamente das ações e estratégias de comunicação/marketing, porque outros fatores, inclusive outros ativos – tangíveis ou intangíveis –, contribuem para a sua formação.

O processo de construção da imagem da marca segue o mesmo roteiro/planejamento das atividades/ações básicas em comunicação: exige conhecimento detalhado dos públicos, definição correta dos canais de relacionamento e dos níveis de discurso a serem utilizados e requer metodologias para a avaliação de sua eficácia.

A auditoria de imagem de marca (corporativa ou de produtos e serviços) é um instrumento básico e estratégico de avaliação sistemática da percepção de seus públicos de interesse. Ela pode ser realizada a partir de pesquisa/sondagem junto aos públicos de interesse (*stakeholders*) ou da leitura de materiais (reportagens, documentos, falas, discursos) que focalizam as organizações (marca corporativa) e seus produtos e serviços.

Os projetos de auditoria de imagem das marcas podem ser bastante refinados, sobretudo quando não se limitam aos canais tradicionais e incorporam as mídias sociais. Elas têm uma dinâmica própria e não é fácil precisar o universo de análise e quais categorias ou indicadores devem integrar um projeto de auditoria de imagem que as contemple. Será sempre necessário analisar com atenção quais perfis no Twitter, no Facebook, ou quais blogs, por exemplo, devem ser incluídos no projeto, e que métricas devem ser utilizadas para avaliar a presença e a imagem das marcas nas mídias sociais. Na verdade, essas decisões dependem de cada marca em particular, porque a elas estão associados públicos de interesse distintos que podem contemplá-las com conceitos, preconceitos ou juízos de valor decorrentes de experiências concretas de uso ou contato.

Não há ainda, apesar da insistência de inúmeras agências em vender fórmulas mágicas, instrumentos efetivamente competentes ou precisos para avaliar a imagem ou reputação das marcas nas mídias sociais, porque a característica básica desses espaços virtuais é a expressão de mensagens não organizadas, que fogem a estruturas padronizadas e que, muitas vezes, atendem a interesses individuais daqueles que os frequentam.

É imperioso assumir que cada mídia social têm um perfil e um sistema de produção/interação próprios e que é necessário desenhar instrumentos específicos para cada caso. É evidente que os critérios de ponderação da importância dos perfis/comunidades do Twitter e do Facebook não podem se confundir com o número de seguidores ou participantes de uma marca (corporativa ou de produtos). Não se pode esquecer que os mundos *on-line* e *off-line* dialogam o tempo todo e que o prestígio das fontes (editores de blog, twitteiros etc.) tem a ver, muitas vezes, com os seus relacionamentos fora das redes sociais.

Dessa forma, pode-se a avaliar a presença e a imagem das marcas nas redes sociais a partir de sua menção nesse espaço e também pelo número de pessoas (seguidores ou participantes) que replicam ou comentam posts a respeito delas, mas isso ainda é muito pouco e pode induzir a erros formidáveis.

FORÇA DA MARCA, VALOR DA MARCA E LEMBRANÇA DA MARCA

Embora as expressões força da marca e valor da marca sejam utilizadas muitas vezes como sinônimas, é preciso distingui-las com clareza, porque elas encerram características diversas. A força da marca se relaciona com o julgamento dos consumidores e está ligada à realidade, ao momento presente. O valor da marca é uma abstração financeira, contábil, e leva em conta o futuro.

Furrier (2008) agrega informações importantes para a distinção entre força e valor da marca. Segundo ele, "força de marca é o conjunto de associações e comportamentos por parte dos clientes, de membros do canal de distribuição e da corporação empresarial que permite à marca desfrutar de uma vantagem competitiva sustentável e diferenciada" (Furrier, 2008, p. 136). Já "o valor de marca é o resultado financeiro da habilidade de geração de alavancagem do valor da marca por ações táticas e estratégicas, provendo lucros correntes e futuros superiores aos da concorrência, com riscos mais baixos" (Furrier, 2008, p. 136).

A força da marca não se confunde também com o tamanho da marca. Uma marca muito conhecida nem sempre tem mais força, ou seja, é mais valorizada em termos de decisões de compra ou de avaliação (dedicação).

A força da marca costuma estar relacionada a pelo menos quatro fatores básicos:

- Preço/demanda.
- Fidelidade (ligada à decisão de compra).
- Lembrança (*awareness*).
- Dedicação (ligada à avaliação em relação às demais).

Uma marca será forte se as pessoas estiverem dispostas a pagar mais por ela e se o seu preço for menos sensível a alterações bruscas do que o de seus concorrentes. A força da marca sofre a influência de alguns fatores que estão, de imediato, dela desvinculados, como o grau ou intensidade da competição entre as empresas ou produtos (marcas) que integram determinado setor. Há, evidentemente, setores mais competitivos e outros que são definidos por verdadeiros monopólios, e essa condição afeta sobremaneira a percepção da marca e a sua força. A força da marca pode ser mensurada pela decisão de compra pelos consumidores ao longo do tempo. Ela pode ser identificada a partir da resposta à seguinte pergunta básica: em que porcentagem de vezes os consumidores optam pela marca (e a compram) em vez das marcas substitutas?

A mensuração do valor da marca tem merecido destaque com a aceleração do processo de fusão e aquisição de empresas, o que tornou evidente uma realidade há algum tempo já percebida: os valores envolvidos nas transações nos processos modernos de fusão superam aqueles que, tradicionalmente, estavam associados aos dos chamados ativos tangíveis.

O valor da marca tem, essencialmente, uma componente financeira, e circulam no mercado inúmeras metodologias que permitem o seu cálculo, cada vez mais abrangentes e refinadas. Qualquer que seja o critério ou metodologia utilizado para esse fim, é importante perceber que:

- O valor da marca tem um grau não desprezível de subjetividade.
- O valor da marca pode variar em função do perfil do comprador em potencial.
- É difícil comparar marcas porque nem sempre os contextos são equivalentes.
- Não se pode mensurar o valor de uma marca sem levar em conta outros ativos intangíveis (capital intelectual, cultura organizacional, capacidade de inovação etc.).
- Toda valoração que contempla o futuro, como é o caso do valor das marcas, trabalha com variáveis múltiplas e que não podem ser necessariamente controladas. Não se pode garantir que o valor das marcas representa efetivamente a realidade, e não é incomum descobrir que algumas marcas foram adquiridas por preço maior ou menor do que o que efetivamente elas tinham.

Há outros conceitos que também merecem a nossa atenção neste capítulo que abre a obra sobre comunicação e gestão das marcas, por exemplo, a dedicação e a fidelidade às marcas. No caso de produtos ou serviços, é importante lembrar que há consumidores que compram uma marca com muita frequência, mas também compram outras marcas (são dedicados a várias marcas), e que existem consumidores que não têm frequência de compra, mas, quando o fazem, optam sempre pela mesma marca (são leais à marca e não a trocam por outras).

A fidelidade é importante para as marcas (qual marca não gostaria de ter consumidores fiéis, leais por excelência?), mas ela nem sempre se traduz em compra. O consumidor pode julgar que uma marca é melhor, mas não optar por ela na hora da compra porque leva (ou é obrigado a levar) em conta inúmeros outros fatores, como o seu preço, a disponibilidade de recursos para adquiri-la e a facilidade de acesso (nem sempre as marcas melhores são fáceis de encontrar). Os consumidores leais a uma marca costumam ser chamados de "evangelistas da marca", porque a defendem, propagam suas qualidades e influenciam outros consumidores.

Ao mesmo tempo, a existência de consumidores dedicados é vital para as empresas porque, mesmo não sendo absolutamente leais, eles são assíduos compradores dessas marcas (em muitos casos, em intensidade absurdamente maior do que a dos consumidores leais), e essa condição representa, efetivamente, uma vantagem (no mínimo econômica) para as marcas.

É importante lembrar também que não existe relação direta entre esses dois conceitos (dedicação e lealdade às marcas) e a chamada lembrança da marca. A lembrança da marca tem a ver com a familiaridade, o conhecimento que os públicos, como os consumidores, têm de uma marca. O fato de uma marca ser muito lembrada não implica, necessariamente, que ela tenha a preferência dos públicos. Na prática, uma marca pode ter um elevado índice de lembrança, mas isso não se traduz em fidelidade ou dedicação.

A COMUNICAÇÃO NA CONSTRUÇÃO DAS MARCAS

Uma marca pode ser efetivamente construída, mas é preciso levar em conta nesse processo inúmeros fatores, quase sempre articulados ou interdependentes.

Em primeiro lugar, é necessário conhecer o mercado e, em particular, o setor ou segmento no qual será lançada a nova marca. Trocando em miúdos, é fundamental conhecer as marcas concorrentes, suas vantagens e desvantagens, sua personalidade, sua imagem, sua força e valor, porque o mercado, a não ser no caso dos monopólios, é acirradamente disputado. Não há espaço para o amadorismo ou para a mera intuição no processo de construção das marcas: ele demanda pesquisa, estudo, criatividade e muita transpiração.

Em segundo lugar, é fundamental saber posicionar a marca em relação aos concorrentes, permitindo que o público, ao ser apresentado a um conjunto cada vez mais amplo de alternativas, decida escolher esta e não qualquer outra. Para tanto, o conhecimento detalhado do perfil dos consumidores é indispensável, porque só assim será possível atender às suas demandas e expectativas, seus hábitos de consumo e, enfim, suas necessidades, que se situam tanto no campo da razão como no da emoção.

Em terceiro lugar, a marca deve ser adequadamente "desenhada", e isso inclui a definição precisa de sua identidade ou personalidade (nome, identidade visual etc.), dos atributos que a tornam competitiva em relação aos concorrentes, além da tomada de decisão a respeito de seu preço, dos seus canais de distribuição, da busca de agilidade dos processos de fabricação (no caso de produtos), da perseguição da excelência no atendimento, inclusive no pós-venda, e assim por diante.

Finalmente, o processo de construção de uma marca deve pressupor o investimento correto em comunicação e marketing, porque ela precisa ser conhecida pelos públicos de interesse (seus consumidores, por exemplo), ter uma imagem que esteja alinhada com as demandas desses públicos e que sinalize para a integridade dos seus "donos". Como vimos anteriormente, tem sido cada vez mais difícil para as marcas estarem dissociadas daqueles que as detêm e das posturas ou atitudes que eles assumem no mercado e na sociedade.

Há que se considerar também, no processo de construção de uma marca, a articulação necessária entre a produção e a comunicação da marca, e, ao mesmo tempo, entre estas duas instâncias e os valores advogados pela sociedade. Uma marca que esteja associada a um processo de fabricação não sustentável ou a uma gestão não ética tende a ficar comprometida diante dos seus públicos de interesse.

O lançamento de uma nova marca deve ser planejado de forma adequada, com atenção especial às ações e estratégias de comunicação, que são o foco principal deste capítulo. Assim, é importante a definição correta dos canais de divulgação (eles são acessados pelos públicos de interesse?), dos formatos e conteúdos das mensagens que irão subsidiar a campanha de lançamento e de algumas estratégias que podem imprimir a elas vantagens em relação às marcas concorrentes.

As respostas precisas às perguntas seguintes podem contribuir para o sucesso do planejamento de comunicação de uma marca:

- Essa é uma marca que imita ou copia as marcas líderes ou ela traz um componente absolutamente inovador em relação a elas?
- A comunicação da marca vai se concentrar em alguns canais (mídias sociais, televisão, pontos de venda) ou vai utilizá-los todos? Há recursos para fazer essa comunicação de maneira abrangente ou será preciso fazer opções? Quais são os canais utilizados pelas marcas concorrentes?

- Como as marcas concorrentes se comunicam e quais são os pontos principais de sua divulgação? Quais são as virtudes propagadas por outras marcas para se colocarem no mercado e conquistarem a preferência dos públicos de interesse?
- Na comunicação da marca, ela vai se referir aos atributos dos concorrentes e realizar comparações que lhe tragam vantagem em relação a eles ou terá uma proposta inovadora, chamando atenção pela originalidade da sua campanha?

O processo de comunicação para a gestão das marcas é, quase sempre, bastante complexo e deve ser planejado com tempo adequado e profissionalismo, requerendo estudo e pesquisa permanentes num mercado em constante e dramática mudança. Ele precisa ser desenvolvido por profissionais que tenham uma visão abrangente da comunicação, assumida obrigatoriamente como estratégica e integrada, além do profundo conhecimento do mercado e da sociedade.

O fato de muitas marcas sobreviverem por pouco tempo ou viverem em turbulência constante significa que ainda há um longo caminho a percorrer. Numa sociedade absolutamente conectada, em que os consumidores e os cidadãos de maneira geral se caracterizam pelo protagonismo e interagem de forma frenética, louvando ou "detonando" as marcas, os desafios precisam ser vencidos no menor tempo possível. Fazer tudo rápido e bem feito: esta é a receita para o sucesso das marcas.

QUESTÕES PARA DEBATE

1) Imagine duas marcas de prestígio (por exemplo, Natura e Gessy Lever) e, em seguida, enumere e descreva a sua personalidade, conforme conceituação expressa neste capítulo.
2) Analise o impacto das sucessivas crises institucionais, políticas, econômicas na imagem da "marca Brasil".
3) Qual a importância da comunicação corporativa para o processo de construção das marcas? Tendo em vista a emergência das mídias sociais e o protagonismo dos consumidores, que estratégias podem ser desenvolvidas para fortalecer a imagem das marcas?

REFERÊNCIAS

FURRIER, M.T. Patrimônio de marca. In: SERRALVO, F. (Org.). *Gestão de marcas no contexto brasileiro*. São Paulo: Saraiva, 2008, p. 135-162.

KHAUAJA, D.M.R. Construção de marcas. In: SERRALVO, F. (Org.). *Gestão de marcas no contexto brasileiro*. São Paulo: Saraiva, 2008, p. 77-122.

KOTLER, P. *Administração de marketing: a edição do novo milênio*. São Paulo: Pearson, 2000.

TOMIYA, E. *Gestão do valor da marca: como criar e gerenciar marcas valiosas*. Rio de Janeiro: Senac-Rio, 2010.

2 Práticas narrativas nas organizações: uma abordagem discursiva

Elizabeth Moraes Gonçalves
Ronivaldo Moreira de Souza

INTRODUÇÃO

A comunicação na contemporaneidade se caracteriza pelo aspecto relacional, de tal forma que a alteridade tem sido o elemento-chave de persuasão, ainda que seja apenas nas práticas discursivas. As organizações espelham essa subjetividade no relacionamento com seus diferentes públicos. Sendo assim, a construção da identidade, personalidade e natureza emocional da marca constitui-se como item fundamental para a sua sobrevivência na sociedade de consumo.

Percebendo o claro deslocamento dos modos de adesão do consumidor, antes baseados na tradição e na hereditariedade e agora na experiência satisfatória e hedonista, as organizações transformam e adaptam o seu discurso a esse novo cenário. Os apelos publicitários e imperativos de outrora dão espaço a histórias e depoimentos subjetivos de clientes e funcionários. A ideia é fazer com que a relação marca/cliente se transforme em uma relação entre clientes mediada pela subjetividade da marca. Em outros termos, a arte de sobreviver nesse cenário está intimamente ligada à arte de contar boas histórias, com narradores convincentes.

Ao estudar as narrativas das organizações, na perspectiva discursiva, é importante salientar que os sujeitos das narrativas não são os sujeitos dos fatos ou acontecimentos, uma vez que se situam em lugar e tempo distintos. O sujeito faz a edição dos fatos no seu depoimento, e a organização os seleciona e divulga, propondo um novo efeito de sentido, muitas vezes diferente daquele de origem. O sujeito que narra investe-se de poder para construir a história da maneira que julga eficiente para os propósitos daquele momento. Da mesma forma, é um sujeito situado histórica e ideologicamente para representar o fiador da organização e, muitas vezes, falar em seu nome.

O objetivo central deste estudo qualitativo, de cunho teórico, é propor uma reflexão sobre a importância do registro das narrativas de diferentes atores no contexto organizacional como elemento argumentativo a favor da construção de uma identidade sólida, capaz de influenciar a construção de uma imagem positiva da organização e o cenário da contemporaneidade, que tende a considerar a qualidade dos relacionamentos como diferencial competitivo.

A COMUNICAÇÃO ORGÂNICA E A CULTURA ORGANIZACIONAL

Entender as organizações como organismos vivos que se sustentam e se mantêm na e pela sociedade da mesma forma como a influenciam e a constroem implica assumir que a comunicação oriunda desse ambiente deva ser igualmente orgânica – termo recentemente agregado à comunicação organizacional para designar uma crítica à "comunicação funcional, setorizada, hierarquizada e, a partir de uma visão mais ampla, encarar a comunicação como algo interativo, coletivo e valorativo" (Gonçalves e Giacomini Filho, 2015, p. 4).

As práticas comunicacionais e discursivas devem refletir as relações que a organização estabelece no cotidiano com os seus diferentes públicos e com a sociedade em geral. São as práticas corporativas no contexto social que dão corpo à identidade e que são capazes de tornar forte a imagem organizacional, originando o que se denomina cultura organizacional, entendida a partir de Scroferneker (2010, p. 190) como um tecido "tramado e (re)tecido com base nos diálogos simultaneamente visíveis e invisíveis [...] conforme os interesses organizacionais". Portanto, o dizer e o agir devem revelar princípios de uma cultura, de um "cimento que mantém a organização como um todo, que lhe confere sentido e engendra sentimento de identidade entre seus membros" (Ferrari, 2011, p. 152), sob pena de ter seu discurso desacreditado e sua imagem atingida. Dessa forma, não basta colocar vasos de plantas no ambiente de trabalho para que a narrativa ambientalista seja consistente, assim como não basta dispensar o traje social na sexta-feira ou permitir que o funcionário traga seu animal de estimação para o escritório para que a narrativa de parceria se construa solidamente e assim por diante. Se as práticas discursivas não estiverem apoiadas em uma cultura organizacional, tornam-se discursos vazios.

A partir de Bakhtin (2006), entende-se que a linguagem é a melhor forma de construir um vínculo entre enunciador e enunciatário. Portanto, não estamos nos limitando ao nível da palavra nem do enunciado, mas enfatizando a maneira como esse enunciado é dito em dado contexto de enunciação. Trata-se do discurso como prática social, capaz de ligar o "eu" e o "outro". Aplicando ao contexto organizacional, poderíamos afirmar que a relação coerente entre os enunciados que determinada empresa produz e as práticas definidoras de sua cultura organizacional formam o elo mais forte capaz de vinculá-la emocionalmente aos seus públicos.

Para isso, não basta incluir os funcionários em acervos de depoimentos a favor da empresa. É preciso ouvi-los de fato. Dar-lhes voz. Não basta criar uma milionária campanha sob o *slogan* "Feito pra você" e figurar em primeiro lugar no *ranking* de reclamações do Banco Central exatamente no quesito "oferta ou prestação de informação a respeito de produtos e serviços de forma inadequada"[1], como aconteceu com o Banco Itaú. Analisando discursivamente, poderíamos dizer que o verdadeiro relacionamento com o cliente consiste nessa construção contínua, cimentada pelo discurso como prática social e pela prática social como discurso.

DA NARRATIVA À NARRAÇÃO

Os estudos sobre a subjetividade da linguagem, característicos de uma postura pós-estruturalista, implicam situar o humano no centro do processo

---

1 G1. *Itaú lidera ranking de reclamações do Banco Central em dezembro*. 2016. Disponível em: <http://g1.globo.com/economia/seu-dinheiro/noticia/2016/01/itau-lidera-ranking-de-reclamacoes-do-banco-central-em-dezembro.html>. Acesso em: nov. 2016.

de significação, dando origem a uma visão não instrumental dos signos. Isso significa dizer que a linguagem, qualquer que seja ela, não tem uma função puramente mecânica para codificar o pensamento, mas um funcionamento social e histórico por meio do qual se cria e se recria o universo. A abordagem das narrativas inseridas nesse ambiente, portanto, não deve limitar-se ao conteúdo das histórias e sua estrutura ou atualização de uma estrutura profunda, mas dirigir-se aos seus atores, sobretudo ao homem que narra e ao contexto enunciativo, conforme propõe Rabatel (2016, p. 17):

> [...] é-nos preciso examinar o "homem que narra", não mais por intermédio de uma lógica da narrativa que reduz seu papel a uma voz mais ou menos desencarnada, assegurando funções de "controle narrativo", mas por intermédio de uma lógica da narração que confere a essa voz um corpo, um tom, um estilo, uma inscrição em uma história (em todos os sentidos do termo).

Dessa forma, segundo o autor, procede-se "o descentramento teórico em curso da narrativa para a narração" (Rabatel, 2016, p. 17). Caso emblemático podemos observar, por exemplo, quando a Samarco, poucas semanas após a ruptura das barragens de Mariana (MG), que causou o maior desastre ambiental e social do país, em 5 de novembro de 2015, produz uma campanha institucional intitulada "É sempre bom olhar para todos os lados"[2]. Funcionários da empresa gravaram vídeos com depoimentos sobre os esforços da empresa em restabelecer o equilíbrio na região. Os relatos e os depoimentos são entendidos não apenas pelo conteúdo elaborado, mas pelos atores que personificam a empresa, que emprestam seus corpos como fiadores, no sentido de reverter o desgaste da imagem organizacional.

Casos como esse, em especial em momentos de crise, têm sido uma constante no universo das organizações, tanto na comunicação institucional quanto na mercadológica. Registrar histórias, compor um arcabouço narrativo no ambiente organizacional, tem sido uma alternativa de mostrar o reconhecimento e a valorização do outro, ainda que a real intenção seja usar a imagem do sujeito e seu lugar de fala como argumentos para valorizar a própria organização.

---

2 Disponível em: <http://www.samarco.com/historias>. Acesso em: 15 maio 2016.

A evolução tecnológica viabiliza esses registros, essa produção e circulação dos conteúdos oriundos dos mais diferentes atores sociais com os quais as organizações se relacionam. Ao construir uma linha do tempo para mostrar sua evolução, as organizações filtram as informações mais importantes ao longo do tempo e publicam os fatos que as destacam naquele cenário. Os produtos lançados, os serviços oferecidos, da mesma forma fazem parte desse patrimônio simbólico construído, portanto, também têm espaço para serem registrados nas organizações.

As narrativas organizacionais, contudo, não se constroem apenas por meio de palavras, de pronunciamentos, de histórias organizadas em um tempo, pois há um processo de narração, um contar história que se organiza em diferentes signos e em atitudes. Substituir "funcionário" por "colaborador", derrubar as paredes que dividiam as salas de escritórios, liberar o uso de uma roupa esportiva em vez da social na sexta-feira, criar espaços de convivência, investir em arquitetura e mobiliário aconchegante, colocar plantas dentro dos prédios, promover o café com o presidente, liberar um dia para trazer o bicho de estimação para o escritório, contabilizar um tempo de trabalho à distância são algumas das muitas iniciativas e dos muitos signos que se constituem como elementos para a construção de uma nova narrativa do mundo corporativo da contemporaneidade.

O NOVO CENÁRIO ORGANIZACIONAL E A ARTE DE CONTAR HISTÓRIAS

Em sua análise sobre o desafio das organizações diante da transformação no universo mercadológico, Salmon (2008) constatou que no final da década de 1990 as marcas passaram por um período de crise, deixaram de ser referência e perderam sua aura. A todo instante, os gurus da comunicação mercadológica anunciavam a morte do marketing e da propaganda convencional em razão da ineficácia e da perda do poder de persuasão que tinham sobre o consumidor. A expansão da internet pelo mundo transformava as formas de comunicação e começavam a surgir outras narrativas que se colocavam como contranarrativas ao discurso benevolente das marcas. Um dos exemplos citados pelo autor foi a difusão do trabalho escravo por trás dos materiais esportivos da Nike, que ganhou o mundo e causou um dano terrível à imagem da organização.

O império dos produtos e dos logos, dos signos da marca, perdia seu poder de impacto e persuasão à medida que os consumidores compartilhavam narrativas que surgiam como verdades camufladas pelo discurso das marcas. O consumidor se tornava desencantado pelas qualidades do produto e desconfiado da aura benevolente das marcas. A solidez das marcas foi ameaçada, liquefeita pelas (re)ações dos consumidores/comunicadores. Era preciso mudar a forma de pensar o conceito de marca e as estratégias para reinventá-la, estabilizá-la e mantê-la.

Outro importante fenômeno social nesse contexto é que uma das principais características da sociedade contemporânea é a fragmentação resultante do processo de esmaecimento das grandes referências. Com a perda da confiança nas grandes instituições – o exército, a família, os sindicatos, a religião, entre outros –, a sociedade passa a se constituir de uma infinidade de grupos que se limitam a coexistir. Esses grupos parecem se formar em torno de interesses comuns, porém, igualmente fragmentados: pacifistas, ecologistas, feministas, e a lista é quase interminável.

É nesse cenário que os especialistas do *branding* começam a perceber que as empresas não passavam de organizações narrativas, atravessadas por múltiplos relatos que criam um espaço de diálogo constante entre depoimentos que ora se opõem, ora se complementam. As marcas precisavam converter-se em verdadeiras histórias, construindo uma identidade narrativa. Surge a convicção de que as pessoas não compram produtos, mas sim as histórias que esses produtos representam. Da mesma forma, não compram marcas, compram mitos e arquétipos que essas marcas simbolizam. Os profissionais do *branding* se transformam em *mythmakers* – criadores de mitos (Salmon, 2008, p. 53).

Dessa maneira, as marcas deixaram o *status* de objetos e imagens coisificadas e passaram a falar conosco, contando-nos histórias que se relacionam com as nossas expectativas e visões de mundo. Nas palavras de Salmon (2008, p. 58, tradução nossa), "já não seria um produto o que atrairia os consumidores, nem sequer um estilo ou modo de vida, mas sim um 'universo narrativo'". O que as grandes marcas vendem não são produtos ou serviços, e sim histórias de sucesso, pois são essas histórias – e não os produtos e serviços – que satisfazem os desejos do consumidor. Ao submergir o consumidor em um universo narrativo, o que a marca deseja não é seduzir o consumidor ou convencê-lo apenas a comprar um produto, é produzir um efeito de crença (Salmon, 2008, p. 63).

A NARRATIVA COMO CONSTRUÇÃO DE VÍNCULO EMOCIONAL

Em uma fase do consumo em que os produtos estão, do ponto de vista estético e utilitário, cada vez mais parecidos, as marcas buscam uma conexão emocional com o consumidor, construindo uma identidade que as diferencie das demais. Essa ligação emocional entre o consumidor e a marca resulta de uma cuidadosa estratégia de comunicação para construir o imaginário da marca e seu valor perceptual.

Para isso, o discurso dessas organizações não se concentra na exaltação das qualidades ou especificações de seus produtos/serviços, mas sim na construção de uma alma e de uma personalidade que possibilite uma relação mais humanizada entre elas e os seus diferentes públicos, gerando empatia, senso de pertencimento e a tão cobiçada fidelização.

Se, por um lado, os produtos são criados para atender necessidades objetivas do consumidor, por outro, a marca existe para atender suas necessidades psicológicas e, para isso, são dotadas de um significado emocional (Martins, 1999, p. 115). É por meio de suas narrativas que as organizações atuam dando vida à marca ao conceder a ela: um espírito – a força motriz da marca, uma essência capaz de sintetizar seu significado; uma alma – na qual se concentram as características emocionais da marca; um habitat – que situa a marca dentro de um ambiente que lhe corresponde e lhe seja natural; uma personagem – que transmite a atitude e o estilo da marca. Esses elementos atuam na ideia criativa da narrativa, gerando conteúdo e forma estética que se identificam e representam os anseios inconscientes do consumidor (Martins, 1999, p. 118-121).

Essa personalidade que a marca ganha deve corresponder a uma representação do público a que se destina, incorporando seus valores, seu estilo de vida e sua sensibilidade. Portanto, a ideia criativa tem em mente duas imagens de seu enunciatário: a real – que é coerente com a autoimagem do enunciatário e carrega em si seus valores e estilo de vida; e a mitológica – que espelha o tipo de pessoa que o enunciatário gostaria de ser:

> A imagética do usuário é importante porque pode ser usada para criar uma afinidade entre a marca e o consumidor. Em outras palavras, o(a) consumidor(a) deve olhar para o anúncio e dizer a si mesmo ou a si mesma: "Aquela pessoa se parece um bocado comigo ou com a pessoa que eu gostaria de ser. Talvez fosse melhor eu passar a usar aquela marca". (Randazzo, 1997, p. 36-37)

Vejamos então como esse processo de construção de uma imagem de si a partir da percepção da imagem do outro ocorre na trama discursiva. Para isto recorreremos aos pressupostos teóricos da escola francesa de análise do discurso.

O ENUNCIADO E A ENUNCIAÇÃO – O DISCURSO PARA ALÉM DAS PALAVRAS

Pensar discursivamente significa afastar-se do funcionalismo da linguagem e aproximar-se das questões da subjetividade e da presença do homem como protagonista da ação social que produz na e pela linguagem. As questões do sentido ou dos sentidos não podem ser abordadas pelo aspecto estritamente linguístico, ou seja, não basta descrever o que é dito, o que é efetivamente produzido pelo falante,

> [...] é preciso levar em conta, simultaneamente, a enunciação – o evento único e jamais repetido de produção do enunciado. Isto porque as condições de produção (tempo, lugar, papéis representados pelos interlocutores, imagens recíprocas, relações sociais, objetivos visados na interlocução) são constitutivas do sentido do enunciado: a enunciação vai determinar a que título aquilo que se diz é dito. (Koch, 1995, p. 13-14)

A percepção de Bakhtin de que todo enunciado tem uma parte não verbal que se liga ao contexto da enunciação rompe com a linguística estruturalista e defende que o sujeito "utiliza a palavra para trabalhar o mundo, e para tanto a palavra deve ser superada de forma imanente, para tornar-se expressão do mundo dos outros" (Bakhtin, 1997, p. 208). Os significados não estão presos e fixados no código linguístico. A situação de enunciação em que o enunciado é produzido é um componente indispensável para a compreensão e explicação da estrutura semântica de qualquer ato de comunicação verbal, ou seja, "se perdermos de vista os elementos da situação, estaremos tão pouco aptos a compreender a enunciação como se perdêssemos suas palavras mais importantes" (Bakhtin, 2006, p. 132).

É a enunciação que orienta a forma como o locutor fará uso da língua, pois todo uso que fará dos elementos verbais será direcionado para atingir seus objetivos específicos gerados pela situação de enunciação.

O JOGO DE ESPELHOS DO DISCURSO E A QUESTÃO DO *ÉTHOS*

A enunciação instaura um jogo de espelhos em que enunciador e enunciatário atribuem simultaneamente uma imagem para si e para o outro. Ao tomar a palavra, o enunciador passa a ocupar um lugar social e, automaticamente, atribui ao seu interlocutor um lugar social correlato. A imagem que ele construirá de si será orientada pelas suas intenções no momento da enunciação. Portanto, o que define o que será contado e como será contado é essa constituição do ser como sujeito e a imagem que ele faz de si, que ele faz do outro e que faz também da situação presente.

Pêcheux (2010, p. 82) propôs essa perspectiva ao afirmar que "o que funciona nos processos discursivos é uma série de formações imaginárias que designam o lugar que A e B se atribuem cada um a si e ao outro, a imagem que eles se fazem de seu próprio lugar e do lugar do outro".

A proposta metodológica de Pêcheux aproxima a subjetividade da língua com a objetividade das práticas sociais, tendo como ponto de encadeamento o discurso, ou seja, "em todo processo discursivo, o emissor pode antecipar as representações do receptor e, de acordo com essa antevisão do 'imaginário' do outro, fundar estratégias de discurso" (Brandão, 2004, p. 44).

Essa percepção fundamenta a noção de *éthos* como concebida pela escola francesa de análise do discurso: a posição do locutor como sujeito do discurso, construindo esse jogo de imagens no processo comunicativo. No momento em que toma a palavra, o enunciador imagina seu enunciatário e a maneira pela qual esse enunciatário vai percebê-lo e trabalha "para confirmar sua imagem, para reelaborá-la ou transformá-la e produzir uma impressão conforme as exigências de seu projeto argumentativo" (Maingueneau, 2008, p. 63).

As organizações, em busca de uma ligação emocional com seus públicos, sobretudo com seus clientes e possíveis consumidores, investem grandes somas em planos de comunicação para personificar e criar uma identidade que corresponda à imagem que tem de seu enunciatário. No entanto, pensando essas organizações como sujeitos enunciadores e compreendendo que, em um âmbito social, as suas práticas estabelecem uma enunciação contínua, contrapondo a todo instante aquilo que é dito e aquilo que é efetivamente praticado, podemos tirar algumas reflexões interessantes.

No universo em rede, desenhado pela chegada e evolução das mídias sociais na internet, as organizações passaram a lidar com uma nova dinâmica enunciativa. A antiga proposta de um centro emissor (a comunicação institucional produzida pela organização e difundida na grande mídia para um público em massa) que dava à organização o domínio sobre o lugar e o momento da enunciação, é substituída por uma espécie de Ágora, onde as muitas narrativas por vezes se confrontam e as muitas vozes nunca deixam a enunciação encerrar-se. Por mais que o discurso da corporação seja cuidadosamente elaborado por especialistas da comunicação, buscando atribuir à organização uma imagem positiva, tudo isso pode ruir diante de uma simples postagem de algum funcionário que, com seu celular, gravou um vídeo mostrando uma prática interna contrária àquela apresentada pelo discurso oficial da organização.

Portanto, pensemos nessa enunciação contínua que é a vida da organização na sociedade. A construção de uma identidade e de uma imagem positiva, ou, por que não dizer, de um *éthos*, dependerá cada vez mais da aproximação coerente entre o que se diz e o que se faz, dos enunciados e da maneira de portar-se na enunciação.

Quando investigou a questão do *éthos*, Ducrot (1987, p. 188-189) percebeu que ele está ligado à enunciação muito mais que ao enunciado. Não se trata de palavras autoelogiosas que o enunciador fala sobre si mesmo – recurso que, ao contrário, pode fazê-lo parecer arrogante e esnobe –, mas sim dos traços do caráter que o enunciador revela à medida em que produz seus enunciados. Fiorin (2008, p. 82) exemplifica essa concepção do *éthos* com o professor em sala de aula, que não precisa falar sua competência, pois "o caráter de pessoa competente constrói-se na maneira como organiza as aulas, como discorre sobre os temas etc. À medida que ele vai falando sobre a matéria, vai dizendo *sou competente*".

Desse modo, não é difícil compreender como uma campanha milionária para construir a imagem de empresa amiga do meio ambiente, pode virar cinzas diante de um simples vídeo mostrando os dejetos sendo despejados em um córrego; ou ainda, a empresa cidadã que foi flagrada explorando o trabalho escravo. Quebra-se o contrato de comunicação com o enunciatário, perde-se a confiança dele.

CONSIDERAÇÕES FINAIS

As mudanças substanciais que caracterizam a contemporaneidade, determinadas, sobretudo, pela evolução tecnológica aplicada à comunicação e à informação, contribuem para alterar significativamente as organizações que no século XX centravam-se em um padrão produtivista e mecanicista, com hierarquias rígidas. Esse padrão tende a ser substituído por estruturas descentralizadas e formação de redes colaborativas, fazendo predominar um discurso mais liberal, participativo e humanizado, ainda que, na prática, muito autoritarismo possa ser encontrado nas relações trabalhistas.

A valorização do outro, a ênfase na alteridade, é determinante das relações entre os indivíduos em todos os setores da sociedade. Essa subjetividade está marcada nas organizações, sobretudo em suas narrativas – em depoimentos de líderes e gestores, em documentos oficiais, na comunicação institucional ou na mercadológica ou ainda nas atitudes e signos que representam um *éthos* de parceria, tais como as mudanças das estruturas dos ambientes de trabalho, nas práticas mais flexíveis de jornada de trabalho, nas roupas mais adequadas ao cotidiano de cada profissão.

As organizações como organismos vivos, portanto produtoras e consumidores de histórias, com seus percursos narrativos vinculados à sociedade e aos indivíduos com os quais se relaciona, são narrativas capazes de conquistar e cativar o outro, sobretudo pela credibilidade e confiança atribuídas ao narrador e aos atores envolvidos nesse processo. Portanto, estudar as narrativas organizacionais na perspectiva discursiva pode contribuir para o entendimento das estratégias persuasivas desenvolvidas para envolver os públicos, ainda que nem sempre essas práticas discursivas sejam condizentes com as ações sociais.

Pudemos verificar que os aportes teóricos da análise do discurso da escola francesa podem fornecer elementos sólidos para uma reflexão sobre esse cenário e sobre a comunicação organizacional da contemporaneidade. As questões que envolvem o entendimento das práticas discursivas pautadas no *éthos* e na antecipação da imagem do outro mostraram-se eficazes para este estudo.

Enfatizamos que o discurso só se mostra coerente quando vinculado às práticas sociais e à cultura organizacional. A confiança, tão essencial para qualquer forma de relacionamento, é uma construção perene que se solidifica a cada dia, mas que pode esfacelar-se por um único deslize. Quando essa ponte entre a organização e seus diferentes públicos se rompe, onde havia uma segura ligação entre dois pontos, haverá um profundo abismo.

QUESTÕES PARA DEBATE

1) Comente a seguinte observação dos autores: "não basta incluir os funcionários em acervos de depoimentos a favor da empresa. É preciso ouvi-los de fato. Dar-lhes voz. Não basta criar uma milionária campanha sob o *slogan* 'Feito pra você' e figurar em primeiro lugar no *ranking* de reclamações do Banco Central exatamente no quesito 'oferta ou prestação de informação a respeito de produtos e serviços de forma inadequada'" e dê dois exemplos recentes de empresas ou organizações que já incorreram neste erro.

2) Por que, segundo os autores, "As marcas precisavam converter-se em verdadeiras histórias, construindo uma identidade narrativa"? Como construir narrativas com efetivo vínculo emocional com vantagens para as marcas?

3) As narrativas organizacionais devem estar em sintonia com as suas práticas. Quando isso não acontece, as empresas ou organizações deixam de atingir os seus objetivos em termos de fortalecimento da imagem ou da credibilidade e são penalizadas pela avaliação crítica dos seus *stakeholders* e da opinião pública de maneira geral. Comente esta afirmação dando argumentos que a confirmem ou que a contestem.

REFERÊNCIAS

BAKHTIN, M. *Estética da criação verbal*. São Paulo: Martins Fontes, 1997.

_____. *Marxismo e filosofia da linguagem*. São Paulo: Hucitec, 2006.

BRANDÃO, H.H.N. *Introdução à análise do discurso*. Campinas: Editora da Unicamp, 2004.

DUCROT, O. *O dizer e o dito*. Campinas: Pontes, 1987.

FERRARI, M.A. Os cenários turbulentos como oportunidade de mudança e de realinhamento de estratégias. In: GRUNIG, J.E.; FERRARI, M.A.; FRANÇA, F. *Relações públicas: teoria, contexto e relacionamentos*. São Caetano do Sul: Difusão, 2011, p. 137-166.

FIORIN, J.L. Semiótica e comunicação. In: DINIZ, M.L.V.P.; PORTELLA, J.C. (Orgs.). *Semiótica e mídia: textos, práticas, estratégias*. Bauru: Unesp/Faac, 2008.

GONÇALVES, E.M.; GIACOMINI FILHO, G. (Orgs.). *Comunicação orgânica na sociedade*. São Caetano do Sul: USCS, 2015. Série Comunicação & Inovação, v. 7.

KOCH, I.V. *A inter-ação pela linguagem*. São Paulo: Contexto, 1995.

MAINGUENEAU, D. *Cenas da enunciação*. São Paulo: Parábola Editorial, 2008.

MARTINS, J. *A natureza emocional da marca: como escolher a imagem que fortalece sua marca*. São Paulo: Negócio Editora, 1999.

PÊCHEUX, M. Análise automática do discurso. In: GADET, F; HAK, T. (Orgs.). *Por uma análise automática do discurso: uma introdução a obra de Michel Pêcheux*. Campinas: Editora da Unicamp, 2010.

RABATEL, A. *Homo Narrans: por uma abordagem enunciativa e interacionista da narrativa*. Volume 1 – Pontos de vista e lógica da narração – teoria e análise. São Paulo: Cortez, 2016.

RANDAZZO, S. *A criação de mitos na publicidade*. Rio de Janeiro: Rocco, 1997.

SALMON, C. *Storytelling: La máquina de fabricar historias y formatear las mentes*. Barcelona: Península, 2008.

SCROFERNEKER, C.M.A. Comunicação e cultura organizacional: a complexidade dos diálogos "(in)visíveis". In: MARCHIORI, M. (Org.). *Faces da cultura e da comunicação organizacional*. São Caetano do Sul: Difusão, 2010. Série Comunicação Organizacional, v. 2.

TODOROV, T. Prefácio à obra de Bakhtin. In: BAKHTIN, M. *Estética da criação verbal*. São Paulo: Martins Fontes, 1997.

3

Ressignificação de marca: como as interações sociais virtuais geram a percepção do consumidor

Everaldo Pereira

DO CONSUMO DE BENS PARA O CONSUMO DE MARCAS

A questão do consumo ganhou notoriedade nos últimos 50 anos por perpassar cotidianamente a vida da maioria das pessoas em um mundo praticamente sem fronteiras. Thorstein Veblen, no clássico livro *A teoria da classe ociosa* (1984), argumenta de maneira bastante contundente como a noção de propriedade em sociedades ditas "bárbaras" culminou em um consumo conspícuo de bens. Veblen afirma que, da troca de bens utilitaristas para o acúmulo de bens vicários, o consumo passa por uma questão honorífica. Nas sociedades caçadoras, coube ao homem a caça, quer por sua força, quer por brutalidade, e à mulher, as tarefas rotineiras, como o preparo dos alimentos. Assim, gradativamente, essa tarefa masculina ganhou um significado honorífico. As tarefas domésticas, nesse sentido, eram desprezadas. Logo, a guerra contra grupos vizinhos permitia ao homem "tomar posse" de mulheres como escravas para um trabalho rotineiro, e assim muitos podiam "exercer" mais ociosidade. Isso adquiria cada vez mais um caráter honorífico. Da posse de mulheres à posse de bens que permitiam "exercer" a ociosidade foi um caminho percorrido, segundo Veblen, pelos membros das sociedades ao longo da História. Hoje é possível constatar que o acúmulo de bens vicários é um indicador importante dentro do sentimento de pertencer a determinados grupos de referência. Nessa constatação, não deixa de ser visível que a propriedade, a posse de bens, demanda significado. Na sociedade de consumo, são as marcas que dão essa significação, agregando valor a produtos e serviços cujos atributos físicos são, na maioria, *commodities*.

COMPREENDENDO MARCAS A PARTIR DE UM PROCESSO INTERATIVO DE COMUNICAÇÃO

Para um entendimento da significação das marcas, propomos uma análise a partir de um modelo interativo de comunicação. Esse modelo, ao contrário do modelo tradicional de emissor-receptor, viria ao encontro das novas interfaces comunicacionais, intermediadas por novas tecnologias e em espaços sociais cada vez mais midiatizados.

Nesse modelo (Figura 3.1), o acontecimento-comunicação seria, portanto, o momento em que a produção simbólica frui, nunca repetida do mesmo modo, porque o momento muda de acordo com as mediações ocorridas. O espaço intermediário é o lugar intangível das relações mediadas, das articulações entre as práticas de comunicação midiatizadas e os movimentos sociais e da pluralidade de matrizes culturais (Martín-Barbero, 1997). Nesse espaço, convém compreender seus conflitos políticos, econômicos e culturais e os poderes hegemônicos e interesses consolidados socialmente. As interfaces comunicacionais são os meios de comunicação massivos, considerados também em seu aspecto interacional, amplo e flexível. Os fruidores são os sujeitos da comunicação que produzem símbolos e que constroem sentidos a partir dessa apropriação simbólica. Não há como pensá-los separados do espaço intermediário, separados das mediações e, inclusive, não há como pensá-los separados um do outro, pois a comunicação pressupõe que cada fruidor "contenha" o outro como recurso de produção simbólica. A produção simbólica é a linguagem intermediária já incorporada de todos os aspectos culturais, hegemônicos e conflituosos do espaço intermediário. A construção de sentidos se dá em cada fruidor a partir da apropriação simbólica, considerando todas as mediações possíveis, esse momento do acontecimento-comuni-

ACONTECIMENTO-COMUNICAÇÃO

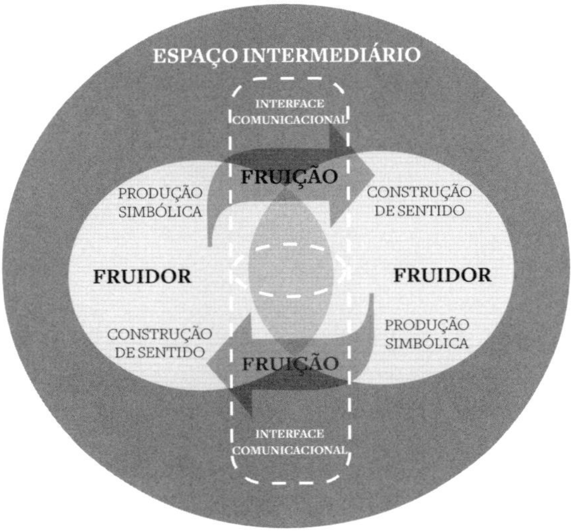

Figura 3.1 – Modelo do processo interativo de comunicação a partir das mediações.

Fonte: adaptada de Pereira e Bueno (2012).

cação, a pluralidade cultural, os poderes hegemônicos. A fruição são os fluxos comunicacionais entendidos, diferentemente dos processos lineares da Teoria da Informação, como processos interativos, híbridos e dialógicos.

CONSTRUÇÃO SIMBÓLICA DA IMAGEM DA MARCA

Tanto a evolução dos meios de produção como o acesso aos meios de comunicação massivos têm acelerado os processos de troca, e, nesse cenário pós-moderno, a comunicação massiva surge como aglutinadora do tecido social, integrando o poder hegemônico. A comunicação pós-moderna difere da ideia de origem da palavra por configurar uma dinâmica dialética entre as estruturas organizacionais de comunicação e os aspectos culturais da audiência. Um dos pilares de sustentação dessas estruturas é o anunciante, que, por meio da comunicação de mercado, cria a produção simbólica que frui nos meios de comunicação. O conceito de comunicação mercadológica proposto por Galindo (2012a, p. 96) incorpora uma visão pós-moderna ao sintetizar que:

A comunicação mercadológica é a produção simbólica decorrente do plano estratégico de uma organização em sua interação com o mercado, constitui-se em uma mensagem multidirecional elaborada com conteúdos relevantes e compartilhados entre todos os envolvidos nesse processo, tendo como fator gerador as ambiências socioculturais e tecnológicas dos seus públicos de interesse e dos meios que lhe garantam o relacionamento contínuo, utilizando-se das mais variadas formas e tecnologias para atingir os objetivos comunicacionais previstos no plano.

Há que se destacar, em nosso entendimento, que o autor se aproxima de uma concepção de comunicação mercadológica mais alinhada com um deslocamento teórico conceitual que vai da visão tradicional de comunicação como um processo coadjuvante do marketing para uma centralidade estratégica que propõe um relacionamento contínuo, distanciando-se da tradicional visão de comunicação mercadológica apenas como propaganda massiva. A mudança gradual das interfaces tecnológicas comunicacionais de meio de massa para a comunicação em rede tem efeitos gigantescos sobre a sociabilidade.

Em seus blogs e fóruns, os consumidores-fruidores, principalmente jovens, expõem textos carregados de sentimentos, bem diferentes das redações objetivas do jornalismo, sensuais da propaganda e utópicas dos romances, que buscam audiências e retornos financeiros. Os consumidores-fruidores procuram ler e ouvir o que outros têm a dizer porque acreditam mais no que ele considera seu semelhante do que em textos de vendas mais preocupados com a marca no âmbito interno das organizações do que em um relacionamento emocional com o consumidor da nova economia psíquica.

As lógicas de mercado sempre foram pautadas por um "consumidor-alvo", grupos bem definidos e recortados, funcionais e classificados de acordo com seu poder aquisitivo. As marcas, por sua vez, foram permeadas por esse pensamento ao ponto de as organizações discutirem métodos funcionais de posicionamento de marca. A socialidade contemporânea configura consumidores pós-modernos em papéis sociais unidos por afinidades eletivas na busca acelerada de signos de consumo que definam suas personalizações, suas individualidades exarcebadas e que concretizem um hedonismo utópico. Desse ponto de vista, as marcas figuram na sociedade de consumo como símbolos midiatizados de *status* e hedonismo.

Uma orientação de marketing para relacionamento passa pela compreensão, portanto, de uma sociedade de consumo entendida pela dialética de simbioses simbólicas, impulsionadas pelo consumo conspícuo, pelo hedonismo atrelado à imaginação, numa ambiência sociocultural pós-moderna, caracterizada por pessoas, em papéis sociais difusos, unidas por afinidades eletivas, que buscam e são levadas a buscar, aceleradamente, signos de personalização para interações sociais num ambiente cultural hegemônico e midiatizado de mercado. Considerando que essas pessoas vivem num ambiente mutável, de várias interfaces tecnológicas, e considerando que a comunicação de mercado tem como fator gerador as ambiências socioculturais e tecnológicas dos seus públicos de interesse, é possível entendermos a existência de um processo dialético no qual a imagem das marcas surge da interação dentro dessa ambiência. Organizações que conseguiram ampliar sua visão para essa ambiência complexa, na qual consumidores-fruidores promovem novas sociabilidades ao constituir marcas como símbolos de estilos de vida e de afinidades eletivas, tendem a partilhar mais convictamente seus interesses com os interesses sociais pós-modernos.

Desse ponto de vista, a formação de imagem de uma marca, de um produto ou serviço seria resultado direto do posicionamento adotado pela empresa, como também – e principalmente – pelo modo como esse posicionamento é comunicado a todos os públicos. A formação de imagem seria uma cristalização de várias percepções dos públicos ao longo do tempo. Por essa ótica, quando a organização realiza uma comunicação de um produto com um desconto para o final de semana, por exemplo, ela se juntará a todos os estímulos anteriores aos quais aquele público foi exposto e auxiliará na consolidação da imagem. Para uma imagem boa ou ruim, é sempre bom lembrar. Assim, a gestão estratégica da comunicação passaria pela definição clara de uma política de comunicação norteadora de todas as competências de comunicação de uma empresa. A ideia é que o discurso da empresa seria uníssono.

No entanto, a mutabilidade, a efemeridade e a desregulamentação características da pós-modernidade nos apontam para uma ambiência polifônica. O relacionamento, nesse caso, ganha novos aspectos na era do acesso (Rifkin, 2001), uma vez que o consumidor-fruidor desenvolve uma capacidade de articulação e comunicação utilizando-se de interfaces tecnológicas de grande alcance comunicacional. A comunicação mediada por computador vem a ser um dos pilares das estratégias corporativas e foi definida por Kotler, Kartajaya e Setiawan (2010) como uma "infoestrutura" de fundamental importância para o marketing 3.0.

O marketing para seres humanos, por mais estranho que possa parecer, propõe o resgate da dimensão de proximidade, cumplicidade, trocas e, acima de tudo, a palavra mágica que não sai de nenhuma cartola, mas sim da compreensão de uma nova era: o relacional. Sem relacionamento não é possível compartilhar. Por outro lado, não há relacionamento sem comunicação. (Galindo, 2015, p. 32)

A "ordem" publicitária, o "compre agora", pode, em grande medida, até ser ignorada, mas a ambiência de consumo nos é perpassada pelo fruir da comunicação de mercado. Nesse fruir é que entendemos que a produção simbólica e a construção de sentidos, multidirecional e interativa, da comunicação de mercado, pode ser o elemento-chave das estratégias de marca.

PERCEPÇÕES DA IMAGEM DE MARCA: CONSTRUÇÕES E DESCONSTRUÇÕES DA REALIDADE

A imagem de marca é, portanto, um constructo da interação social. "Só nos tornamos cientes de algo por meio de sua conceituação e os nossos conceitos são aprendidos pela linguagem. Nossas percepções estão, portanto, indissociavelmente enredadas com os modos habituais como usamos a linguagem para distinguir o mundo" (Richard Rorty apud Buckingham, 2011, p. 317). Desde 5000 a.C. podemos nos deparar com um vaso de cerâmica ou um boi identificado com a marca de um povo, uma dinastia ou uma região de origem. Isso os distinguia e gerava confiança nas pessoas que compravam aqueles produtos. No Império Romano era possível depararmo-nos com uma tâmara da Turquia, um azeite da Pérsia ou um mármore de Carrara. Mesmo com a tradição quase desaparecendo na Idade Média, voltou reabilitada no Renascimento, principalmente nas pinturas de Michelangelo.

Após a Revolução Industrial e o desenvolvimento das exportações, popularizou-se o *made in* e, consequentemente, a pirataria de marcas. Em 1883, a Convenção da União de Paris procurou estabelecer bases para diminuir a "concorrência" pirata. Já em 1890, a maioria dos países industrializados apresentava legislação específica sobre propriedade e a proteção de marcas. No final do século XIX, as empresas desenvolveram uma distribuição em larga escala e apoiaram suas marcas em divulgação por meios de comunicação de grande cobertura geográfica, como os jornais impressos. Após as duas Grandes Guerras e o surgimento de meios como o rádio e a televisão, consolidou-se a importância da significação das marcas para o sucesso e para o desenvolvimento das organizações dentro da sociedade de consumo.

A marca, além de diferenciar produtos e serviços da empresa em relação à concorrência, é responsável por fazer interagirem diferentes níveis de significado com os consumidores-fruidores. Esse poder que a marca tem de ser uma instância de significado para as pessoas é a essência da comunicação de mercado.

Nesses novos tempos, há uma participação maior dos consumidores em relação ao diálogo com as marcas. Se, na teoria matemática da comunicação, entendíamos um processo linear, no qual a marca falava e o consumidor ouvia, nos novos tempos o consumidor fala e quer ser ouvido. E não fala apenas com a marca, mas dialoga com uma infinidade de outros consumidores intermediados pelas interfaces tecnológicas de comunicação. Se para Bakhtin (1997) a linguagem é dialógica por natureza, e, portanto, a comunicação de mercado nunca poderia ter sido unidirecional, apenas nos novos tempos, com a ascensão da comunicação de mercado mediada por computador, tornou-se claro para alguns executivos que as marcas devem dialogar com os consumidores-fruidores e não impor uma comunicação de mercado sem sentido.

Criar uma imagem forte de marca junto aos consumidores é uma competência constante da comunicação de mercado, uma vez que estamos trabalhando com a criação de níveis de significados percebidos pelos públicos da empresa. Esse trabalho é normalmente chamado de *branding*, e um resultado mensurável disso é o patrimônio de uma marca, ou *brand equity*. O *brand equity*, segundo Kotler e Keller (2006, p. 270), é o valor atribuído a produtos e serviços, que se reflete no modo como as pessoas pensam e agem em relação a uma marca. Assim, do ponto de vista organizacional, torna-se um importante ativo intangível, psicológico e financeiro para as organizações. O investimento correto em um plano de comunicação empresarial poderá gerar uma alavancagem financeira no *brand equity* de uma organização.

A área de relações públicas (RP) tem se tornado, muitas vezes, responsável pela interação entre empresa e seus públicos de interesse, criando, mantendo e preservando a imagem institucional e a reputação da marca. Kotler e Keller (2006) entendem que há uma distinção entre as atividades de RP e as atividades de marketing, mas que há uma atividade em comum, a qual denominam RP de marketing, ou seja, ações ligadas ao lançamento de produtos, reposicionamento de imagem de marca ou defesa de produtos críticos, entre outras.

Segundo Kunsch (1997, p. 118), "a identidade corporativa diz respeito à personalidade, aos valores e às crenças atribuídos a uma organização". Entre os autores da área, há uma discussão a respeito dos conceitos de identidade corporativa e imagem corporativa. Para Neves (1998, p. 64), a imagem de uma organização é o resultado do balanço entre as percepções positivas e negativas que esta passa para determinado público.

Numa ambiência impregnada com o sentido midiático, as organizações tentam promover os significados das marcas com os consumidores-fruidores, uma vez que os produtos e serviços não têm grandes diferenciais entre si. Lindstrom (2007) nos lembra de que, em mercados nos quais produtos e serviços têm pouco a oferecer em termos de diferencial intrínseco, o diferencial que resta está no íntimo do consumidor-fruidor, e a conquista de seu coração torna-se uma necessidade estratégica.

A imagem de marca está, portanto, na própria ideia de realidade. É notório como as investigações nesse campo apontam para um constructo cerebral:

> O cérebro humano também é um escultor relativísico; um habilidoso artesão que delicadamente funde espaço e tempo neuronais num *continuum* orgânico capaz de criar tudo o que somos capazes de ver e sentir como realmente, incluindo nosso próprio senso de ser e existir. (Nicolelis, 2011, p. 24)

Nesse sentido, Dawkins apresenta um pensamento instigante sobre replicadores culturais, os quais chamou de memes. Os memes, segundo Dawkins (1979), são análogos aos genes e, da mesma forma como estes se propagam pela replicação, os memes se propagam de cérebro a cérebro "por meio de um processo que pode ser chamado, no sentido amplo, de imitação" (Dawkins, 1979, p. 112). Ainda no momento inicial de sua existência, como os genes, os memes não são imitados à perfeição: como a tradição oral sintetizada na brincadeira de "telefone sem fio" (será que esse nome faz sentido hoje?). No entanto, com a evolução – no sentido darwiniano –, os memes criaram "máquinas de sobrevivência", como os meios de comunicação, ou seja, se configuraram em replicadores mais exatos. É claro, como constata Dawkins, que uma ideia não é replicada à perfeição, mas, assim como uma coleção de genes não é replicada na íntegra, o que importa nesse caso é a sobrevivência do meme. Como salientado por Dawkins, um meme não sobrevive por ser melhor do que outro, mas porque simplesmente ele é capaz de se replicar melhor do que outro. Ou seja, uma imagem de marca ruim também irá se replicar tão velozmente quanto seu ambiente cultural lhe der condições. "A seleção favorece os memes que exploram seu ambiente cultural para vantagem própria", afirma Dawkins (1979, p. 116). O importante desse pensamento para a comunicação de mercado é que

> O cérebro humano e o corpo por ele controlado não podem fazer mais do que uma ou algumas coisas de cada vez. Se um meme quiser dominar a atenção de um cérebro humano, ele deve fazê-lo às custas de memes "rivais". Outros artigos pelos quais os memes competem são tempo de rádio e televisão, espaço para anúncios, espaço de jornal e espaço de estantes de biblioteca. (Dawkins, 1979, p. 115)

No sentido social, Miceli (2007, p. LX) entende que "a eficácia de um discurso simbólico reside justamente na transfiguração que opera da ordem social ao criar uma realidade segunda que cimenta pela dissimulação o sistema de relações sociais objetivas", ou seja, as ressignificações que qualquer estímulo efetiva são parte da realidade social objetiva; assim, qualquer realidade objetiva é determinada pela própria atividade de simbolização.

A imagem de marca, portanto, como uma competência da comunicação de mercado, precisa compreender os processos de relacionamento com os consumidores-fruidores e as ressignificações culturais, tecnológicas, psicológicas e biológicas resultantes dessa interação.

O cenário sociotecnológico no qual empresas, produtos e serviços interagem está mudando profundamente. Encontramos no arcabouço teórico diversas definições desses novos tempos: Nordström e Ridderstrale (2001) chamam de tempos *funkies*; Melman (2003), de economia psíquica; Naisbitt (1999), de tempo *high tech*; Di Felice (2008), de sociedade a código aberto; Jenkins (2008), de cultura da convergência; e Rifkin (2001), de era do acesso, para falar apenas de alguns autores. Nesse cenário surgem as mídias sociais ou os reflexos tecnológicos das redes sociais já existentes na sociedade e que ganham uma fantástica velocidade de convergência. Redes que até então se comunicavam de modo analógico, com o envio de carta, foto ou fita de vídeo pelo correio, hoje estão interligadas pelos meios digitais. A era do acesso por meio das mídias sociais possibilitou não só o acesso à informação, mas modificou as próprias estruturas de poder, principalmente no que se refere à produção e distribuição de conteúdo. Segundo Cremades (2007, p. 16, tradução nossa), "a voz do cidadão encontrou, nas novas tecnologias, canais para participar ativamente da configuração da opinião pública". Isso se dá de forma muita rápida em razão da configuração própria das mídias digitais.

Quais as consequências estratégicas de uma participação mais ativa do consumidor nas relações com as marcas? As manifestações perceptivas influenciarão a imagem de marca das empresas e dos produtos ou são fenômenos efêmeros sem grandes consequências para o mercado? Nessas mídias, há pessoas com poucos contatos, chamados "nós de pequeno grau", e há pessoas com muitos contatos, chamados "nós de grande grau" ou *hubs*. Em estudo recente de Doerr, Fouz e Friedrich (2012), identificou-se que é possível calcular a velocidade de rumores por meio das mídias sociais usando um algoritmo. Uma consideração é de que os rumores se espalham com uma rapidez impressionante pela característica desse tipo de mídia permitir que um nó de pequeno grau sirva de ponte para um *hub*.

> Como explicação, observamos que os nós de pequeno grau constroem um atalho entre aqueles com grande grau (*hubs*), que, em virtude de seu grande número de possíveis parceiros de comunicação, fala com menos frequência diretamente a cada um. (Doerr, Fouz e Friedrich, 2012, p. 1, tradução nossa)

Assim, um rumor, meme ou boato, positivo ou negativo, sobre uma marca, um produto ou um serviço tende a ganhar velocidade nas mídias sociais se contiver algum tema de significação para os membros da rede. Nesse novo cenário, ofertas publicitárias tendem a não ganhar propagação *on-line* porque os membros dessas redes não toleram mais as marcas que usam a publicidade para interromper o cotidiano. Por outro lado, esses membros utilizam-se da rede para buscar informações e dar opiniões sobre as marcas, em outras palavras, para dialogar e gerar significações sobre as marcas. "Cada um de nós constrói a própria mitologia pessoal, a partir de pedaços de fragmentos de informações extraídos do fluxo midiático e transformados em recursos através dos quais compreendemos nossa vida cotidiana" (Jenkins, 2008, p. 28).

Com o advento da disseminação das novas tecnologias de comunicação, principalmente no que se refere à produção de conteúdos e à diminuição do poder de *broadcasting*, os consumidores passaram a interagir de forma mais contundente em relação às marcas, produtos e serviços. O ambiente *on-line* tornou-se então o principal fórum de debates sobre marcas, mobilizando pessoas a postarem conteúdos que, a partir de uma análise semântica, poderiam ser classificados como positivos e negativos. Esses fóruns de debates contam com características próprias, diferentes das encontradas nos meios tradicionais de comunicação, e que, mais recentemente, podem ser entendidas como uma bolsa de valores de imagem por meio do acesso dos públicos consumidores à produção de significado nas mídias sociais. A velocidade das redes, atrelada à facilidade da mídia *on-line* em gerar conexão entre os membros a partir de um simples clique, é como uma bolsa de significações na qual a imagem de marca funciona como um ativo intangível para compra e venda de significados dos membros da rede.

O rápido crescimento da participação em campanhas contra ou a favor de determinadas marcas sugere o distanciamento crítico do público participante, o qual, por meio de um simples clique em "curtir", no caso do Facebook, pode galgar o *status* de "mobilizado socialmente" por uma causa de boa reputação. Nesse aspecto, a facilidade em compartilhar sua posição pode criar nos elementos da rede social *on-line* uma imagem positiva ou negativa do próprio participante. Assim, a imagem de marca torna-se um papel de troca simbólica na bolsa de valores de imagens das redes *on-line*.

UMA ILUSTRAÇÃO DE INTERFERÊNCIAS PERCEPTIVAS A PARTIR DA MARCA LEGO

Por sua dimensão econômica e social, a empresa Lego foi objeto de estudo de diferentes pesquisadores, escritores e admiradores ao redor do mundo e pode ilustrar os conceitos aqui expostos de interferências perceptivas por consumidores-fruidores dentro de uma ambiência tecnológica e midiatizada.

Internacionalmente, algumas dezenas de livros foram escritas sobre a marca. Do ponto de vista comunicacional, livros, revistas, jornais, sites e blogs que contam a história da marca ressignificam a imagem de marca, uma vez que a própria escolha da marca como objeto, como foco de interesse, redimensiona o próprio objeto.

O nome Lego é uma expressão criada a partir da frase em dinamarquês *leg godt*, que tem o significado de "brincar bem". De acordo com o perfil da companhia (Lego, 2012), anos mais tarde descobririam que, em latim, *lego* significa "eu uno". No entanto, isso seria uma tradução livre, uma vez que a tradução mais comum é "eu li". No Brasil, e – é possível inferir – no mundo, o significado da marca se sobrepõe aos significados oficiais da comunicação de mercado da companhia. A marca Lego traz comumente o significado de bloco de montar.

Do ponto de vista da comunicação de mercado, a partir do final da década de 1990 houve uma mudança de postura com a incorporação de diversos licenciamentos, começando com a marca Star Wars e seguindo com Homem--Aranha, Harry Potter, Jurassic Park, Homem de Ferro, Batman, Senhor dos Anéis, Disney e muitos outros.

A Lego usou durante seu desenvolvimento uma estratégia de marca com um nome de família abrangente (Kotler e Keller, 2006), denominada no mercado como marca guarda-chuva, na qual a marca do fabricante é comunicada com destaque em todos os produtos e a marca do produto tem menos relevância. É possível inferir que, gradativamente, a Lego caminhou de uma estratégia guarda-chuva para uma estratégia em que o nome comercial da empresa aparece combinado com diferentes nomes de produtos, ampliando a comunicação da marca específica de cada produto.

A marca Lego, de um DNA "construtivista", encaixou-se na ambiência pós--moderna de acesso colaborativo. Em pouco tempo, os fãs adultos de Lego, mais conhecidos pela sigla inglesa de *adult fans of Lego* (Afols), inundaram centenas de sites com criações em vídeo, imagem e texto, comentários e uma série de ações possíveis. A forma construtivista permite que milhares de usuários criem e recriem *sets* – como são chamados os cenários de Lego – a partir dos kits produzidos em larga escala pela companhia. No início, a empresa se recusava a aceitar "sugestões" dos fãs, mas, segundo Lauwaert (2009) e outros, em 2000, Daniel Siskind, um Afol de Minneapolis (Estados Unidos), colocou à venda um *My Own Creation* (MOC) *set* denominado Blacksmith Shop em seu site. Um MOC é um *set* criado a partir de peças de kits Lego, mas recombinadas de modo a criar um *set* específico. A Lego se aproximou de Siskind e propôs a produção em larga escala daquela criação. Siskind licenciou o Blacksmith Shop e, ao final de 2001, o kit foi lançado no catálogo da companhia. Desde então, a companhia soube aproveitar essa "necessidade" de relacionamento latente na sociedade, principalmente com Afols de diversos países, por meio da rede mundial de computadores. A companhia passou a compreender o consumidor-fruidor pós-moderno como "um ser relacional" (Galindo, 2012b). Diversos pontos de contato oficiais, e não oficiais (Quadro 3.1), levam os consumidores-fruidores a participar do processo de comunicação de mercado junto à marca de brinquedos.

A Lego, apesar de defender a construção do brincar pela própria criança, faz uso de recursos como outras empresas de brinquedos para competir no mercado. Utiliza-se de temas universais e marcas conhecidas; valoriza, nos últimos tempos, brinquedos que possibilitam menos a construção e imaginação e mais a imitação e a simulação, com personagens, objetos e cenários semiprontos; e privilegia o diálogo mitológico, de fetiche e significado deslocado da cultura para o universo infantil, mais para um consumo hedônico e menos para um atendimento de necessidades. Uma abordagem qualitativa das manifestações perceptivas em sites e blogs sobre a marca Lego permite dimensionar a proporção desse fenômeno comunicacional no período de investigação.

Dentro do recorte e da problematização dos aspectos de interferência perceptiva, é salutar um olhar sobre os diversos sites que congregam informações sobre a marca Lego. A partir dos levantamentos do Quadro 3.1, podemos inferir as ressignificações que a marca Lego implica.

Segundo Antorini, Muñiz e Askildsen (2012, p. 74), muitas das inovações dos fãs têm melhorado e ampliado o sistema de construção Lego ao introduzir novas maneiras de usar o brinquedo, o que se encaixou bem em como a própria Lego pensa seus produtos. Ao longo dos anos, os fãs colocaram mais de 380 mil criações no site MOCpages, mais de 4 milhões de fotos no Brickshelf, mais de 26 mil páginas na Brickpedia, mais de 257 milhões de itens de quase 10 mil usuários no Brinklink, mais de 16 mil membros do Brickfilm, mais de 290 mil canais no YouTube, com mais de 13 milhões de vídeos (incluindo vídeos da empresa).

Uma ressignificação que surge da participação intensa de fãs adultos da marca na internet é a própria associação com o mundo adulto, distanciando--se do mundo infantil que fez a história da marca. A companhia direciona grande parte de sua comunicação de mercado para crianças e pré-adolescentes de 2 a 16 anos separada da comunicação do braço educacional e tecnológico da companhia, principalmente no Brasil. Há uma forte impressão de que muitas criações são difíceis de serem construídas e de que os *sets* padrões poderão ser difíceis de serem montados.

Quadro 3.1 – Outros sites de relacionamento com a marca Lego internacional – 2016

Responsáveis	Item	URL	Descrição	Público	Idioma	Modelo de comunicação
Lego	Lego Club	http://club.lego.com/	Revista virtual sobre o universo Lego	Crianças	Inglês	Unidirecional
Consumidores	Lugnet	http://www.lugnet.com/	Portal para fãs adultos	Adulto	Inglês	Relacional
Lego	Lego World	http://www.legoworld.nl/	Site da feira de produtos Lego	Adultos e crianças	Holandês	Unidirecional
Consumidores	Lego Graffiti Styles Convention	http://www.youtube.com/watch?v=EBGD4y_g_Kk	Vídeo de evento de grafite	Adultos	Inglês	Relacional
Consumidores	MOC pages	http://www.mocpages.com/	Site para venda e relacionamento de criações próprias em Lego	Adultos e crianças	Inglês	Relacional
Consumidores	Brickshelf	http://www.brickshelf.com/	Site para relacionamento sobre produtos Lego	Adultos e crianças	Inglês	Relacional
Consumidores	Wikipédia	http://lego.wikia.com/wiki/LEGO_Wiki	Portal de informação compartilhada	Adultos e crianças	Inglês	Relacional

(continua)

Quadro 3.1 – Outros sites de relacionamento com a marca Lego internacional – 2016 (*continuação*)

Responsáveis	Item	URL	Descrição	Público	Idioma	Modelo de comunicação
Consumidores	Bricklink	http://www.bricklink.com/	Site para relacionamento sobre produtos Lego	Adultos e crianças	Inglês	Relacional
Consumidores	Brickfilms	http://brickfilms.com/	Site com vídeos feitos com *stop motion* ou computação gráfica	Adultos e crianças	Inglês	Relacional
Consumidores	Brickjournal	http://www.brickjournal.com/	Site para relacionamento sobre produtos Lego	Adultos e crianças	Inglês	Relacional
Outras empresas	Brickforge	http://www.brickforge.de/	*Software* para construção 3D de peças Lego	Adultos	Inglês	Unidirecional
Consumidores	BZPower	http://www.bzpower.com/	Site para relacionamento sobre os produtos Lego Bionicle	Adultos	Inglês	Relacional
Consumidores	Classic Castle	http://www.classic-castle.com/	Site para relacionamento com os *sets* de castelos Lego	Adultos e crianças	Inglês	Relacional
Consumidores	Eurobricks	http://www.eurobricks.com/forum/	Portal para fãs adultos e crianças	Adultos e crianças	Inglês	Relacional

Fonte: elaborado pelo autor.

A diferença entre os consumidores pós-modernos e os consumidores modernos é que não há "praça" apropriada para as ressignificações. Uma matéria jornalística pode ser a oportunidade para a participação dos consumidores, por exemplo, "Lego: a brincadeira que virou um grande negócio", disponível no site Administradores.com (Mello, 2013):

> Crislândia Nascimento – Secretária Executiva na empresa Universidade Federal de Pernambuco.
> Amo Lego, mas nunca pude ter este brinquedo quando criança. Há algum tempo passei a presentear meu filho com este brinquedo e brincar com ele. Hoje ele é superfã da Lego! Uma pergunta: tem loja da Lego no Brasil, assim como em outros países? Perdemos algumas peças e gostaria de adquirir peças de reposição.
> 6 de dezembro às 09:41.[1]

Em um jornal de grande cobertura, as matérias geram mais comentários, como na matéria "Após beirar a falência, Lego se reestrutura e vê Brasil como prioridade" (Aragão, 2014), de 26 de janeiro de 2014:

> Bento (1041) (ontem às 10h55)
> Não sei de quem é a culpa, mas infelizmente é um produto muito caro para a classe média brasileira. Acho que os executivos da matriz da Lego estão mal informados.

> Davi (103) (ontem às 08h34)
> É lógico que o Brasil é um mercado importante, um Lego que lá fora custa US$ 100,00 é vendido por aqui por R$ 1.000,00!!!!!!!!!! Enquanto somos r.o.u.b.a.d.o.s. eles ficam mais ricos...

> Gutenberg (4) (ontem às 07h55)
> Originalmente a Lego oferecia baldes de peças avulsas simples para a criança usar a criatividade e construir o que quisesse. Os produtos modernos são todos temáticos e bastante limitados.[2]

---

1 Disponível em: <http://www. http://www.administradores.com.br/entrevistas/negocios/lego-a-brincadeira-que-virou-um-grande-negocio/126/>. Acesso em: 03 mar. 2017.

2 Disponível em: <http://folha.com/n01403032>. Acesso em: 22 jan. 2017.

As conversações informais na internet, em sites não específicos de comunidades Lego, colaboram para as ressignificações da marca ao permitir que os consumidores exerçam seu micropoder, o poder individual de participar e se engajar em um projeto coletivo por meio das redes. A companhia em questão não consegue controlar as informações entre consumidores e, de certa forma, a Lego dá demonstrações de que não tem interesse de tentar esse tipo inviável de controle. Ao contrário, mostra-se disposta a expandir essas conversações por diversos mecanismos de participação coletiva. Claro que, para a organização, o interesse maior recai sobre comentários positivos, no entanto, devemos lembrar que o processo de comunicação é dialógico, ou seja, um está no outro, e para que isso aconteça é extremamente importante para a empresa conhecer o que realmente pensam os consumidores entre consumidores, principalmente se for um comentário negativo.

A Lego parece ter saído de uma lógica construtivista para uma lógica de narração, com a qual muitos consumidores infantis estão acostumados pela ambiência midiatizada. Entretanto, embora essa ambiência seja hegemônica, a comunicação de mercado frui ao consumidor por meio das mediações. Para os fãs adultos, uma mediação crítica é mais fácil de constatar, porém, essa comunicação é mediada também por uma memória afetiva da época de infância desses fãs.

CONSIDERAÇÕES FINAIS

Muitas empresas ainda não se sentem em uma ambiência de conversação com o consumidor, esse consumidor relacional, e ainda usam uma comunicação de mercado dita unidirecional, funcionalista. Essas empresas não percebem como os processos de manifestações perceptivas dos consumidores pós-modernos, a partir das interações em redes sociais virtuais, contribuem para a ressignificação da imagem de marca. Para compreender essas dúvidas, buscou-se traçar uma visão da ambiência de consumo, da comunicação de mercado e das interações em rede por meio da ilustração de caso da marca Lego.

A partir do processo interativo de comunicação (Figura 3.1), consideramos que a empresa-fruidora Lego não pensa completamente de modo unidirecional. Nesse modelo, o acontecimento-comunicação se dá no momento em que a produção simbólica frui, ou seja, quando o consumidor-fruidor interage com a marca por meio dos mais diferentes meios. O espaço intermediário é permeado por uma pluralidade de matrizes culturais em que crianças e adultos consumidores da marca vivem. Há conflitos políticos, econômicos e culturais, e os poderes hegemônicos e interesses são consolidados socialmente. As interfaces comunicacionais são, predominantemente, a internet, com sites, blogs e fóruns, e também a TV a cabo em programas infantis e lojas de brinquedos. Os fruidores são todos aqueles que produzem signos e constroem sentido em relação à marca nesses diversos contatos de comunicação. Como vimos, não há como pensá-los separados do espaço intermediário, separados das mediações e, inclusive, não há como pensá-los separados uns dos outros, pois a comunicação pressupõe que cada fruidor "contenha" o outro como recurso de produção simbólica.

Consideramos que existe um processo dialético no qual a imagem da marca Lego surge da interação dentro da ambiência sociocultural e tecnológica e que a marca tende a partilhar mais convictamente seus interesses com os interesses sociais pós-modernos, principalmente no mercado internacional, mas que consumidores brasileiros ainda estão imbricados mesmo ante ao distanciamento da marca no Brasil.

Do ponto de vista comunicacional, os livros, revistas, jornais, sites e blogs que contam a história da marca ressignificam a imagem de marca, uma vez que a própria escolha da marca como objeto, como foco de interesse, redimensiona o próprio objeto. A marca Lego sempre trouxe o significado construtivista de blocos de montar. No entanto, no decorrer das mudanças pós-modernas, a marca também perdeu esse aspecto moderno. Isso pode ser constatado, como vimos, pelas minifiguras que hoje incorporam um sem-número de faces da cultura midiatizada, como Harry Potter, Indiana Jones e Bart Simpson. Consideramos que a Lego caminhou de uma estratégia guarda-chuva para uma estratégia na qual o nome comercial da empresa aparece combinado com diferentes nomes de produtos, ampliando a comunicação da marca específica de cada produto. A marca Lego, de um DNA "construtivista", encaixou-se na ambiência pós-moderna de acesso colaborativo.

A justaposição de propaganda, promoção de vendas, *merchandising*, marketing direto, comunicação pessoal e relações públicas com as conversações em rede é o agrupamento instaurador da forma da imagem de marca. Consideramos, por fim, que as manifestações perceptivas nas imagens de marca por meio da internet são sistemas complexos e tendem a ter suas propriedades fundamentais conhecidas para a comunicação de mercado quando compreendemos as interações coletivas de seus múltiplos elementos individuais.

QUESTÕES PARA DEBATE

1) Por que é importante, no processo de construção das marcas na contemporaneidade, superar o marketing para privilegiar o relacionamento?
2) "A imagem de marca é, portanto, um constructo da interação social." Detalhe e justifique esta posição do autor.
3) "A imagem de marca, portanto, como uma competência da comunicação de mercado, precisa compreender os processos de relacionamento com os consumidores-fruidores e as ressignificações culturais, tecnológicas, psicológicas e biológicas resultantes dessa interação." O que, na prática, Everaldo Pereira quer dizer com isso? Como aplicar esta afirmação ao caso da Lego, detalhado por ele, ao final deste capítulo?

REFERÊNCIAS

ANTORINI, Y.M.; MUÑIZ JR., A.M.; ASKILDSEN, T. Collaborating with customer communities: lessons from the Lego Group. *MIT Sloan Management Review*. North Hollywood, CA, v. 53, n. 3, mar. 2012.

ARAGÃO, M. Após beirar a falência, Lego se reestrutura e vê Brasil como prioridade. *Folha de São Paulo* [*on-line*]. 06 jan. 2014. Disponível em: http://www1.folha.uol.com.br/mercado/2014/01/1403032-apos-beirar-a-falencia-lego-se-reestrutura-e-ve-brasil-como--prioridade.shtml. Acesso em: 22 jan. 2017

BAKHTIN, M.M. *Estética da criação verbal*. 2.ed. São Paulo: Martins Fontes, 1997.

BUCKINGHAM, W. et al. *O livro da filosofia*. São Paulo: Globo, 2011.

CREMADES, J. *Micropoder: la fuerza del ciudadano en la era digital*. Madrid: Espasa-Calpe, 2007.

DAWKINS, R. *O gene egoísta*. São Paulo: Edusp, 1979.

DI FELICE, M. *Do público para as redes. A comunicação digital e as novas formas de participação social*. São Caetano do Sul: Difusão, 2008.

DOERR, B.; FOUZ, M.; FRIEDRICH, T. *Why rumors spread fast in social networks*. Saarbrücken: Max-Planck-Institut für Informatik, Universität des Saarlandes, 2012.

GALINDO, D. (Org.). *Comunicação institucional & mercadológica: expansões conceituais e imbricações temáticas*. São Bernardo do Campo: Universidade Metodista de São Paulo, 2012a.

GALINDO, D. *El consumidor postmoderno, uma persona relacional. Anclajes conceptuales.* Madrid: Editorial Fragua/Thinkcom, 2012b.

GALINDO, D. A comunicação de mercado e o paradoxo dos atributos e benefícios em uma sociedade relacional. In: GALINDO, D.S. (Org.). *A comunicação de mercado em redes virtuais: uma questão de relacionamento.* Chapecó: Argos, 2015, p. 13-54.

JENKINS, H. *Cultura da convergência.* São Paulo: Aleph, 2008.

KUNSCH, M.M.K. *Relações públicas e modernidade: novos paradigmas na comunicação organizacional.* São Paulo: Summus, 1997.

KOTLER, P.; KELLER, K.L. *Administração de marketing.* São Paulo: Prentice Hall, 2006.

KOTLER, P.; KARTAJAYA, H.; SETIAWAN, I. *Marketing 3.0: From Products to Customers to the Human Spirit.* New Jersey: Wiley, 2010.

LAUWAERT, M. *The place of play: toys and digital cultures.* Amsterdam: Amsterdam University Press, 2009.

LEGO. *About Us.* Disponível em: <http://aboutus.lego.com>. Acesso em: 19 jun. 2012.

LINDSTROM, M. *Brandsense: a marca multissensorial.* Porto Alegre: Bookman, 2007.

MARTÍN-BARBERO, J. *Dos meios às mediações.* Rio de Janeiro: UFRJ, 1997.

MELLO, F.B. Lego: a brincadeira que virou um grande negócio. Revista Administradores [*on-line*]. João Pessoa: Administradores Midias Digitais, 2013. 4 de dezembro de 2013. Disponível em: http://www.administradores.com.br/ entrevistas/ negocios/lego-a-brincadeira-que-virou-um-grande-negocio/126/. Acesso em: 03 mar. 2017.

MELMAN, C. *O homem sem gravidade: gozar a qualquer preço. Entrevistas por Jean-Pierre Lebrun.* Rio de Janeiro: Companhia de Freud, 2003.

MICELI, S. Introdução: a força do sentido. In: BORDIEU, P. *A economia das trocas simbólicas.* São Paulo: Perspectiva, 2007.

NAISBITT, J. *High tech, high touch: a tecnologia e a nossa busca por significado.* São Paulo: Cultrix, 1999.

NEVES, R.C. *Imagem empresarial.* Rio de Janeiro: Mauad, 1998.

NICOLELIS, M. *Muito além do nosso eu: a nova neurociência que une cérebro e máquinas – e como ela pode mudar nossas vidas.* São Paulo: Companhia das Letras, 2011.

NORDSTRÖM, K.A.; RIDDERSTRALE, J. *Funky Business: talento movimenta capitais.* São Paulo: Makron Books, 2001.

PEREIRA, E.; BUENO, W.C. *A imagem de marca como papel de troca simbólica na bolsa de valores de imagens das redes on-line.* In: XXXV Congresso Brasileiro de Ciências da Comunicação. 2012, Fortaleza.

RIFKIN, J. *A era do acesso.* São Paulo: Makron Books, 2001.

VEBLEN, T. *A teoria da classe ociosa.* São Paulo: Abril Cultural, 1984.

4 Comunicação, marketing e gestão da marca: questões contemporâneas

Victor Hugo Lima Alves

INTRODUÇÃO

Historicamente, o marketing é oriundo de problemas relativos à área de vendas que as empresas apresentaram no início do século XX. Desenvolveu-se para o relacionamento com o consumidor basicamente em razão da transformação de alguns de seus principais fundamentos empírico-conceituais, a saber: a mudança do "fazer e vender" relativo à orientação de vendas para o "sentir e responder", relativo à orientação de marketing; no consequente deslocamento de seu elemento central – do produto para o consumidor; e do alcance de seu impacto em aspectos mais amplos da sociedade, isto é, do contexto desse consumidor (Guerreiro, 1974; Kotler e Keller, 2012).

Talvez em decorrência desses fatores, ou da importância que o marketing assumiu nos negócios empresariais tanto no tocante ao relacionamento com o consumidor quanto em relação à complexa dinâmica competitiva do mercado, ou de sua imprecisão conceitual, ou, ainda, de fatores e/ou fenômenos difíceis de determinar, o marketing extrapolou as fronteiras da relação de consumo entre os agentes do mercado, propiciando inúmeras interpretações e abordagens que, em nossa visão, são incompatíveis com sua natureza, das quais, inclusive, algumas pontuais já foram discutidas por autores como Yanaze (2000) e Campomar (2011).

Em sua reflexão acerca da promoção e da publicidade no contexto das sociedades midiatizadas, Trindade (2016) questiona o alcance dos paradigmas dos estudos de mercado, de sua segmentação (perfil dos consumidores), do comportamento do consumidor, assim como dos processos de gestão de comunicação de marcas, os quais entende serem funcionais. Sugere, então, pensarmos acerca da necessidade de superação ou ampliação desses paradigmas, pois entende que "simplesmente reiteram panoramas que não explicam em profundidade os sentidos da sedução operados nos processos de consumo entre marcas e consumidores na atualidade" (Trindade, 2016, p. 50)[1].

Embora as ponderações daqueles autores sejam emergentes em virtude de denotarem a maneira pela qual o marketing tem sido constituído como campo de conhecimento sobretudo por seus especialistas, sobremaneira em razão do alheamento em relação às suas raízes históricas e, consequentemente, do descaso com a precisão de seus conceitos fulcrais, além da exigência imediata de resultados nos negócios, nos deteremos nas implicações do ponto de vista de Trindade (2016) à medida que sua reflexão vai ao encontro do que discutimos em outro capítulo sobre a ideia de insuficiência da lógica pragmática utilizada pelo modelo tradicional de marketing, na qual está impregnada a herança positivista e funcionalista, para dar conta da complexidade dessa nova ambiência denominada de contemporaneidade, sejam quais forem sua natureza e suas características fundantes.

Nossa hipótese para a questão é que o modelo tradicional de marketing não avança na explicação dos complexos fenômenos contemporâneos inerentes ao sistema de produção-consumo em razão da preferência pelo processo de decisão de compra do consumidor como referência desse sistema. A essência desse processo é a prescrição de um modelo genérico de tomada de decisão do consumidor no processo de compra, inclusive com a caracte-

---

1 Nesse contexto, tomamos paradigma como um conjunto de conhecimentos vigentes num período histórico sobre certo tema, assunto ou práxis de uma área de conhecimento.

rização de papéis individualizados; logo, busca a descrição de elementos cognitivos dos indivíduos, em que os fatores sociais e culturais, portanto, históricos, são classificados como influenciadores. Essa visão de indivíduo atemporal e anacrônico é reducionista em virtude de deslocá-lo de seu contexto sócio-histórico-cultural. A consequência é um indivíduo-padrão atomizado para qualquer sociedade, alheio à sua forma de constituição (Blackwell, et al., 2005; Mowen e Minor, 2003; Castoriadis, 1982; Pinheiro et al., 2006).

A possibilidade de superação ou ampliação dessa perspectiva tradicional passa pela substituição desse processo de referência do sistema de produção--consumo, isto é, do processo de decisão de compra do consumidor para o processo de consumo. Como consumo, referimo-nos ao conjunto de processos socioculturais pelos quais se efetivam a apropriação e os usos dos produtos, em que os bens são criados, comprados e, principalmente, usados como posses materiais; como uso de posses materiais, define-se uma área de comportamentos com regras socialmente definidas (García Canclini, 2008; Douglas e Isherwood, 2013; Featherstone, 1995; McCracken, 2003).

Trata-se da proposta de retomada da cultura ao social no âmbito do consumo, a qual sugere uma antropologia do consumo, em que se privilegia a cultura como o espaço da atividade específica da experiência humana; em termos simples, a cultura como a atividade humana precedente a qualquer outra atividade prática ou interesse utilitário. Nesse espaço, a sociedade se edifica pelo ordenamento simbólico dos diferentes aspectos da vida humana e realiza a sua experiência por sua própria expressão simbólica mediada por práticas sociais (Sahlins, 2003; Lévi-Strauss, 2003; Featherstone, 1997; Castoriadis, 1982).

No *continnum* organização e expressão simbólica, os indivíduos não produzem em absoluto, mas produzem "objetos para sujeitos *sociais* específicos, no processo de reprodução de sujeitos por objetos *sociais*" (Sahlins, 2003, p. 168, grifos do autor). Assim constituídos, social e culturalmente, os indivíduos são sujeitos históricos por meio de suas práticas sociais relativas ao consumo. Esse aspecto é especialmente relevante em um tipo particular de sociedade, na qual o consumo ocupa uma função na vida ordinária dos indivíduos além da satisfação das necessidades materiais e de reprodução social, que são comuns a todos os demais agrupamentos sociais como um ato de satisfação de necessidades existenciais ou básicas; isto é, na sociedade de consumo contemporânea (Douglas e Isherwood, 2013; Barbosa, 2010; Rocha, 2012).

Resumidamente, a opção pelo processo de consumo como eixo dos estudos de marketing permite cotejar o indivíduo com as estruturas sociais de sua época; assim, a cultura é tanto constituidora desses indivíduos (de dentro para fora) – em vez de exclusivamente influenciadora (de fora para dentro) – quanto ambiência, alterando a noção de um indivíduo-padrão para toda e qualquer sociedade, isolado na tomada de decisão, atomizado, e dá lugar à ideia de um indivíduo relacional tanto com as estruturas sociais quanto com seus congêneres.

Cria-se, portanto, o ambiente propício para que novos pontos de vista constituam a formulação de teorias de marketing, haja vista que vai ao cerne do processo mercadológico, ou seja, o consumidor e o seu comportamento, o qual, como já dissera McCraken (2003), toma outra dimensão com a antropologia do consumo. Talvez, desse modo, dê-se a superação ou suplantação dos paradigmas vigentes do modelo tradicional de marketing para uma perspectiva mais vocacionada à apreensão integral do ser social no contexto de consumo.

COMUNICAÇÃO E MARKETING: PERSPECTIVAS TEÓRICO-METODOLÓGICAS

Não se pode perder de vista que a gênese da comunicação de mercado está nos 4Ps – o composto de marketing – da administração de marketing. É em razão dessa filiação, ou seja, em decorrência da conformação ao arcabouço teórico-metodológico dessa área, que ocorrem as influências e aquelas limitações impostas pelos paradigmas dos estudos de mercado, aos quais referiu-se Trindade (2016). Todavia, a comunicação de mercado como objeto de estudo pode ser analisada pelos pressupostos teóricos-metodológicos da área da comunicação.

Essa observação é importante na medida em que as ciências sociais apresentam múltiplas perspectivas teórico-metodológicas, isto é, tanto modelos teóricos (a concepção social) quanto modelos metodológicos (a concepção de investigação do social), próprias para a resolução de seus problemas. Portanto, implica considerar que são mobilizados requisitos específicos (RE) relativos a cada uma das perspectivas teórico-metodológicas (PTM) adotadas pelas áreas de conhecimento (AC) para a análise do objeto de estudo (AC $\Rightarrow$ PTM $\Rightarrow$ RE) (Lopes, 2010, p. 89-100).

Nesse quesito, o marketing e a comunicação dispõem de pressupostos teórico-metodológicos distintos para a análise do objeto, que, possivelmente, levam a resultados e conclusões díspares, mas que podem complementar-se, como é desejável nos processos científicos[2]. Nesse sentido, arriscamo-nos a afirmar que os estudos desenvolvidos na área da comunicação, preferencialmente os estudos de comunicação mercadológica, têm condições de prestar expressiva contribuição, seja ao realinhamento dos estudos de mercado, seja ao aprimoramento da teoria de marketing, para a explicação de seus complexos fenômenos contemporâneos, já que viabiliza aprofundá-la em bases teóricas mais amplas.

Apoiamo-nos em pontos de vista como o de Hall, cujo argumento principal é a indissociável conexão, implícita ou explícita, que qualquer teoria da comunicação mantém com uma teoria social, em que

[a comunicação] está inevitavelmente ligada ao sucesso, à eficácia ou à ineficácia, das teorias da formação social como um todo, porque é neste contexto que deve ser teorizado o lugar da comunicação no mundo social moderno [...] a comunicação moderna não pode ser conceituada como externa ao campo das estruturas e práticas sociais porque é, cada vez mais, internamente constitutiva delas. Hoje, as instituições e relações comunicativas definem e constroem o social; elas ajudam a constituir o político, elas medeiam as relações econômicas produtivas; elas se tornaram "uma força material" nos modernos sistemas industriais; elas definem a própria tecnologia; elas dominam o cultural. (Hall, 1989, p. 43 apud Lima, 2005, p. 31)

Desse modo, se a comunicação constitui as estruturas e as práticas sociais, é plausível supor que a cultura e o consumo, como elementos fundadores da constituição social, são partilhados por práticas sociais comunicativas adotadas pelos indivíduos no processo de criação, sustentação e reprodução das

---

2 Talvez a diferença observável mais representativa, em razão da interferência direta nos resultados alcançados, seja a opção majoritária pela abordagem quantitativa dos estudos em Administração, em muito permeada pela rigidez de expressiva parte de seus programas de pós-graduação *stricto sensu*, enquanto os estudos em Comunicação estão mais voltados às pesquisas produzidas pela abordagem qualitativa.

sociedades, visto que o traço que caracteriza esse indivíduo como ser comunicacional é a sua capacidade de ordenar e relacionar mediações simbólicas, consciente ou inconscientemente; enfim, organizar e relacionar os elementos da cultura, dentre os quais a apropriação e o uso dos bens, para a construção da realidade social imediata como um aspecto prático da vida cotidiana (Wolton, 2004; Castoriadis, 1982; Sodré, 2014; Bordenave, 1982).

Ademais, deve-se considerar a pluralidade dos campos de conhecimento que mantêm algum tipo de vinculação com a comunicação na constituição de seu espectro teórico tanto pela interdisciplinaridade, que propicia a intersecção de conceitos, métodos e práticas das mais diversas áreas – como a linguagem, a cultura e a própria teoria social –, quanto pela multidisciplinaridade, pela qual o fenômeno comunicacional desperta o interesse de diversas áreas científicas (Wolton, 2004; Martino, 2012; Lima, 2005).

Nessas condições, os estudos em comunicação de mercado não se limitam a compreender somente as práticas de comunicação, mas avançam em entender como tais práticas articulam-se às relações sociais na dimensão do consumo. A explicação é que, à medida que o simbólico é urdido pelos indivíduos na instituição da sociedade, são formadas as redes simbólicas, isto é, os modos socialmente estruturados de criação e uso dos bens, que são mediados por processos comunicacionais das práticas de consumo (também, por definição, sociais) das relações sociais. Alcançar esses elementos comunicacionais existentes nas e que se desprendem das múltiplas ações recíprocas estruturantes de quaisquer práticas sociais possibilita a tais estudos destacar os aspectos comunicativos que sustentam as relações sociais, evidenciando tanto como são estruturadas quanto como estruturam o funcionamento do consumo em certa sociedade (Martino, 2012, p. 10).

Por conseguinte, uma vez que a cultura, o consumo e a comunicação são práticas sociais inextricavelmente presentes desde a origem e o desenvolvimento de qualquer sociedade, torna-se ainda mais improvável abordar o tipo de sociedade à qual nos referimos sem manter nenhum nível de aproximação com o consumo e as suas interfaces com a cultura e a comunicação. Nessas circunstâncias, os pressupostos de como e por que as pessoas consomem não são tão somente uma questão do indivíduo, mas estão relacionados – e relativizados – ao lugar que ele assume na rede de significados em que ocorre o processo de consumo, que, por sua vez, é tributária do lugar que ele assume na sociedade (o *lócus* social).

Essas questões implicam, de algum modo, o pensamento de marketing, seja quanto à superação, seja quanto à ampliação de seus paradigmas. No primeiro aspecto, a mudança é vertical, pois tem caráter de reorientação, isto é, a substituição do processo de referência do sistema produção-consumo, como indicamos, permite o aprofundamento da inteligibilidade de como o consumo opera socialmente e a posição do indivíduo como agente desse processo.

Nessa abordagem, a cultura e a comunicação auxiliam a entender as práticas de consumo atreladas à forma de sociedade em que ocorrem e sua relação com os processos sociais mais amplos, como o estabelecimento de relações sociais, de comunidades de interesses, de redes sociais de significação, a criação de identidades, dentre outros. É importante ressaltar que os benefícios da abordagem chegariam à versão predominante dos estudos em marketing (os psicológicos), possibilitando, por exemplo, desvendar as influências da regulação social da emoção para a elaboração de estratégias mercadológicas do produto/marca em cada sociedade em vez de emoções universalmente padronizadas.

O segundo aspecto é um movimento horizontal, pois se restringe apenas a incluir e/ou utilizar pressupostos teóricos mais amplos em explicações adjacentes dos fenômenos mercadológicos. De certo modo, isto já é verificável principalmente quando se recorre às influências sociais e culturais para dar conta de determinada situação que escapuliu à dita livre escolha do consumidor individual, noção tão cara aos estudos de cunho econômico, mas também reverberante nos estudos de vertente psicológica.

De fato, o marketing pode continuar com as pesquisas estritamente na interface entre o consumidor e o processo de decisão de compra, com as consequências já conhecidas. Mas a miríade de possibilidades para a explicação dos fenômenos mercadológicos atuais em decorrência da articulação das teorias das áreas de conhecimento ora destacados (cultura, consumo, sociedade e, acrescenta-se, linguagem[3]) é mais abrangente do que as abordagens que têm sido utilizadas (psicológicas e econômicas).

Isso representaria um aporte teórico-metodológico de expressiva importância, com reflexos imediatos na incorporação de novos conhecimentos,

---

3 Essa enumeração não é restritiva, apenas reflete os campos de conhecimento que o pesquisador tem utilizado na explicação de seus objetos de estudos.

como a compreensão do comportamento comunicativo das organizações e marcas como discursos sociais ou, ainda, a operação dos sentidos da sedução nos processos de consumo entre marcas e consumidores, como requerido por Trindade (2016); mas também na busca de alternativas para uma nova práxis, afinal, o que se imagina que as empresas estejam fazendo quando deslocam seu diretor para viver e conviver em comunidades para entender o processo de consumo em que seus produtos estão envolvidos ou quando buscam o auxílio profissional de antropólogos?

DO PROCESSO DE GESTÃO À GESTÃO DO PROCESSO DE COMUNICAÇÃO DA MARCA

Ao falar de questões contemporâneas relacionadas ao consumo, seria improvável (para não dizer impossível) não abordar a marca. Claramente, trata-se de um dos mais expressivos fenômenos de nosso tempo, o qual permeia inúmeros aspectos da vida social além do consumo. No entanto, não é uma existência livre, uma singularidade[4], como induzem a pensar algumas abordagens, mas comprometida com aspectos sociais e técnicos da sociedade.

A marca é um fundamento teórico-empírico do marketing. Embora somente seu *status* atual permita compreender que ela não mais se realiza na simples visão de integrante da primeira variável do composto de marketing – o produto – e tampouco nos limites de sua definição (AMA), o resultado do conjunto de fatores ou elementos que convergiram para produzi-la é, historicamente, comunicacional.

Esse aspecto é inegociável e não mantém relação com o sucesso da marca no mercado. De marcas inexpressivas, as quais servem apenas para identificação da responsabilidade da empresa fabricante e para um nível básico de diferenciação de seu concorrente, àquelas consideradas "ícones", todas partilham da mesma gênese comunicacional, já que seu fundamento é informar/compartilhar uma mensagem. Em outras palavras, a marca é um fenômeno de comunicação. Portanto, deve relacionar-se à quarta variável do composto de marketing – a comunicação. A validação dessa constatação,

---

4   Termo empregado como o ponto inicial de algo, o qual a ciência não consegue enxergar; usado em analogia à sua aplicação na astronomia.

COMUNICAÇÃO, MARKETING E GESTÃO DA MARCA: QUESTÕES CONTEMPORÂNEAS **59**

certamente, já seria um avanço significativo tendo em vista que representaria uma reorientação nos pressupostos de uma parcela da teoria de marketing.

Importa observar também o que se entende como comunicação da marca. A situação mais conhecida em relação à comunicação da marca ocorre quando há o acionamento do composto de comunicação para a promoção do binômio produto/marca. Nesse caso, a marca resume-se àquilo que se fala por meio de mensagens veiculadas pelas várias competências comunicacionais (propaganda, embalagem, *outdoor*, *merchandising* etc.)[5] do composto de comunicação à disposição da empresa. Assim entendida, essa comunicação é a elaboração/veiculação de uma nova mensagem a partir da marca (a mensagem originária), logo, uma metamensagem. Essa é a visão hegemônica contida na literatura sobre a comunicação da marca (Schultz e Barnes, 2001; O'Guinn et al., 2008; Kotler e Keller, 2012).

No entanto, à medida que identifica e diferencia seu produto em relação a seus concorrentes, por intermédio da expressão de elementos que incorporam traços de seu ambiente competitivo, como seus atributos, seus valores, sua identidade, a própria marca está informando/compartilhando uma mensagem, ou seja, estabelecendo um processo comunicacional num nível de comunicação distinto do processo anterior, o qual é, muitas vezes, não somente não percebido, mas também negligenciado.

A marca estabelece esse processo comunicacional plenamente pelo próprio produto. Cabe ressaltar aos mais atentos que embora a embalagem[6] seja uma das competências comunicacionais, ela também é a mídia originária do produto na imensa maioria dos casos, tendo em conta que esse universo de empresas/produtos não utiliza nenhum outro tipo de comunicação com o

---

5 Competência comunicacional é o conjunto de conhecimentos, habilidades, tecnologias, sistemas físicos, gerenciais e valores que geram diferencial competitivo para a organização. O termo foi adotado por Galindo (2008, p. 32), por compreender que essa proposta é mais adequada às dimensões das práticas comunicativas, as quais estão além do simples caráter utilitário denotado pelo termo *ferramenta* (e, acrescentamos, *instrumento*) de comunicação.

6 A embalagem pode ser caracterizada com o que vem sendo chamado na prática de *owned media*, ou seja, mídia de propriedade, termo inexistente ou desconhecido em idos de 2007, em que caracterizamos a embalagem como uma mídia no sentido mais amplo, de substrato, em que seu diferencial era justamente ser de propriedade da empresa e não comprada ou comercializada.

mercado, assim como o consumidor reconhece a embalagem como o próprio produto (Kotler e Keller, 2012).

Dessa maneira, ao figurar como integrante do composto de comunicação, o processo de gestão da comunicação da marca no contexto do marketing contemporâneo pode ser reformulado para a gestão do processo de comunicação da marca em vez da gestão de um processo industrial nos moldes do relativo ao produto. A princípio, parece uma questão semântica, mas há expressiva diferença entre o que envolve o "processo de gestão" e a "gestão do processo" de comunicação da marca. O primeiro refere-se a um modelo, pois o processo é um conjunto de funções divididas em etapas, o qual será aplicado na comunicação da marca. Assim, essa comunicação é o objeto do modelo de gestão. O segundo envolve a ação de gestão sobre o processo de comunicação da marca, ou seja, a gestão da própria ação comunicativa refletida pelo processo comunicacional (Chiavenato, 2003).

Como posicionamentos raramente são isentos, há mais algumas implicações aos pressupostos vigentes da teoria mercadológica. Uma delas, já assentada, é o reconhecimento da marca como um fenômeno comunicacional, o qual pode ensejar novas proposições de definição da marca. A partir disso, deve-se incorporar a premissa da assimetria contrariamente à noção de processos simétricos de estímulo-resposta pelos quais a teoria da marca é formulada, desenvolvida e estudada.

De modo amplo, como estímulo promocional, a comunicação da marca busca uma resposta esperada de seu público-alvo, quais sejam, a formação da imagem da marca; a alteração da crença, da atitude ou do comportamento do consumidor; a compra do produto. Contudo, a instância de produção da mensagem não consegue garantir a resposta almejada no outro polo do processo, a instância da recepção, na qual há uma diversidade de consumidores da marca no mercado. Essa é a natureza da assimetria que compromete os estudos psicológicos da marca (Kotler e Keller, 2012; Verón, 2005; Wolton, 2004; 2010).

Nesse contexto, inferimos que a assimetria é um dos fenômenos que dão conta de explicar a evidência empírica de que as marcas não alcançam o mesmo estágio de expressão ou desenvolvimento em uma mesma sociedade, ainda que o seja em conjunto com outros fenômenos adjacentes. Isso parece-nos claro, pois se fosse possível ensinar o que é a marca, como sugerem alguns autores, e os consumidores aceitassem-na passivamente, haveria somente uma marca de destaque em cada categoria de produto, coincidentemente a que primeiro chegasse ao mercado. Desse modo, é plausível supor que as marcas não operam igualmente em quaisquer sociedades, mas estão relacionadas ao modelo de sociedade em que são instituídas, seja ela qual for, refletindo os modos socialmente estruturados de sua época e seu tempo (Keller e Machado, 2006; Kotler e Keller, 2012).

Isso denota o caráter de fenômeno social já atribuído à marca por diversos autores. A abordagem da comunicação só reforça tal percepção pela imbricação não somente da comunicação e da sociedade, mas também da cultura e, principalmente, do consumo na constituição dos processos sociais mais básicos das sociedades de consumo contemporâneas (Costa, 2011; Semprini, 2006; Batey, 2010).

Outra importante implicação que os estudos da marca precisam enfrentar trata da filiação das teorias aos paradigmas. Retomamos a noção de que a marca é um dos elementos do composto de marketing – os 4Ps, portanto, funcionam sob a égide dos paradigmas da administração. Pois bem, mesmo no âmbito dos estudos de comunicação, a comunicação de mercado está alinhada ao paradigma funcionalista-pragmático, em que estão os modelos de manipulação, persuasão e funcional, o qual encaminha o resultado do processo comunicacional ao cumprimento de sua função social, que é o alcance do objetivo, por meio da transmissão de mensagem persuasiva.

Evidentemente, temos em conta que a filiação ao paradigma é uma condição histórica do desenvolvimento de cada área científica. Sendo assim, sabe-se que tais estudos sempre estarão, ainda que na dimensão da análise da fundamentação teórica, alinhados à sua conformação teórica. Mas isso não impede que tais fenômenos sejam estudados interdisciplinarmente, atravessados por teorias de outros paradigmas. A filiação teórica não pode justificar um engessamento, embora inúmeras vezes suprima ou obscureça novas possibilidades explicativas pela fidelidade que se supõe na consolidação da área científica.

Dessa maneira, a abordagem da marca como comunicação tem condições de suplantar – ou romper com – tal paradigma na perspectiva dos estudos em comunicação, pois a premissa desse processo comunicacional é o compartilhamento e não a transmissão de informação/mensagem, a qual confere um sentido social funcional ao processo. Em outras palavras, a forma que a marca contemporânea deve ser pensada está no sentido do compartilhamento de aspectos da vida social, como valores, atributos, crenças, personalidade etc., por meio dos vários processos em que participa, como os processos de sedução do consumidor, de estabelecimento de discurso social, da criação de comunidade de marca, entre outros já citados (Wolton, 2004; Trindade, 2016; Verón, 2005).

A ampliação do horizonte teórico e de aplicação prática da marca auxilia no aprofundamento de sua pesquisa, essencialmente daquelas sobre a abordagem das teorias comunicacionais do paradigma pós-estruturalista, com o apoio de teorias sociais e culturais como pano de fundo para sua explicação como fenômeno comunicacional. Dispõe-se, dessa maneira, a captar o modo como tais fenômenos estão urdidos nas relações sociais, como buscamos estabelecer breve e resumidamente neste capítulo. Desse modo, pode-se criar instrumentos teórico-metodológicos e práticos para apreender os processos de significação social de um consumo resultante das práticas culturais, logo, também comunicacionais, integralmente aplicáveis ao contexto conceitual--pragmático do marketing (Bordenave, 1982; Wolton, 2004).

CONSIDERAÇÕES FINAIS

Dispomos uma série de posições sobre questões contemporâneas da tríade comunicação, marketing e marcas, na intenção de indicarmos novos caminhos que propiciem avançarmos na geração de conhecimento dessas áreas científicas ou campos do saber frente à realidade como uma construção social e subjetiva com uma noção de sujeito histórico.

São cada vez mais emergentes a abertura de novas possibilidades de pesquisa e a ampliação de horizontes teórico-conceituais, em especial por causa da fluidez da ambiência contemporânea, pela qual as condições que hoje sustentam certas afirmações podem, simplesmente, se deteriorar, esvair, tendo em vista a impossibilidade de vislumbrar quão perene é esse movimento.

Nessa direção, sugerimos a substituição do processo de referência do sistema produção-consumo, em que o marketing baseia sua formulação teórica, do processo de decisão de compra do consumidor pelo processo de consumo, o que implicaria uma antropologia do consumo. Por sua vez, a Associação Americana de Marketing afirma que "o marketing é a atividade, o conjunto de conhecimentos e os processos de criar, comunicar, entregar e trocar ofertas que tenham valor para os consumidores, clientes, parceiros e sociedade como um todo" (AMA, 2008 apud Kotler e Keller, 2012).

Pelo que foi exposto, a noção de "processo de criar ofertas" da definição de marketing demonstra verossimilhança com a ação de produzir objetos para sujeitos sociais específicos no processo de reprodução dos sujeitos por objetos sociais, como afirma Sahlins (2003). Portanto, de certo modo, a definição de marketing contém a ideia de uma antropologia do consumo, a qual não é percebida, supomos, pelas abordagens e práticas históricas dos estudos da administração, que influenciam sobremaneira o marketing.

Isso entendido, a já tardia demarcação da área epistemológica do marketing, até então não resolvida no cerne da disciplina, na sua reivindicação como área científica, não seria traumática, visto que exigiria apenas uma reorganização e clarificação de seus limites conceituais, como as interfaces dos processos organizacionais (a atividade ou conjunto de conhecimentos) e dos processos de consumo da relação produção-consumo (o processo de criar, comunicar, entregar e trocar com consumidores e clientes) no contexto da sociedade (a sociedade como um todo). Simples, mas que, no entanto, expressa uma nova abordagem na aproximação aos fenômenos mercadológicos, bem mais ampla do que aquela aproximação que permite a abordagem psicológica do comportamento do consumidor.

Da mesma maneira, os limites da marca poderiam ser mais bem definidos na acepção de elemento comunicacional. Sua definição, já muito antiga, mas que se insiste ser atual, que a descreve como "um nome, termo, símbolo, desenho, ou uma combinação desses elementos que deve identificar os bens ou serviços de um fornecedor ou grupo de fornecedores e diferenciá-los dos da concorrência" (Keller e Machado, 2006, p. 2) não reflete minimamente sua presença, relevância e influência no consumo e nem em outras ambiências da sociedade contemporânea.

Uma nova conceituação envolve descrevê-la em termos de uma mensagem, uma narrativa ou um discurso, constituído em relação às estruturas sociais, à posição dos agentes, e à sua vinculação sócio-histórica; guardando o espírito da época, as determinações de tempo e lugar, e as tensões incessantes entre a cultura e o imaginário social no seu processo cíclico de ressignificação. Muito provavelmente, uma expressão bem mais condizente com a contemporaneidade.

Os benefícios se estendem à concepção, agora reformulada, da gestão do processo de comunicação da marca, pois envolve elementos que atualmente inexistem em sua formulação, dos quais destacamos a alteridade, que é da natureza da comunicação, já que ela tem início no outro; a percepção da posição imaginária dos sujeitos nas práticas comunicativas; e os processos de produção de sentido dos fenômenos sociais (a semiose social), como os desenvolvemos aqui, dentre inúmeros outros.

Com essas proposições, finalmente, intentamos oferecer pontes profícuas no estreitamento entre áreas ou campos de conhecimentos, as quais dificilmente conversariam sem algum esforço. Os aportes teóricos da cultura, do consumo, das teorias sociais, da linguagem e, principalmente, da comunicação, podem ajudar-nos sobremaneira na tarefa de compreensão do que se denomina relações de mercado, antes extraídas de seu contexto, mas agora comprometidas com uma visão de sociedade. Queremos ressaltar, ainda, que não é só o marketing que tende a ganhar, mas a própria comunicação, haja vista que o aprofundamento da compreensão das operações do consumo na sociedade pode trazer à tona mais facilmente os processos comunicacionais que as sustentam.

QUESTÕES PARA DEBATE

1) "[...] os estudos em comunicação de mercado não se limitam a compreender somente as práticas de comunicação, mas avançam em entender como tais práticas articulam-se às relações sociais na dimensão do consumo." Quais consequências essa afirmação tem para o processo de ressignificação das marcas?

2) Como entender de forma abrangente o processo de comunicação da marca, não o limitando à mera comunicação do produto? O que o autor deste capítulo quer dizer quando afirma que "há expressiva diferença entre o que envolve o 'processo de gestão' e a 'gestão do processo' de comunicação da marca"?

3) O autor sugere "a substituição do processo de referência do sistema produção-consumo, em que o marketing baseia sua formulação teórica, do processo de decisão de compra do consumidor pelo processo de consumo, o que implicaria uma antropologia do consumo". O que, efetivamente, ele pretende com essa mudança? Como isso impacta o paradigma tradicional da comunicação da marca?

REFERÊNCIAS

[AMA] AMERICAN MARKETING ASSOCIATION. 2008. Disponível em: <https://www.ama.org/AboutAMA/Pages/Definition-of-Marketing.aspx>. Acesso em: 17 nov. 2016.

BAKHTIN, M. *Marxismo e filosofia da linguagem*. São Paulo: Hucitec, 2006.

BARBOSA, L. *Sociedade de consumo*. Rio de Janeiro: Zahar, 2010.

BATEY, M. *O significado da marca*. Rio de Janeiro: Best Business, 2010.

BAUMAN, Z. *Modernidade líquida*. Rio de Janeiro: Zahar, 2001.

BERGER, P.L.; LUCKMANN, T. *A construção social da realidade*. Petrópolis: Vozes, 2011.

BLACKWELL, R.D.; MINIARD, P.W.; ENGEL, J.F. *Comportamento do consumidor*. São Paulo: Pioneira Thomson Learning, 2005.

BORDENAVE, J.E.D. *O que é comunicação*. São Paulo: Brasiliense, 1982.

CAMPOMAR, M.C. *Marketing de verdade*. São Paulo: Gente, 2011.

CASTORIADIS, C. *A instituição imaginária da sociedade*. Rio Janeiro: Paz e Terra, 1982.

CHIAVENATO, I. *Introdução à teoria geral da administração*. Rio Janeiro: Elsevier, 2003.

COSTA, J. *A imagem da marca: um fenômeno social*. São Paulo: Edições Rosari, 2011.

DOUGLAS, M.; ISHERWOOD, B. *O mundo dos bens*. Rio de Janeiro: UFRJ, 2013.

FEATHERSTONE, M. *Cultura de consumo e pós-modernismo*. São Paulo: Studio Nobel, 1995.

_____. *O desmanche da cultura*. São Paulo: Nobel, 1997.

GALINDO, D.S. As competências comunicacionais a serviço do mercado-lógico. In: _____ (Org.). *Comunicação mercadológica: uma visão multidisciplinar*. São Bernardo do Campo: Universidade Metodista de São Paulo, 2008, p. 31-46.

GARCÍA CANCLINI, N. *Consumidores e cidadãos*. Rio de Janeiro: Editora UFRJ, 2008.

GEERTZ, C. *A interpretação das culturas*. Rio de Janeiro: LTC, 2008.

GUERREIRO, B.A.M. Mercadologia e administração mercadológica. In: ARANTES, A.C.A. et al. *Administração mercadológica: princípios e métodos*. Rio de Janeiro: FGV, 1974.

HALL, S. Codificação/decodificação. In: *Da diáspora. Identidades e mediações culturais*. Belo Horizonte: UFMG, 2003, p. 387-404.

KELLER, K.L.; MACHADO, M. *Gestão estratégica de marcas*. São Paulo: Pearson Prentice Hall, 2006.

KOTLER, P.; KELLER, K.L. *Administração de marketing*. São Paulo: Pearson, 2012.

LÉVI-STRAUSS, C. Introdução à obra de Marcel Mauss. In: MAUSS, M. *Sociologia e antropologia*. São Paulo: Cosac Naify, 2003.

LIMA, V.A. *Mídia: teoria e política*. São Paulo: Perseu Abramo, 2005.

LOPES, M.I.V. *Pesquisa em comunicação*. São Paulo: Loyola, 2010.

MAFFESOLI, M. O imaginário é uma realidade. *Famecos*. Porto Alegre, n. 15, p. 74-82, 2001.

MARTINO, L.M.S. *Teoria da comunicação: ideias, conceitos e métodos*. Petrópolis: Vozes, 2012.

MARTINS, J. *A natureza emocional da marca: como escolher a imagem que fortalece sua marca*. São Paulo: Negócio Editora, 1999.

McCRACKEN, G. *Cultura e consumo: novas abordagens ao caráter simbólico dos bens e das atividades de consumo*. Rio de Janeiro: Mauad, 2003.

MOWEN, J.C.; MINOR, M.S. *Comportamento do consumidor*. São Paulo: Prentice Hall, 2003.

O'GUINN, T.C.; ALLEN, C.T.; SEMENIK, R.J. *Propaganda e promoção integrada da marca*. São Paulo: Cengage Learning, 2008.

PÊCHEUX, M. Análise automática do discurso. In: GADET, F.; HAK, T. (Orgs.). *Por uma análise automática do discurso: uma introdução a obra de Michel Pêcheux*. Campinas: Editora da Unicamp, 2010.

PINHEIRO, R.M.; CASTRO, G.C.; SILVA, H.H.; NUNES, J.M.G. *Comportamento do consumidor e pesquisa de mercado*. Rio de Janeiro: FGV, 2006.

ROCHA, E.P.G. *A sociedade do sonho: comunicação, cultura e consumo*. Rio de Janeiro: Mauad, 2012.

SAHLINS, M.D. *Cultura e razão prática*. Rio de Janeiro: Jorge Zahar, 2003.

SCHULTZ, D.E.; BARNES, B. *Campanhas estratégicas de comunicação de marca*. Rio de Janeiro: Qualitymark, 2001.

SEMPRINI, A. *A marca pós-moderna: poder e fragilidade da marca na sociedade contemporânea*. São Paulo: Estação das Letras, 2006.

SODRÉ, M. *A ciência do comum: notas para o métodos comunicacional*. Petrópolis: Vozes, 2014.

TRINDADE, E. Midiatização em processos de ativação das marcas. In: GALINDO, D.S.; OLIVEIRA, V.B. (Orgs.). *Comunicação de mercado e contemporaneidade*. São José dos Campos: Tachion, 2016.

VERÓN, E. *La semiosis social*. Barcelona: Gedisa, 1993.

_____. *Fragmentos de um tecido*. São Leopoldo: Unisinos, 2005.

WOLTON, D. *Pensar a comunicação*. Brasília: Editora UnB, 2004.

_____. *Informar não é comunicar*. Porto Alegre: Sulina, 2010.

YANAZE, M.H. Esqueça o Marketing. *Líbero – Revista Acadêmica de Pós-Graduação da Faculdade de Comunicação Social Cásper Líbero*. São Paulo, v. 3, n. 5, p. 88-92, 2000.

PARTE 2 – Gestão de marcas e estratégias comunicacionais

5 Marcas e conexões: muito além do evento

Andréa Nakane

INTRODUÇÃO

Em uma época de tantos desencontros e isolamentos sociais provocados pelo ritmo frenético da vida moderna, a atividade de eventos vem sobressaindo-se como veículo de comunicação dirigida, com o poder de engajar e socializar grupos de pessoas com afinidades, mesmo que temporárias, e dessa forma promover interações e evocar laços representativos, sejam organizacionais, de ordem privada e/ou pública.

Os números do setor de eventos no Brasil refletem sua grandiosidade no contexto contemporâneo. Segundo o II Dimensionamento Econômico do Setor de Eventos – fruto da sinergia entre a Associação Brasileira de Eventos (Abeoc) e o Serviço Brasileiro de Apoio às Micro e Pequenas Empresas (Sebrae) –, somente em 2013, a atividade movimentou em terras nacionais R$ 209,2 bilhões, representando 4,3% do PIB, gerando 7,5 milhões de empregos (somados os diretos, indiretos e terceirizados) e proporcionando aos cofres públicos cerca de 48,7 bilhões de impostos.

Nesse estudo – que teve como objetivo principal quantificar a participação do setor no PIB da nação, avaliando a sua contribuição para o estímulo à geração de empregos, renda e tributos, além de compilar um amplo inventário de espaços destinados aos diversos acontecimentos especiais no país –, pretendeu-se também estimular novos investimentos em infraestrutura e latente urgência na qualificação dos profissionais da extensa cadeia produtiva que envolve a atividade, justamente para garantir seu crescimento vigoroso, conforme as expectativas do setor.

Vale ressaltar que eventos sociais de cunho privativo não foram contabilizados pela metodologia desta pesquisa, o que sinaliza que esses números ainda seriam mais impactantes se estes também tivessem sido integrados na amostragem.

O futuro deverá prover bons resultados para o mercado de eventos corporativos no Brasil. Essa é a aposta de 65% dos empresários procurados por um estudo da Câmara Americana de Comércio (Amcham). Ao todo, foram 86 gestores que colaboraram com a avaliação realizada no final de setembro de 2016.

Os empresários, de acordo com a pesquisa, acreditam que os eventos corporativos estarão reaquecidos nos próximos anos, investindo em novos modelos e ações, com muita interatividade e engajamento via redes sociais, reforçando, sobretudo, os eventos de experiências, que geram maior aproximação com marcas e produtos.

No âmbito internacional, há dados que ratificam o cenário nacional como um panorama global, como é o caso de um estudo da Carlson Wagonlit Travel Meetings & Events relativo a projeções para 2017, que mesmo com uma perspectiva mundial de um PIB menor, não afetará a realização de eventos corporativos. Eles permanecerão, o que será mais criterioso é a sua gestão financeira, otimizando seus recursos para melhores resultados. O binômio conhecido como "fazer mais com menos" mantém-se ativo, até porque, em momentos de maior dificuldade, é preciso investir nos relacionamentos para que estes continuem vigorosos e rentáveis, afinal, quem não é visto jamais será lembrado.

O planejamento estratégico da cidade de Paris, batizado de "Esquema de desenvolvimento turístico 2017-2022", tem como intuito ampliar sua receita em turismo e negócios, e cogita investir na realização anual de um grande acontecimento esportivo, além de intensificar esforços para sediar congressos técnicos e científicos, que correspondem a um terço dos visitantes da Cidade Luz, algo em torno de 23 a 24 milhões de turistas ao ano.

Tais análises de mercado, oriundas de diversas pesquisas, reforçam o atual poder dos eventos no contexto social como plataforma comunicacional, atraindo não só considerações de ordem acadêmica e a ampliação de estudos científicos, mas incorporando uma visão empírica, consolidada na definição de robustos investimentos corporativos para promover marcas e gerar relacionamentos.

Mais que uma inovação, trabalhar com eventos hoje é resgatar uma prática tão antiga quanto a própria humanidade.

EVENTOS E A EVOLUÇÃO DA HUMANIDADE

Diversos autores da área de comunicação e turismo já tentaram fixar um marco cronológico do surgimento da atividade de eventos na vida humana, porém, há ainda algumas divergências históricas a esse respeito.

Nakane (2013, p. 28) afirma que os eventos entraram efetivamente no mundo social na era paleolítica média (200000 a 40000 a.C), quando, por meio do desenvolvimento dos instrumentos de caça, possibilitou-se o abate de uma grande quantidade de carnes, que logo atingiam o estado de putrefação em função das elevadas temperaturas, fato que também provocava a disseminação de doenças e atraía outros animais. Como alternativa à sua própria sobrevivência, as tribos, que viviam de forma amistosa, começaram a convidar umas as outras para compartilhar o alimento excedente. Este fato representa a retórica inicial das festas sociais.

Já Matias (2001, p. 1) sinaliza que a origem dos primeiros eventos está relacionada com os primeiros Jogos Olímpicos da Era Antiga, a partir de 776 a.C., relacionando-os, sobretudo, com o turismo e os deslocamentos que existiam para a realização desse acontecimento.

Apesar de toda a criticidade emanada pela diversidade das colocações históricas, fundamenta-se que os eventos vêm acompanhando a própria evolução humana, já que são uma ação advinda da necessidade e desejo de estar junto e prover interações de diversas ordens adjetivas e propositais.

No âmbito corporativo, a linha do tempo dos eventos tem outra dinâmica, em função da própria alteração dos rumos sociais. Kotler (apud Giacaglia, 2006) enaltece que, tanto nos Estados Unidos quanto no Brasil, o desenvolvimento dos eventos relacionados ao mundo dos negócios encontrou seu ápice no início dos anos 1950, justamente com a competitividade ganhando esfera e demandando práticas diferentes para captar a atenção dos consumidores e estimular a compra.

Vinculados ao meio corporativo, os eventos tornaram-se alvo de vultosos investimentos em função de suas possibilidades de geração de relacionamentos.

É notório que ocorreu a transferência de investimentos de marketing e publicidade dos canais tradicionais para os meios digitais nos últimos anos; e, atualmente, de forma paralela, os eventos também já se tornaram ações estratégicas para não só criar vínculos, mas também mantê-los e, dessa forma, prover relacionamentos entre produtos, serviços, empresas e seus diversos públicos, incluindo colaboradores, comunidade, clientes, acionistas, fornecedores e distribuidores, apenas para citar alguns perfis, considerados seus *stakeholders*.

Nessa nova ambiência, os eventos utilizados pelo mercado corporativo têm essa deferência de conectar-se, de promover alianças com públicos segmentados por meio de um processo comunicacional, explorando histórias e experiências que resultam em conteúdos abrangentes e plurais, que abastecem as redes sociais com materiais exclusivos, com repertórios próprios.

"Um dos mais significativos e expressivos meios de comunicação, que tem como característica ser dirigida, ou seja, focada em um determinado grupo de pessoas, com particularidades afins, é a atividade de eventos" (Nakane, 2013, p. 25). Com a afirmação anterior, reforça-se a compreensão sobre a conceituação de eventos como um veículo de comunicação focado, assimétrico, que vislumbra uma conexão entre o promotor e seu público. Por promotor entende-se um produto, serviço, marca, empresa e até mesmo um indivíduo.

EVENTOS E SUA RELAÇÃO COM AS MARCAS

As organizações – tanto pessoas jurídicas quanto pessoas físicas, sejam de ordem privada ou pública –, no intuito de buscar a distinção no mercado que disputam, investem na construção de sua identidade junto aos consumidores, o que evoca a criação de uma marca.

David Ogilvy, fundador do grupo Ogilvy (Roberts, 2004), define marca como a soma intangível dos atributos de um produto: seu nome, sua embalagem e preço, sua história, sua reputação e a forma como é anunciada, sendo, portanto, um agrupamento de significados. Mark Batey (2010, p. 15) afirma que "as marcas carregam correntes profundas de significados em termos de contexto de uso, de natureza sociopsicológica dos consumidores e das culturas às quais eles pertencem".

As mudanças relacionadas à forma de comunicar-se com seus públicos no final do século XX e início do século XXI orientaram as empresas a buscarem novos meios para chamar a atenção dos consumidores, e o entretenimento tem demonstrado ser uma poderosa ferramenta para isso, segundo Donaton (2007, p. 37).

O entretenimento, de acordo com Luiz Carlos Murakami (Cobra, 2008, p. 23), pode ser entendido como "uma maneira de ocupar certo período com algo que distrai e ajuda a passar o tempo divertindo". Em um momento distinto, planejado para tal, o entretenimento consegue despertar o interesse das pessoas e evocar sensações naqueles que o consomem, de forma descontraída, sem obrigatoriedade, pela simples vontade e satisfação.

A associação de marcas a eventos de esfera cultural e artística é um exemplo bem-sucedido de vinculação estratégica que possibilita uma aproximação com público em um momento no qual ele tende a ser mais receptivo a mensagens, pois se encontra no usufruto de seu tempo de lazer.

O lazer conceitua-se, segundo Nakane (2013), como o tempo de repouso necessário à qualidade de vida das pessoas, concentrado fora de seus horários comprometidos com responsabilidades profissionais, acadêmicas e de outras ordens sociais.

Dejavite (2006, p. 41) pontua que o entretenimento está relacionado ao prazer e ao bem-estar, e representa aquilo que é feito quando não há a obrigatoriedade do dia a dia ou está fora do circuito do trabalho.

Estudos liderados pela Price Waterhouse Coopers (Cobra, 2008, p. 47) revelam que a indústria global de mídia e entretenimento vem crescendo desde 2004 à taxa média anual de aproximadamente 6,6%, identificando-se como o grande motor econômico da atualidade, superando setores tradicionais da economia global.

Essa é a razão pela qual os projetos de eventos relacionados ao entretenimento ao vivo – shows, festivais de músicas, entre outros – têm sido alvo de interesse de empresas para patrocínios como forma de diferenciar-se das marcas concorrentes e criar vínculos emocionais com o público. O patrocínio permite que a empresa empregue seu dinheiro para apoiar uma causa ou um evento que seja coerente com suas metas, como melhorar a notoriedade da marca ou realçar a imagem corporativa, de acordo com Lamb et al. (2012, p. 284).

Como forma de aperfeiçoar a iniciativa do patrocínio, pode-se até mesmo negociar uma participação orçamentária maior e, assim, ter o direito de batizar com o seu nome institucional ou de seu produto ou serviço o evento. Tal tática foi batizada de *naming right*, conhecido no Brasil também como "eventos proprietários", e ganha ampla projeção na comunicação, já que é impossível mencionar o acontecimento especial sem disseminar a marca envolvida.

Por esses motivos, o mercado tem sido apresentado a diversos projetos próprios que conquistaram admiração e trouxeram um novo olhar sobre esse modelo de eventos, que se iniciou no Brasil a partir da década de 1980.

Dois nomes lendários do *show business* – as irmãs Sylvia e Monique Gardenberg – foram responsáveis pela introdução dos eventos proprietários no país. Uma das empresas pioneiras no patrocínio de eventos culturais no Brasil foi a Cia. Souza Cruz de Cigarros, que enxergou uma excelente possibilidade de ganhar a aproximação e a admiração de seus consumidores por meio desses projetos, até porque, naquele momento, os brasileiros – de diversas estratificações e faixas etárias – ansiavam vivenciar experiências únicas, até então vistas somente por meio da televisão.

Segundo informações extraídas do acervo do jornal *O Estado de S. Paulo*[1], a ideia das irmãs Gardenberg para formatar o primeiro projeto ocorreu em 1983, quando as empresárias retornavam dos Estados Unidos de uma turnê de Djavan, sob sua responsabilidade e comando. Em um raro momento de folga, o grupo, que ainda contava com Paulinho Albuquerque e Zé Nogueira, teve a oportunidade de prestigiar um festival no Lincoln Center, em Nova York, com shows de Stan Getz, David Sanborn e outros grandes nomes do jazz. A inspiração foi elevada e, no próprio avião, o grupo começou a esboçar os primeiros traços do plano que modificaria o cenário cultural brasileiro, com a criação de um festival de jazz e música instrumental brasileira, surgindo então o Free Jazz Festival, que contou com edições ininterruptas (1985 a 2001) com seu nome de batismo.

---

1 Disponível em: <http://acervo.estadao.com.br/noticias/acervo,ha-25-anos-o-primeiro-hollywood-rock,8812,0.htm>. Acesso em: 31 out. 2016.

Esse, porém, não foi o único entre os projetos da dupla – apelidada de dinâmica –, já que há outros lendários projetos a ela relacionados, como o Carlton Dance (nove edições) e o Tim Festival (desde 2002).

A junção do foco empresarial com uma atração de entretenimento acabou preconizando o que no presente vigora no mercado, proporcionando relacionamento e *branding* de empresas que, ao associarem sua imagem a um projeto cultural, ganham reputação de empresas admiráveis e podem vir a se transformar em *lovemarks*.

Esse termo foi cunhado por Kevin Roberts, autor do livro *Lovemarks: o futuro além das marcas*, e refere-se à compreensão de que o consumidor é o epicentro da existência das empresas. Ela parte do pressuposto de que há uma necessidade latente de gerar uma real proximidade com o consumidor, além de simplesmente oferecer a ele uma mera mensagem massificada, até então explorada como sustentáculo dessa relação.

Segundo Roberts (2004), uma das mais emblemáticas características das *lovemarks* é justamente personificar uma marca de forma humana, atribuindo a ela características de personalidade e qualidades simbólicas. As *lovemarks* tendem a transformar consumidores em fãs, pois conseguem atingir o coração das pessoas. Isso só é possível de ser alcançado por meio das emoções e não de um contexto friamente racional. Os eventos têm esse poder: o de trabalhar de forma cognitiva os sentidos e, por meio destes, engajar o público emocionalmente, indo muito além do tempo e espaço de sua realização.

Ao chegar nesse patamar, a emoção supera a razão, e o cenário tende a ser muito mais propício para a aquisição de bens, produtos e serviços que tenham gerado essa condicionante, transformando os próprios consumidores em porta-vozes, disseminadores de tal apreço e atingindo um nível máximo em resposta a esse envolvimento: o da lealdade.

Em tempos de concorrência acirrada, essa escala torna-se o sonho e o alvo das corporações que há muito já compreenderam que a estratégia em voga, hoje, é humanizar-se perante a sociedade, fomentando um pacto de similaridade e identificação, incitando experiências que revelem sentimentos, muitas vezes adormecidos pelo contraste com o dia a dia frenético e compulsivo da sociedade moderna, altamente tecnológica, buscando uma maior evidência do *high touch*. "*High touch* é a capacidade de estabelecer conexão com o semelhante, de compreender as sutilezas das interações humanas, de encontrar alegria íntima e suscitá-las nos outros e ir além do superficial em busca de sentido e propósito" (Pink, 2006, p. 2).

Sob esse aspecto, a escolha de uma construção mais simbólica e figurada, na qual a representação social seja evidenciada, contrastante ou até mesmo ambígua, que indique a indução de uma resposta, sobretudo sentimental, conquista mais adeptos. E os eventos são considerados campo fértil para tal aplicação.

Baudrillard (2008), em seus estudos, remetia à reflexão que o ato de consumo é algo que sugere maior envolvimento, com a máxima representação de mercadoria-signo, não sendo algo desprendido, mas sim inserido, na troca existente no momento de aquisição de um bem ou produto. Há, portanto, do ponto de vista mercadológico, uma ligação a ser estimulada e mantida.

B. Joseph Pine II e James H. Gilmore, estudiosos de Harvard, foram os primeiros norte-americanos a sinalizarem que a sociedade viveria em uma era intitulada de Economia das Experiências. Panosso e Gaeta (2010, p. 14) exploram o pensamento de Pine e Gilmore e salientam que "a oferta de experiência acontece quando uma empresa usa intencionalmente os serviços como um palco e os produtos como suportes para atrair os consumidores de forma a criar um acontecimento memorável". A empresa, nesse caso, se apropria metaforicamente da imagem do entretenimento para explicar a conceituação e reforçar seu propósito.

Marcos Cobra (2008, p. 33) cita que "o consumo de experiências é a busca de sensações e emoções intensas, prazerosas ou não, durante e após a compra e o consumo de um produto ou a vivência de um evento, como jogo de futebol ou show de música". Um exemplo dessa relação de envolvimento é o Natura Musical. Criado em 2005 pela empresa de cosméticos que batiza o evento, completou onze anos em 2016, gerando uma vasta produção cultural, liderada por megashows, incluindo 90 discos e 20 DVDs.

A iniciativa da empresa teve como objetivo associar a marca institucional à sua total brasilidade por intermédio da música popular brasileira (MPB), agrupando valores como inovação, memória e identidade, conforme explanação de Fernanda Paiva, gerente de marketing institucional da Natura, em entrevista concedida em junho de 2016 à revista da Aberje[2].

---

2 Disponível em: <http://www.aberje.com.br/edicao/revista-ce-97/>. Acesso em: 25 jan. 2017.

Outra empresa que atua no mesmo segmento da Natura, a Nivea, também decidiu investir em eventos de entretenimento ao vivo para disseminar sua marca, realçando sua total integração com a localidade tupiniquim, mesmo sendo uma empresa suíça. O projeto Nivea Viva, realizado desde 2012, promove anualmente shows em homenagem a grandes nomes da MPB, geralmente já falecidos, cujas obras recebem interpretações singulares de outros grandes intérpretes brasileiros, como Maria Rita cantando canções que ficaram famosas na voz de sua mãe, Elis Regina (1945-1982), e Ivete Sangalo e Criolo revivendo os grandes sucessos de Tim Maia (1942-1998).

A intenção do Nivea Viva é justamente ressaltar a cultura brasileira alinhada com valores da própria marca, como tradição e família, por meio de shows de grande envergadura, com produções de qualidade primorosa e entrada gratuita, o que facilita a participação do público e gera percepções de vivências únicas e emocionantes.

A potencialidade de gerar conteúdo em tempo real e posteriormente à exposição obtida atinge não só diretamente o público presente no dia do evento, mas também potencializa a geração de conteúdo antecedendo ao evento, em tempo real e também após sua finalização, proporcionando notícias e informações que, compiladas sagaz e curiosamente, fomentam um *brand content* (conteúdo de marca) que alimentará os diversos veículos de comunicação das empresas envolvidas.

Além das possibilidades já citadas de patrocínios individuais ou coletivos de um evento, é possível ganhar cada vez mais notoriedade quando se trabalha com o imaginário de um evento já existente, de renome, mesmo não estando envolvido comercialmente com ele. Um exemplo de expressividade mundial são os Jogos Olímpicos, reconhecidos como uma das marcas mais valorizadas do mundo contemporâneo. "Com amplo apelo demográfico, capacidade de envolver toda a população e um alcance global, os Jogos se tornaram uma proposta especialmente atraente para os anunciantes" (Payne, 2006, p. 43).

Acompanhar uma edição olímpica permite vivenciar uma experiência espetacularizada, com um poder lúdico incentivado por quem está envolvido e inserido em um cenário dramático, assimilados pelos espectadores, formado por um *mix* de "atos heroicos e complôs, traições e conflitos entre o bem e o mal" (Mininni, 2008, p. 149).

O número de patrocinadores diretamente ligados à marca olímpica acaba sendo restrito, porém, de forma legal, é possível criar relação com os valores detectados na marca desse megaevento em eventos próprios que articulam novos eventos e ativações associativas à marca do Comitê Olímpico Internacional (COI).

Na 31ª edição dos Jogos Olímpicos, realizados entre 5 e 21 de agosto de 2016, no Rio de Janeiro, contabilizaram-se 11 patrocinadores globais (Coca-Cola, Atos, Bridgestone, Dow, General Eletric, McDonald's, Omega, Panasonic, Procter & Gamble, Samsung e Visa) e sete patrocinadores locais (Bradesco, Bradesco Seguros, Correios, Net, Claro, Nissan e Embratel). Outras empresas, porém, criaram diversos eventos internos e até mesmo externos sem vinculação oficial com a marca olímpica, já que ela, sendo registrada e protegida, acarreta penalidades a quem a utiliza sem prévia autorização de direito comercial e/ou institucional.

Campanhas de incentivos desde 2015 fizeram uso da tematização olímpica, que tem uma identidade já reconhecida pela sociedade, clamando por atributos como dedicação, desempenho, disciplina, competição, conquistas, recordes, espírito de equipe, entre outros.

Muitas dessas campanhas inclusive contaram com o serviço de *hospitallity* do COI e tiveram como premiações a vivência *in loco* do clima festivo do evento na cidade do Rio de Janeiro, com direito a todo receptivo (transportes, hospedagem, alimentação, acompanhamento de guias de turismo e passeios turísticos). Elas priorizaram a participação dos *very important people* (VIP) em partidas e competições oficiais, contemplando-os com kits completos dos materiais licenciados dos jogos, proporcionando experiências valiosas, frutos das conquistas profissionais estimuladas pelas metas organizacionais que foram atingidas e que, por isso mesmo, mereciam uma tratativa especial e de destaque.

Em relatos pós-Jogos Rio 2016, foi possível confirmar que as empresas que realizaram ações e eventos vinculados aos Jogos Olímpicos conseguiram impulsionar sua visibilidade e o fortalecimento de suas marcas, demonstrando a importância do *co-branding* em eventos, ou seja, na associação de marcas.

Conforme afirma Marcos Cobra (2008, p. 33), para que uma experiência de consumo possa ser gratificante e memorável, as pessoas precisam sentir-se envolvidas e estimuladas a participar, a interagir com os outros participantes e reagir aos estímulos oferecidos.

MARCAS E CONEXÕES: MUITO ALÉM DO EVENTO **79**

Recentemente, uma companhia norueguesa de alumínio, chamada Hydro[3], com atuação global e, sobretudo, no Brasil, onde possui os maiores e mais importantes ativos da companhia em Paragominas (mina de bauxita) e em Barcarena (Pará) com a refinaria de alumina Hydro Alunorte e a fábrica de alumínio primário Albras, decidiu comemorar um quádruplo aniversário: os 110 anos de fundação da empresa, os 30 anos da Albras, os 20 anos da Hydro Alunorte e os oito anos da Hydro Paragominas. Para isso, convidou a banda norueguesa A-ha – em passagem pelo Brasil como atração comemorativa dos 30 anos do Rock in Rio 2015 – para uma apresentação exclusiva para seus colaboradores. Porém, como a notícia rapidamente se espalhou, a sociedade paraense se manifestou por meio das redes sociais, reivindicando a chance de participar de um momento único para o estado, que poucas vezes tem a oportunidade de receber atrações internacionais.

A empresa, potencializando total sinergia com a sua plataforma de comunicação, concebida para ser um canal de diálogo, reestruturou todo o seu planejamento, aumentou seus investimentos e criou um evento inédito na localidade. Dessa forma, permitiu a ampliação da audiência nos shows contratados dos músicos estrangeiros, não de uma forma convencional, com a compra de ingressos na bilheteria, mas por meio do engajamento do público na participação dos pilares de responsabilidade social emanados pela empresa, focada na educação. Para participar dos shows tanto nas cidades de Paragominas como de Barcarena, era preciso trocar um kit de material escolar novo, com valor médio de R$ 90,00, por um ingresso. Para existir uma padronização, a empresa estipulou o que deveria ser contido em cada kit (uma mochila de costas, com fechamento de zíper e dimensões aproximadas de 36 cm x 14 cm x 26 cm, preferencialmente em poliéster ou PVC; dois cadernos do tipo brochura com 96 páginas; dois lápis pretos n. 2; duas borrachas; uma caixa de lápis de cor com 12 cores; um estojo escolar; um apontador; uma caneta esferográfica azul; e uma caneta esferográfica vermelha), o que proporcionou kits similares, impedindo comparações que não eram desejáveis, como o de conjuntos superiores aos outros.

Além disso, a Hydro promoveu um concurso cultural de fotos – "Renove sua paixão pelo futuro" – na rede social Instagram. As imagens escolhidas

---

3   Disponível em: <http://www.hydro.com/pt/A-Hydro-no-Brasil/Imprensa/Noticias/>. Acesso em: 5 nov. 2016.

deveriam demonstrar uma atitude com o potencial de transformar o futuro da humanidade para melhor e foram postadas com as *hashtags* #renovesua-paixão e #repenseofuturo. Cerca de 1.600 imagens foram compartilhadas, e um grupo de avaliadores premiou 30 autores, que, com seus respectivos acompanhantes, puderam participar de um dos shows do A-ha.

A escolha do grupo, que já estava com a agenda bloqueada para o Brasil, não foi aleatória, já que os músicos que o integram desempenham um ativismo real em prol de questões relacionadas à sustentabilidade. Esse fato também foi explorado com a participação da banda norueguesa em dois projetos de caráter ambiental nos municípios onde a Hydro está instalada no Pará, fomentando eventos de pequeno porte que contaram com ampla cobertura midiática. Em Barcarena, o tecladista Magne Furuholmen participou de uma oficina de reaproveitamento de materiais recicláveis com um grupo de crianças do projeto Bola pra Frente, Educação pra Gente, desenvolvido pela Hydro Alunorte, em parceria com a prefeitura de Barcarena. Além de músico, Magne tem uma carreira como artista plástico e se dedica à pintura e à escultura, entre outros estilos. Com mostras realizadas em toda a Europa e principalmente na Noruega, o artista trouxe ao Brasil um de seus projetos, que foi apresentado no dia 28 de setembro de 2015 no Museu de Arte Contemporânea (MAC) de Niterói, no Rio de Janeiro.

Em Paragominas, o vocalista Morten Harket liderou o plantio de mudas na área de reflorestamento na mina de bauxita da Hydro Paragominas. O músico teve a colaboração de crianças do projeto social Caseca, iniciativa desenvolvida pela Hydro no município e que auxilia a aprendizagem de mais de mil crianças e adolescentes por meio do uso da tecnologia.

Foram impactadas diretamente com a participação nos espetáculos de cunho internacional cerca de 26 mil pessoas. Em ambos os shows, antecedendo a entrada dos músicos, o vice-presidente executivo de bauxita e alumina da Hydro, Alberto Fabrini, falou da grandiosidade da empresa no Estado, enaltecendo o trabalho de seus colaboradores e demonstrando o quanto a empresa se identifica com a cultura paraense, integrando-a e estimulando o crescimento da região. O evento também contou com a presença de autoridades, incluindo o próprio governador do Pará e a imprensa nacional.

A entrega dos mais de 9 mil kits escolares arrecadados iniciou-se em dezembro de 2015 e estendeu-se até janeiro de 2016 para estudantes atendidos por projetos, iniciativas e instituições que atuam na melhoria da educação em vários municípios do Estado, incluindo a região metropolitana de Belém e da Ilha do Marajó, além dos próprios municípios de Barcarena e Paragominas, onde estão localizadas as unidades da Hydro.

O fato em si também ganhou repercussão na mídia e nas redes sociais, encerrando assim a bem-sucedida ação que conseguiu, além de celebrar os colaboradores locais da empresa, ganhar destaque nacional pela ousadia de levar para as terras paraenses um evento de tal envergadura. Somou-se a isso a sua conexão solidária com o público, que também ampliou de forma positiva a percepção da marca entre os membros da sociedade. A repercussão espontânea da mídia em caráter nacional foi bastante significativa, gerando uma clipagem que jamais tinha sido alcançada pela empresa. Os principais pontos relevantes das matérias diziam respeito à ousadia, à criatividade, ao esforço, à solidariedade e ao ineditismo vinculados à empresa na realização do evento.

Com a realização do evento, muitas pessoas que não sabiam da existência da Hydro na região e no país tomaram conhecimento da sua existência, o que contribuiu para a formação de uma imagem positiva para a empresa, que inclusive ampliou substancialmente seus números de seguidores nas diversas mídias sociais.

Para dar sequência a essa iniciativa, em outubro de 2016, a Hydro lançou sua nova campanha institucional, que valoriza o Pará e o alumínio produzido pelos paraenses, reforçando o posicionamento institucional da companhia – o "Para Sempre". O vídeo, com participação de Morten Harket, vocalista da banda norueguesa A-ha e artista reconhecidamente engajado em temas socioambientais, e direção do conceituado *videomaker* norueguês Ray Kay, está sendo divulgado na internet e nas emissoras de TV aberta do Estado, justamente para reforçar a aliança criada quando do evento realizado no ano de 2015.

Ao associar uma marca ao evento, tem-se a possibilidade de gerar algo não efêmero, porque o público atingido certamente incorporará o que se denomina de memorabilidade da marca, reforçando seus laços com ela a partir da experiência vivida. Há uma sobrevida real do evento após sua realização com a promoção de inúmeras possibilidades de desenvolvimento de conteúdo e até mesmo com o planejamento e realização de outras edições, o que favorecerá o aumento do vínculo com o público envolvido e a ampliação para novos públicos.

Vale ressaltar que os eventos, como meios de comunicação dirigida, configuram-se também como instrumentos de aproximação e de experimentação, proporcionando valores intangíveis que fortalecerão as marcas envolvidas por meio de estratégias menos tecnicistas, mais autênticas e que colaborem para gerar momentos de prazer e alegria do coletivo, já que entre os múltiplos objetivos dos eventos, mesmo que implícitos, se destaca aquele que permite conectar pessoas e seus interesses.

As empresas e suas extensões, em forma de marcas, já enxergaram os benefícios do investimento em acontecimentos especiais para reverberarem seus valores, o que lhes permite a exposição de sua imagem e a conquista não só das mentes, mas também dos corações dos participantes. Eles, recompensados, tenderão a prestigiar essa relação não só como consumidores fiéis, mas também como porta-vozes, disseminadores do discurso e da identidade das empresas que foram além da racionalidade e os envolveram afetivamente. Afinal de contas, como seres humanos, buscamos a perfeita sintonia do *high tech* com o *high touch*, com o estímulo ao uso mais intenso do lado direito do cérebro e o pleno exercício de divertir-se e ser emocionado. Os eventos têm, efetivamente, esse poder, se bem concebidos e executados. Experimente!

QUESTÕES PARA DEBATE

1) Como os eventos podem contribuir para o fortalecimento da imagem das marcas?

2) Dê dois exemplos concretos da relação entre eventos e marcas, considerando a realidade brasileira. No primeiro deles, destaque os pontos que tornaram essa relação positiva e, no segundo, justifique as razão pelas quais essa relação trouxe prejuízos à imagem da marca patrocinadora.

3) "A junção do foco empresarial com uma atração de entretenimento acabou preconizando o que no presente vigora no mercado, proporcionando relacionamento e *branding* de empresas que, ao associarem sua imagem a um projeto cultural, ganham reputação de empresas admiráveis e podem vir a se transformarem em *lovemarks*." Comente essa afirmação da autora e dê dois exemplos que a legitimem.

REFERÊNCIAS

BATEY, M. *O significado da marca: como as marcas ganham vida na mente dos consumidores*. Rio de Janeiro: Best Business, 2010.

BAUDRILLARD, J. *A sociedade de consumo*. Portugal: Edições 70, 2008.

CASTRO, B. Mercado de eventos corporativos terá retomada em 2017; pesquisa. 2016. *Panrotas corporativo*. Disponível em: <http://www.panrotas.com.br/viagens-corporativas/mercado/2016/11/mercado-de-eventos-corporativos-tera-retomada-em-2017-pesquisa_141304.html>. Acesso em: 25 jan. 2017.

COBRA, M. (Org.). *Marketing do entretenimento*. São Paulo: Senac, 2008.

DEJAVITE, F.A. *INFOtenimento: Informação + entretenimento no jornalismo*. São Paulo: Paulinas, 2006.

DONATON, S. *Publicidade + entretenimento: por que estas duas indústrias precisam se unir para garantir a sobrevivência mútua*. São Paulo: Cultrix, 2007.

GIACAGLIA, M.C. *Eventos: como criar, estruturar e captar recursos*. São Paulo: Pioneira Thomas Learning, 2006.

LAMB, C.W.; HAIR, J.F.; McDANIEL, C. *MKTG*. São Paulo: Cengage Learning, 2012 (Coleção 4LTR).

MATIAS, M. *Organização de eventos. Procedimentos e técnicas*. Barueri: Manole, 2001.

MININNI, G. *Psicologia cultural da mídia*. Tradução Mario Bresighello. São Paulo: A Girafa Editora/Edições Sesc SP, 2008.

NAKANE, A. Meios lúdicos para fixação e ampliação da cultura do pensar: a gincana cultural da clippagem turística. *TURyDes*, 2013. Disponível em: http:// www.eumed.net/turydes/index.htm. Acesso em: 26 fev. 2017.

_____. Paris e Brasis, Lá e Cá... quanta diferença de visão estratégica!!! *Diário do turismo*. 2016. Disponível em: <http://diariodoturismo.com.br/paris-e-brasis-quanta-diferenca/>. Acesso em: 25 jan. 2017.

PANOSSO, A.N.; GAETA, C. (Org.). *Turismo de experiência*. São Paulo: Senac, 2010.

PAYNE, M. *A Virada Olímpica: como os Jogos Olímpicos tornaram-se a marca mais valorizada do mundo*. Rio de Janeiro: Casa da Palavra/COB, 2006.

PINK, D.H. *A nova inteligência*. São Paulo: Academia do Livro, 2006.

ROBERTS, K. *Lovemarks: o futuro além das marcas*. São Paulo: M. Books, 2004.

[SEBRAE] SERVIÇO BRASILEIRO DE APOIO ÀS MICRO E PEQUENAS EMPRESAS. *II Dimensionamento econômico da indústria de eventos*. Disponível em: <http://www.abeoc.org/wp-content/uploads/2013/10/IIDimensionamento_de_Eventos_do_Brasil.pdf>. Acesso em: 31 out. 2016.

6

Brand(ed) content e estratégias de marca: apontamentos sobre *branding* nas organizações

Marcelo Marques Araújo

INTRODUÇÃO

Pensar em marcas, especialmente em quais as melhores estratégias para comunicar marcas e obter resultados expressivos, é um grande desafio nesse mercado acirrado que mobiliza CEOs, CMOs e CCOs[1] mundo afora. Este capítulo propõe aqui uma discussão sobre *branding* e relevância de marca a partir da construção discursiva que faz emergir os sentidos que respondem aos desejos dos sujeitos interpelados pelos discursos das marcas. O objeto principal da análise ancora-se no *brand(ed) content*. Conforme Zozzoli (2010, p. 14), *branded content* ou conteúdo de marca, *brand content* ou produção de conteúdo(s) pela(s) marca(s) e o *advertainment* (combinação de publicidade e entretenimento) situam-se neste capítulo num quadro de construção de reportagem com

---

1   Pela ordem de citação: siglas inglesas de *chief executive officer*, *chief marketing officer* e *chief communications officer*.

referência à marca. O *brand content*[2], termo que será usado de agora em diante neste texto, refere-se a conteúdo produzido com técnicas jornalísticas para promover direta ou indiretamente uma marca, seja aludindo à marca ou enfocando temas e valores com os quais ela quer ser associada. Esse tema é retomado oportunamente neste capítulo.

O ponto de partida é *branding*. Nosso objetivo é mostrar que a queda dos muros entre áreas é iminente e uma das formas-conceito que permitem isso é o *brand content*. Por fim, por meio da análise, propomos uma metodologia de *branding* com fundamento em uma plataforma discursiva de investigação.

BRANDING E POSICIONAMENTO

Hiller (2012, p. 131) esclarece que o *branding* deve ser entendido "como um modelo de gestão empresarial que coloca a marca no centro de todas as decisões corporativas e tem, como objetivo central, construir o *brand equity*, que são valores intangíveis".

As políticas comunicacionais com foco em posicionamento e *branding* muitas vezes nem chegam a ser discutidas nos redutos acadêmicos e tampouco estão pautadas por aqueles que tomam decisões, sobretudo empresários e empreendedores de grupos comunicacionais. Muitos gestores insistem em estratégias de *outbound* marketing[3] isoladas; não se preocupam com o desenvolvimento de ações que valorizem o *branding* institucional; não constroem iniciativas de fidelização; atuam de forma isolada e distante da realidade do mercado; não estão dispostos a firmar parcerias em *co-branding*; direcionam esforços para o que é mais lucrativo em um curto espaço de tempo; não estão plenamente conscientes da necessidade de investimentos em marcas ativas, estratégicas, com personalidade e propósito; desconhecem práticas de gestão

---

2 Por escolha do autor, o termo que será usado no artigo é *brand content*, por indicar a construção de conteúdo de/pela marca.

3   Estratégia tradicional de marketing em que a marca é ativa no processo de prospecção de clientes. No *outbound* marketing são encontradas ações tais como: comerciais de TV, rádio, internet, telemarketing, mala direta, *flyers* e links patrocinados. A metáfora para *outbound* marketing é uma rede de pesca lançada para pescar o maior número possível de pessoas, ao contrário do *inbound* marketing, que é um anzol com uma isca para atrair indivíduos com base em seus gostos e no envolvimento de cada um com a marca.

em *branding* e ignoram a necessidade de pensar marcas com suas funcionalidades, sensações, relações simbólicas e atitude.

As críticas pontuais aqui elaboradas podem elucidar caminhos a partir dos exemplos de instituições que se fortaleceram quando direcionaram esforços para a área de *branding*. A visão de marca da Berkeley-Haas School of Business se tornou conhecida após uma mudança radical na gestão de marca depois de resultados pífios inspirados em um *status quo* que já não produzia mais resultados apesar do *budget* expressivo. A Berkeley-Haas School of Business criou uma visão de marca que estimulou mudanças profundas na instituição, ajudando-a a refinar os corpos discente e docente, os programas de pesquisa e o currículo. Os quatro elementos de visão de marca foram assim registrados:

- Questionar o *status quo*: essa visão capturou a aspiração das grandes ideias e a vitalidade do processo de inovação.
- Alunos sempre: essa visão tornou a Berkeley-Haas relevante para ex--alunos e programas executivos.
- Confiança sem arrogância: isso tornou a visão altamente desafiadora e diferenciada.
- Além de si: uma visão que descreveu um propósito maior.

Aaker (2015) resumiu os quatro elementos da visão de marca da Berkeley--Haas School of Business. A essência, que captura muito bem os quatro elementos centrais, é a seguinte: "Desenvolvemos líderes que redefinem como fazemos negócios". É uma visão diferente sobre inovação e liderança, a qual pretende redefinir o negócio, não apenas refiná-lo.

BRANDING 1.0 E 2.0

Nas discussões mercadológicas, descrevem-se duas metodologias de posicionamento de marca, *positioning guide* (guia de posicionamento) e construção da marca, que são bastante úteis em todos os processos de gestão de marca, sejam produtos, serviços ou marcas pessoais.

Positioning guide[4] situa-se no que denominou-se *branding* 1.0. Em *positioning guide*, existem três categorias que posicionam a marca: *target audience* (públi-

---

4   Ver Hiller (2012).

co-alvo), *frame of reference* (qual é o mercado?) e *point of difference* (sinaliza pontos que diferenciam a marca no mercado). O *target audience* é uma categoria de posicionamento que define qual o público-alvo (informações demográficas e psicográficas), com dados relevantes que identifiquem os possíveis consumidores. Para posicionar a marca, *frame of reference* trabalha com os seguintes questionamentos: Qual o seu mercado? Quais as lógicas de funcionamento? Quem são seus concorrentes? Como funciona a sua arena competitiva? A última categoria, *point of difference*, utiliza o conceito: O que é aquilo que só você possui e que mais ninguém tem? Neumeier (2008) estabelece três perguntas para uma resposta satisfatória ao diferencial de uma marca: o que é você? O que você faz? Como você se diferencia? Certamente, a última pergunta é a mais difícil de ser respondida, e quem a responde de forma satisfatória consegue sair a frente. A metodologia denominada *positioning guide* tem sua origem na gestão da marca Coca-Cola.

Outra metodologia de posicionamento da marca, denominada *construção da marca*, situa-se no que se denominou *branding* 2.0. Esta trabalha com cinco categorias: escolher, mergulhar, afinar, ter consistência e paixão. Escolher define como a marca se adapta aos atributos funcionais que a constroem. Mergulhar direciona as pesquisas e diagnósticos do mercado para uma "verdade humana". Afinar é a categoria que distingue qual o propósito da marca, por isso, afina a comunicação entre verdade humana, consumo e conexão com o público. A quarta categoria, consistência, presume como executar a marca no mercado de forma a torná-la sólida criando identidade própria. A última categoria, paixão, define como pensar os detalhes de forma que conquistem e emocionem o consumidor. Emocionar, nessa categoria, transcende para os sentidos da afetividade que interpela os sujeitos a buscar experiências significativas com as marcas.

BRAND CONTENT

O *brand content* não é uma nova ferramenta, aliás, já no início do século passado havia registros de conteúdos produzidos por marcas e chancelados em jornais de grande circulação. Há diferenças expressivas entre o que se denomina *native advertising*, publieditorial, *sponsored content* e *brand content*. Porém, neste capítulo, procuramos encaminhar as discussões apontando para *brand content*. Há cinco importantes eixos que constituem o *brand content*:

comunicação de marcas, serviços jornalísticos e publicitários, posicionamento, entretenimento e conteúdo relevante. No processo de posicionamento em que marcas se tornaram *publishers*, o *brand content* torna-se uma ferramenta estratégica ativa na conquista da atenção das pessoas.

A atenção é hoje o bem de maior valor na economia global. O objetivo é fazer com que o conteúdo pertença a uma pessoa que vai consumi-lo de alguma maneira. É uma forma de encontrar pontos de intersecção entre marcas e consumidores com interesses em comum, em *timing* sinérgico e com proposta de valor, que consiga informar, entreter e orientar o consumidor. Trata-se do equilíbrio inteligente entre dois pilares: publicidade e jornalismo. Algumas marcas souberam usar o *brand content*: "Academia da Carne" (Friboi) e "Dia do Sexo" (Olla) indicam resultados expressivos com a utilização desta ferramenta. Em uma pesquisa realizada com leitores da *Forbes*, destacou-se que o *brand content* é altamente eficaz para 59% dos leitores da revista[5]; além disso, a lembrança da marca é bem superior numa comparação entre um artigo (*brand content*) e um anúncio gráfico. A pesquisa concluiu que entre os 4 mil leitores da *Forbes* o *brand content* foi percebido por mais de 90% de forma mais positiva do que os anúncios gráficos, e os consumidores acreditaram que o conteúdo é destinado a educar. Muitos dos leitores da revista não se importaram em saber que se trata de conteúdo de marca, para eles o que realmente importa é a qualidade do conteúdo.

Os especialistas indicam o buzzfeed.com como uma plataforma que, além de publicar bastante conteúdo patrocinado, marcado sempre pela expressão *promotion by*, também produz conteúdos muito bem escritos e que ajudam as marcas patrocinadoras a "dialogarem" com seus públicos.

Conforme Zozzoli (2010, p. 14):

> Desde o início deste novo milênio, os conteúdos de marca centralizados principalmente em torno de conhecimentos, informações ou entretenimento estão em pleno desenvolvimento, integrando um programa de marca (lançamento de produto, *product placement/product integration*, criação de *show* e outros eventos etc. –

---

5 Pesquisa realizada com 4 mil leitores da *Forbes*. Resultados divulgados em 23/09/2016. A pesquisa traz detalhes neste link: <http://www.forbes.com/sites/forbespr/2016/09/23/new-study-reveals-branded-content-is-twice-as-memorable-as-display-ads/#3d96abdd4fbb>. Acessado em: 28 jan. 2017.

funded programming) em ofertas midiáticas tradicionais (ficção, reportagem, jogo, *reality show*...), isto é, numa trama existente (*branded content*) e em tramas/histórias, *cases* editados ou produzidos, por iniciativa própria, pela marca (*brand content*).

Marcas que compreendem a necessidade de produzir conteúdo relevante que mobilize sentidos nas novas práticas discursivas imersas principalmente nas plataformas digitais conseguem cativar a atenção pelo conteúdo e não apenas por publicidade ou marketing. Segundo Semprini (2006, p. 54):

> De maneira ainda mais fundamental, muitas marcas falharam em sua missão, a mais importante em um contexto socioeconômico pós-industrial, a de reintroduzir sentidos nas práticas de consumo, de propor bens e serviços realmente inscritos nos projetos de vida dos indivíduos e não presos de forma abstrata a narrativas enfraquecidas, que não mais mobilizam e não produzem sentido para uma grande parte dos indivíduos.

O desafio está em pensar os discursos que produzem sentidos para/nos/pelos indivíduos a partir do que as próprias marcas enunciam.

BRANDING E DISCURSO

O discurso é definido por Pêcheux (1990) como "efeito de sentido entre locutores", desde o primeiro modelo proposto em 1969, na tese intitulada *Análise automática do discurso*. O "efeito de sentido entre locutores" quer dizer que, no discurso, o sentido está na relação entre sujeitos e não nas palavras, assim como na mídia o sentido está na relação entre sujeito(s) locutor(es) e alocutário(s). O conceito de sentido, tão caro ao *branding*, ainda não está resolvido nos estudos do discurso. Sentido, neste capítulo, é tomado em Pêcheux (1990) quando explicita o gesto de leitura para as interpretações possíveis de enunciados capazes de acionar o interesse dos sujeitos. Segundo Possenti (1997), os sujeitos não se reduzem a indivíduos envolvidos em uma troca interlocutiva à moda pragmático-interacionista. "O sentido não pode ser concebido como uma mensagem codificada num texto, numa língua, como um conteúdo embutido num código" (Possenti, 1997, p. 2). No que se refere ao sentido, ao tratar de informação ou qualquer outra coisa, é sempre de um efeito que se trata, pois o sentido não está associado simplesmente nem às palavras, nem aos enunciados, mas depende de alguma forma, exatamente, da enunciação dos enunciados, o que, por sua vez, depende de condições específicas.

Quando aproximamos os conceitos de *branding* e discurso, torna-se possível compreender a dinâmica de sentidos que constituem a construção de marcas a partir dos efeitos de sentidos instaurados na interpelação entre marca e consumidor. Por exemplo, quando a marca Dove registra os sentidos de "envolvimento pessoal, intimidade e amizade",[6] está criando o efeito de sentido de "confidencialidade" da marca junto às mulheres que buscam ser elas mesmas. O tigre Tony, do Sucrilhos Kelloggs, representa um tio, um irmão mais velho ou um técnico esportivo que acompanha o crescimento do garoto, presente nos desafios a serem enfrentados pelas crianças e adolescentes, impulsionando-os a vencer. A Colgate busca, em uma atuação mais "professoral e profissional", certo distanciamento condizente com a voz de especialista, aconselhando como cuidar bem dos dentes e gengivas. As marcas criam efeitos de sentidos em tudo o que comunicam.

A polifonia (Bakhtin, 1981) é parte essencial de toda enunciação, já que em um mesmo texto ocorrem diferentes vozes que se expressam e que todo discurso é formado por diversos discursos que, por sua vez, fazem emergir os efeitos de sentidos. A proposta de Bakhtin quando cunhou o termo polifonia, a partir da análise de um romance de Dostoiévski, era pensar o funcionamento do discurso presente na literatura, sua estrutura e suas vozes. A partir de suas constatações, chegou-se ao "dialogismo", que "refere-se às relações 'que se estabelecem entre o eu e o outro nos processos discursivos instaurados historicamente pelos sujeitos'" (Brait, 1997, p. 98).

Um autor (uma marca) está sempre na relação dialógica com os outros (outras) e, na polifonia, sua voz é chamada à interação com as outras tantas vozes que emergem do processo discursivo. Bakhtin (1981) defendeu a ideia de que todo texto é um objeto heterogêneo, constituído por várias vozes, é a reconfiguração de outros textos que lhe dão origem, dialogando com ele, re-

---

6 As aspas indicam que os enunciados foram extraídos de análises anteriores que podem ser encontradas, em forma mais aprofundada e robusta, no âmbito do projeto de pesquisa intitulado "*Branding* e discurso nas organizações", com registros em arquivos contendo centenas de textos publicitários e jornalísticos que transitam no campo discursivo das marcas. Para maiores informações acesse: <www.especializado.jor.br>. Acesso em: 28 jan. 2017.

tomando-o. A polifonia está vinculada à natureza ampla, dialógica e multifacetada constitutiva do discurso das marcas.

Orlandi (2001) afirma que não há discurso sem repetição, ou seja, não há discurso original. Um discurso é interpelado por outros discursos, numa repetição contínua. A memória discursiva funciona como agente nessa repetição, ligada, é claro, à história. Se sempre há repetição nos discursos, então como a memória permite o deslocamento de sentidos? Isso pode ser respondido pela capacidade do sujeito de criar sentidos, transferindo-os para o simbólico, permitindo a diversidade. Isso pode ser facilmente explicado pelo reposicionamento da marca Omo[7], da Unilever, que representa 51% do mercado de sabão em pó e está presente em cerca de 80 milhões de domicílios no país. A capacidade das marcas em criar sentidos está estampada em Omo. Até o início dos anos 2000, a marca reforçava em suas mensagens a ideia do "Omo faz, Omo mostra; "Melhor que Omo só Omo"; "Só Omo lava mais branco".

A brancura era o que sustentava os sentidos das consumidoras de Omo, para isso se repetia o discurso que fazia emergir a ideia de que apenas "Omo deixava as roupas mais brancas". Porém, um grande *insight* ocorre a partir do início da década passada, e, em 2003, aparece o "Se sujar faz bem" numa nova proposta de compreensão da verdade humana que desloca o sentido da brancura para a sujeira, uma vez que todas as crianças precisam ser de fato crianças.

No processo de apropriação e atribuição de sentidos, os enunciados, dependendo do contexto da enunciação em que são apropriados, podem ser deslocados de sua significação original, e uma multiplicidade de sentidos pode vir a eles se agregar. No discurso das marcas, e em outros discursos, isso pode ser observado quando são atribuídos outros sentidos que extrapolam o original. Também emblemático, o *slogan* da cerveja Guiness – "*is good for you*" –, em uma das peças mais elogiadas, extrapola os sentidos bastante simplificados do *good for you* e atravessa para uma dimensão humana, mobilizando vozes que produzem sentidos em uma peça publicitária de cerveja, conforme pode ser observado no vídeo em que amigos interagem em um jogo de basquete com cadeirantes. Quando o jogo termina, todos os não cadeirantes levantam e

---

7 Apenas por curiosidade, cito aqui o significado de Omo – *Older Mother Owl* –, que, em português, pode ser traduzido por "velha mãe coruja", que sinaliza para o zelo materno e sabedoria.

caminham em direção àquele que de fato é o cadeirante. O vídeo[8] emociona pelo diálogo de sentidos que propõe.

Dessa maneira, temos o conceito de discurso como o resultado da construção de sentidos entre os interlocutores, do diálogo de vozes que constituem o discurso das marcas. Assim, quando produzimos um discurso, por estarmos em um lugar social determinado, os efeitos de sentido desse discurso emergem produzindo diferenças e levando as marcas a desenvolverem pesquisas que indiquem a forma de criar associações, propósitos, benefícios, relevância, posicionamento, memória, enfim, sentidos que interpelem o *frame of reference* (mercado) e o *target* (consumidores), uma vez que os enunciadores encontram-se em diferentes lugares sociais, diferentes ideologias, entre tantas outras singularidades. O desafio é exatamente aproximar o discurso das marcas daquele esperado pelos sujeitos consumidores.

Os discursos fortalecem a identidade e a imagem da marca e também se enquadram como uma forma espontânea de assessoria, na qual os consumidores promovem, por meio de seus comentários e da cultura participativa em efervescência na era digital, o consumo da marca assim como os benefícios, tangíveis e intangíveis, desse consumo (Araújo, 2016). Uma marca que consiga criar relevância pode ter a ajuda de milhares de consumidores que de forma espontânea transmitem mensagens posicionando-se positivamente em relação àquela marca. Uma situação que representa a construção de sentidos a partir da polifonia no meio digital envolveu a relação entre uma cliente da rede de supermercados Mambo e o Pão de Açúcar. O fato impactou milhares de pessoas, e as duas marcas construíram um belo posicionamento. As Figuras 6.1 a 6.6 mostram as postagens em ordem cronológica.

O processo de desenvolvimento da visão de marca começa pela estratégia e pelo contexto. A situação envolvendo uma cliente que solicita uma ajuda e é prontamente atendida por uma marca que também é interpelada por outra numa rede discursiva complexa e que reflete a visão das duas marcas tornou-se um excelente exemplo para a compreensão dos sentidos que emergem das marcas. Neste caso, o acolhimento, o respeito e o compartilhamento de ideias tornaram o discurso comercial menos polarizado e mais relevante no intuito de se perceber os segmentos de clientes, concorrentes, tendências de

---

8 O link do vídeo comercial da cerveja Guiness está disponível em: < https://www.youtube.com/watch?v=7XzbgjRotkw >. Acesso em: 20 fev. 2017.

mercado, forças ambientais, pontos fortes e fracos da marca, dialogicidade e estratégia de negócios.

Luciana Francez ▸ **Supermercados Mambo**
15 de fevereiro de 2016 · São Paulo ·

Mambo, queria dar uma ideia!
Fui hoje ao Pão de Açúcar com meu filho especial e tive a grata surpresa de eles terem um carrinho Acessivel!
Eu sou cliente do Mambo mas confesso que agora irei mais ao Pão p assim ele pode me acompanhar.
Que tal comprar uns para o Mambo da Giovanni???

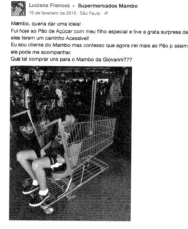

Figura 6.1 – Comunicação entre cliente e Mambo.

Supermercados Mambo Olá sra. Luciana,

Agradecemos o envio da sua ideia e já encaminhamos para a área responsável.

Assim que tivermos um posicionamento da chegada do carrinho em nossas lojas entraremos em contato com a sra.

Atenciosamente,
Supermercados Mambo

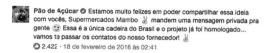

Figura 6.2 – Resposta do Mambo.

Pão de Açúcar Estamos muito felizes em poder compartilhar essa ideia com vocês, Supermercados Mambo mandem uma mensagem privada pra gente Essa é a única cadeira do Brasil e o projeto já foi homologado... vamos te passar os contatos do nosso fornecedor!
2.422 · 18 de fevereiro de 2016 às 02:41

Figura 6.3 – Sugestão do Pão de Açúcar.

Supermercados Mambo Nós também estamos felizes, Pão de Açúcar e agradecemos o fato de se colocarem a disposição para passar o contato.

Já estamos providenciando para que em breve a cadeira esteja disponível aos clientes em todas as lojas Mambo .

Sra Luciana Francez, em breve teremos novidades!!
1.483 · 18 de fevereiro de 2016 às 08:04 · Editado

Figura 6.4 – Resposta do Mambo ao Pão de Açúcar.

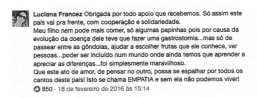

Figura 6.5 – Interpelação da cliente.

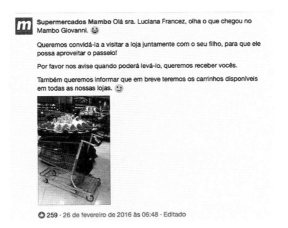

Figura 6.6 – Mambo mostrando o resultado da ação.

Fonte: imagens disponíveis na *web* e registradas no banco de imagens do projeto "*Branding* e discurso nas organizações", vinculado ao PPGCE/UFU.

BRAND CONTENT: CONSTRUÇÃO DE SENTIDOS NA DISCURSIVIDADE DAS MARCAS

A marca deve ser sentida por seus públicos (Neumeier, 2008). Isso quer dizer que uma marca que consiga falar ao coração dos consumidores tem grande chance de ocupar um lugar em sua discursividade, memória e sentidos. Quando uma marca consegue ser carismática[9], ela se torna tema constante nas conversas culturais. Coca-Cola, Apple, Nike, IBM, Virgin, BMW, Google, Disney, entre outras, tornaram-se ícones porque representam coisas que as

---

9   Uma marca carismática é qualquer produto, serviço ou empresa para os quais as pessoas acham que não há substituto (Neumeier, 2008, p. 19).

pessoas desejam – felicidade, inteligência, força, sucesso, conforto, estilo, amor materno, imaginação. Há um processo de busca pelo desejo de captar as vozes enunciadas por meio dos sentidos que emergem naquilo que as marcas realizam.

Marcas de sucesso têm uma identidade própria que está ancorada em um propósito definido. Quando uma marca conhece o seu mercado e tem um propósito, ela tem condição de propor o novo, o inesperado. Quando a Natura questionou e rompeu com o paradigma de que cosméticos deveriam esconder a realidade e fazer promessas falsas, deslocando o discurso para aquilo que não era verdadeiro, criou uma inovação. Surgiu aí a revolucionária campanha de Chronos, "Mulher bonita de verdade", que utilizava modelos reais mostrando suas idades reais e falando dos benefícios verdadeiros de um creme antissinais – não de um "anti-idade". Logo a Dove adotou uma estratégia bastante aplaudida, com o *all you need is Dove*", mais tarde surgiu o "real beleza", valorizando as curvas femininas do jeito que elas são de fato, expondo modelos reais que estrategicamente se distanciavam dos paradigmas da moda e da estética.

A experiência das pessoas com as marcas é fundamental. Muitas marcas não entregam o que prometem e tornam seus discursos pouco eficientes, com uma grande chance de descontruírem uma identidade de marca. A Hollister é uma marca que empreende todos os esforços para constituir sentidos na experiência dos clientes no ambiente das lojas.

O desafio da comunicação de marcas hoje é conseguir falar com vários públicos ao mesmo tempo. Foi-se o tempo em que as empresas decidiam falar com um público e silenciar as vozes em relação aos demais. Atualmente, as marcas falam para clientes que também são formadores de opinião. Falam para seus segmentos, para seus colaboradores e investidores, que por sua vez transmitem mensagens até outros públicos. Os discursos precisam ser consistentes e fazer sentido para qualquer público.

A linguagem é essencial, afinal, as marcas estão "conversando" o tempo todo com seus clientes. Quando uma marca se preocupa com a linguagem, ela passa a olhar todas as manifestações, inclusive as de natureza semiótica. O Banco Itaú é sempre lembrado pela cor laranja. O Banco Bradesco pelo neologismo "bra", do "muito mais bra pra você". Ao mesmo tempo, quando a linguagem é pobre, os resultados podem ser danosos, basta um olhar para o *slogan* das Lojas Marabrás, "preço melhor ninguém faz".

Ser relevante é conquistar. A relevância é hoje um dos indicadores mais importantes do *branding*. As pessoas estão exaustas de tanta informação, tanta publicidade, e nessa escassez de atenção do outro, marcas que conseguem criar relevância de conteúdo estão bem. É a relevância que transforma potenciais em futuros clientes reais. A Patagônia criou um anúncio e o estampou numa página nobre do *New York Times*. O anúncio solicitava aos seus clientes que, antes de comprar novos casacos de frio de uma coleção recém-lançada da marca, tentassem consertar os que já tinham ou então doassem casacos velhos. O anúncio impactou diretamente a opinião pública, que tomou a proposta como um discurso voltado à sustentabilidade e à preocupação com o meio ambiente.

A era do *publishing* impõe uma nova interface que descontrói as dicotomias características do jornalismo *versus* publicidade e incita um diálogo ainda "jogado para escanteio", mas cada vez mais próximo da realidade mercadológica. As dicotomias impactam da forma mostrada no Quadro 6.1.

Quadro 6.1 – Dicotomias entre jornalismo e publicidade

Jornalismo	Publicidade
Indutivo: da parte para o todo, constrói pelo raciocínio	Dedutiva: do todo para a parte, desconstrói criativamente
Busca a tese	Busca a síntese
Trabalha com a realidade	Trabalha com a fantasia
Faz retrato	Faz pintura
Quer informar	Quer divertir/emocionar
Põe no lugar	Tira do lugar
Quer profundidade	Quer impacto
Objetividade	Subjetividade
Trabalha para o consumidor final	Trabalha para o cliente

Fonte: Adriano Silva, da Draft. Palestra ministrada no dia 26/10/2016 no curso de Gestão em Comunicação Digital oferecido pela Associação Brasileira de Comunicação Empresarial (Aberje), em São Paulo.

A quebra dos muros é iminente. Discutir isso não é o objetivo deste capítulo, mas o jornalismo está em busca de ressignificar seu próprio papel, por exemplo, na tentativa de emocionar, de encontrar novos modelos de negócios, de produzir conteúdo com profundidade e viabilidade econômica, de atrair a atenção das pessoas para o que realmente faz sentido para elas mesmas e construir vozes que impactem. Enquanto isso, a publicidade segue o caminho da proposição de novas estratégias que consigam dialogar com o jornalismo em busca de ainda mais relevância e atenção do público. O desafio da publicidade está em conseguir perceber a relação entre o que as marcas querem falar *versus* o que as pessoas querem realmente ouvir. A publicidade está mergulhada na crescente implosão do sistema de concentração de verbas para determinados nichos. A crescente irrelevância dos veículos como mídia está redefinindo o papel do consumidor.

A busca pela relevância perpassa a do conteúdo perfeito. A Figura 6.7 indica as intersecções necessárias para alcançá-lo.

Um projeto de comunicação de marca capaz de unir o discurso da marca ao que faz sentido para o público sem abandonar as tendências e eixos temáticos relevantes no momento histórico das condições de produção é o grande desafio do "conteúdo perfeito", o que para alguns mais céticos jamais será possível. Há vários atores nesse processo e todos são igualmente importantes.

Figura 6.7 – O conteúdo perfeito e as formas de alcançá-lo.

Fonte: Daniel Rimoli, da Edelman. Palestra ministrada no dia 26/10/2016 no curso de Gestão em Comunicação Digital oferecido pela Associação Brasileira de Comunicação Empresarial (Aberje), em São Paulo.

Comunicação organizacional, jornalismo, publicidade, relações públicas, *branding* e marketing precisam dialogar no processo de maturação de estratégias comunicacionais eficientes. O desafio não está somente na comunicação em si, mas no que dizer, para quem dizer e como dizer.

A revista *Globo Rural*, de outubro de 2016, construiu uma grande reportagem sobre a Integração Lavoura Pecuária e Floresta (ILPF), algo relevante para o público da revista e também para públicos que dialogam com as questões ambientais, sustentabilidade e *greenwashing*. A seguência de imagens mostra uma reportagem construída com linguagem jornalística numa proposta tipológica ancorada na área, com recursos de fontes, fotografia, legendas, depoimentos, texto informativo, descrição, gráficos, tabelas, títulos, subtítulos, utilidade pública, curiosidades, enfim, toda a plataforma que caracteriza o conteúdo jornalístico numa especialidade rural. O conteúdo pode ser acessado de forma gratuita no site[10] da revista.

O conteúdo jornalístico está bastante informativo e esclarecedor, porém, a página 50, que imediatamente sucede ao conteúdo jornalístico elaborado sobre a ILPF, traz uma entrevista com Cândido Lima, presidente da Parker Hannifin para América Latina. A Parker é uma das principais marcas no desenvolvimento de tecnologias específicas para sistemas que utilizam a ILPF. O conteúdo de marca é apresentado por um selo da ILPF, assinado em produção pelo estúdio Globo e traz uma entrevista que esclarece vários pontos sobre engenharia de campo aplicada aos sistemas ILPF e, claro, enunciados que enfatizam o valor da marca, com seus diferenciais, atributos e competências.

A reportagem sobre o ILPF repercutiu muito bem, a ponto de uma pesquisa realizada pela consultoria Kleffman Group sobre o tema ser destaque da edição de novembro da revista *Globo Rural*. O estudo, objeto da reportagem de capa, mostra que os produtores brasileiros já cumpriram as metas estabelecidas no Acordo do Clima com 14 anos de antecedência. Isso acentua a qualidade do conteúdo produzido. O *brand content* do estúdio Globo em parceria com a Parker envolveu a marca num contexto de excelente repercussão e visibilidade, posicionando a marca de modo a revelar as soluções Parker como um *point of difference* da companhia, aliando a marca a atributos inerentes à produtividade com sustentabilidade, à preocupação com o meio ambien-

---

10 Disponível em: <http://revistagloborural.globo.com/Integracao/noticia/2016/10/mato-grosso-triplica-area-de-ilpf.html>. Acessado em: 28 jan. 2017.

te e ao ROI[11] dos produtores. No *brand content*, a percepção de autoria coletiva incita ao atravessamento discursivo de várias vozes que interpelam os sujeitos. No conteúdo da página 50, registram-se as vozes: jornalística, vinculada ao veículo de comunicação e às características de produção; autoral, vinculada à produção efetiva; institucional, vinculada ao selo e aos atores principais; personagem (presidente); marca, com projeção para a Parker; *co-branding*, que registra no rodapé as várias marcas que participaram do projeto; tecnologia, já instaurada no discurso da Parker; produtividade, também instaurada no discurso da Parker; sustentabilidade, instaurada no discurso jornalístico e no da marca; e produtor, interpelada durante o texto a escolher a Parker. Todas elas confluem para o desenvolvimento de um conteúdo de marca relevante e que busca o convencimento daqueles que estão diretamente ligados ao ramo de negócio.

Zozzoli (2010, p. 24) trata da contribuição do *brand content* para a discursividade eficiente, quando diz que deve:

> [...] abordar conceitos, despertar sentimentos, atrair para ações que correspondem aos anseios dos consumidores em potencial, retendo sua atenção com pertinência para obter seu envolvimento e participação.

Ao analisar o conteúdo comunicacional intitulado "Engenharia a favor do campo", supõe-se que, para o leitor, essa página indicaria a continuidade da reportagem jornalística produzida, o que contribui para o efeito de sentido de certitude, exatidão, informação e verdade que preceituam o discurso jornalístico. Neste caso, o jornalismo foi o gancho necessário para outro texto de qualidade, perpassado por várias vozes elucidativas que indicaram um conteúdo de marca que acentua a presença da Parker no campo, próxima aos produtores.

CONSIDERAÇÕES FINAIS

Um discurso de marca eficiente expressa uma personalidade única, transformando uma empresa sem rosto em um grupo de pessoas com propósito, brio

---

11 ROI, sigla para *return on investment*, relação entre o dinheiro ganho e perdido em um investimento.

e um jeito especial de trabalhar. Somente por meio de um discurso estratégico pode-se atingir a consistência da comunicação, estabelecendo familiaridade e confiança com o público.

O mais importante, porém, é que o tom de voz adotado, tal como as histórias narradas pela marca, reflita sempre a verdadeira essência da empresa e das pessoas envolvidas. Não é preciso reinventar completamente a linguagem, mas sim identificar e aperfeiçoar uma maneira de usar palavras já existentes na empresa. A essência produz sentidos significativos.

As respostas às perguntas "Quem você é?", "O que você faz?" e "Por que sua marca é importante?" (Neumeier, 2008) podem identificar sentidos em uma rede discursiva que revela equívocos talvez imperceptíveis aos gestores da marca.

As duas metodologias de posicionamento da marca, *positioning guide* e construção da marca, podem ser aplicadas em qualquer análise de *branding*, não importa o tamanho e o *brand equity* da marca. Especificamente no exemplo registrado na análise, percebe-se um certo alinhamento com um posicionamento que estrategicamente assevera as soluções em engenharia de campo e mantém a força de uma marca próxima ao produtor por enunciar discursos que trazem vozes confluentes ao que esperam os sujeitos leitores.

Marcas que provocam experiências conquistam pelo carisma, têm personalidade, visão e relevância, tornando-se cada vez mais fortes na vida das pessoas. Por fim, marcas que conseguem conversar com sujeitos consumidores de forma dialógica percebem os desejos que constituem os efeitos de sentidos mobilizados pelos sujeitos. Os discursos materializam ideias e sentidos. Há, de fato, uma rede discursiva complexa perpassada por vozes que constituem as marcas e os sentidos.

QUESTÕES PARA DEBATE

1) "As políticas comunicacionais com foco em posicionamento e *branding* muitas vezes nem chegam a ser discutidas nos redutos acadêmicos e tampouco estão pautadas por aqueles que tomam decisões, sobretudo empresários e empreendedores de grupos comunicacionais." Baseando-se na leitura do texto, justifique a afirmação do autor.

2) Quais as diferenças básicas entre o *branding* 1.0 e o *branding* 2.0?

3) Qual o papel do *branded content* na construção dos sentidos para adequada comunicação das marcas?

REFERÊNCIAS

AAKER, D. *On branding: 20 princípios que decidem o sucesso das marcas*. Porto Alegre: Bookman, 2015.

ARAÚJO, M.M. *Branding e discurso nas organizações*. 2016. Disponível em: <https://doi.galoa.com.br/sites/default/files/10.21745/ac06-16.pdf>. Acesso em: 15 jul. 2016.

BAKHTIN, M. *Problemas da poética de Dostoiévski*. Rio de Janeiro: Forense Universitária, 1981.

BRAIT, B. *Bakhtin, dialogismo e construção do sentido*. Campinas: Editora da Unicamp, 1997.

GLOBO RURAL. São Paulo: Globo, n. 372 , out. 2016.

HILLER, M. *Branding: a arte de construir marcas*. São Paulo: Trevisan, 2012.

NEUMEIER, M. *The Brand Gap*. Porto Alegre: Bookman, 2008.

ORLANDI, E.P. *Análise de discurso: princípios & procedimentos*. Campinas: Pontes, 2001.

PÊCHEUX, M. *Análise automática do discurso*. Em: GADET, F.; HAK, T. (Org.). *Por uma análise automática do discurso: uma introdução à obra de Michel Pêcheux*. Campinas: Editora da Unicamp, 1990.

_____. *O discurso: estrutura ou acontecimento*. Campinas: Pontes, 2008.

POSSENTI, S. Sobre as noções de sentido e de efeito de sentido. In: Análise do Discurso. Marília, v. 6, n. 2, *Cadernos FFC*, 1997.

SEMPRINI, A. *A marca pós-moderna: poder e fragilidade da marca na sociedade contemporânea*. São Paulo: Estação das Letras, 2006.

ZOZZOLI, J.C.J. A marca diante das novas práticas midiáticas. *Pensamento e realidade*. São Paulo, v. 25, n. 2, p. 11-30, 2010. Disponível em: <http://revistas.pucsp.br/index.php/pensamentorealidade/article/view/7230/5222>. Acesso em: 16 nov. 2016.

7 Comunicação e gestão de marcas: a importância do relacionamento com a mídia

Paulo Roberto Salles Garcia

INTRODUÇÃO

Há muitas formas de se consolidar uma marca e torná-la única na mente e no coração das pessoas. Quando isso ocorre – mesmo que não seja algo que, uma vez conquistado, dure para sempre –, novas possibilidades se abrem para que o que está por trás dela ganhe contornos de sucesso e reconhecimento. Isso não se aplica tão somente àquelas que vendem produtos e prestam serviços, mas a tantas outras que defendem ideias e ideais.

Como explicar, por exemplo, que após 45 anos de fundação, a organização mundial Greenpeace esteja presente em 43 países, tenha o apoio de cerca de quatro milhões de colaboradores espalhados pelo mundo inteiro e aproximadamente 18 mil voluntários? Por que, então, foi *top of mind*, em 2014, do *ranking* do jornal *Folha de São Paulo*, levando o mesmo nome quando o assunto é preservação do meio ambiente? E o que dizer das marcas que de tanto estarem vivas no imaginário das pessoas se tornaram, elas mesmas, substantivos que remetem a gestos ou viram sinônimos de produtos ou serviços? Quantas vezes já ouvimos frases do tipo "preciso tirar uma xerox" em vez de "fazer fotocópias de determinados documentos"? Ou então "não esqueça de comprar a gilete" para se referir à lâmina de barbear? Que tal "vamos tomar uma brahma" como forma de dizer que o convite é para uma rodada de cerveja?

Os esforços para se alcançar esse *status* estão associados a um conjunto de estratégias de comunicação e marketing e a um trabalho incansável de profissionais que, numa perspectiva de comunicação integrada, transformam a tarefa de fazer a marca conhecida, reconhecida, admirada e amada em algo concreto. A esse grupo também se associam os empregados da empresa que, com sua conduta, postura e proatividade, igualmente se empenham em prol da valorização da marca perante diversos outros *stakeholders*.

Este capítulo tem a intenção de propor reflexões sobre o papel da assessoria de imprensa ou, numa leitura mais contemporânea, da gestão de relacionamento com a mídia na consolidação das marcas. Nossa hipótese é de que, ao lado de uma série de estratégias e de ações, as quais envolvem ações mercadológicas, *business intelligence*, marketing de relacionamento etc., a mídia é um instrumento fundamental no esforço de fortalecer as marcas e que, portanto, cabe a comunicadores empresariais olharem com atenção para as formas de se relacionar com ela.

Nesse sentido, faremos uma breve incursão conceitual em temas como gestão do relacionamento com a mídia e gestão de marcas, buscando entender como e em que relacionam. Na sequência, refletiremos a respeito da importância do trabalho da assessoria de imprensa e de desafios que precisam ser superados no campo das Tecnologias de Informação Comunicação (TICs) nos esforços das empresas em se aproximarem e se relacionarem com jornalistas e veículos de comunicação.

Apesar de acreditarmos que a comunicação empresarial se constitui cada vez mais em uma estratégia integrada – deve aproximar e valorizar as áreas de propaganda, marketing, jornalismo, relações públicas, eventos etc. –, vamos abordá-la na perspectiva do jornalismo. Portanto, ao falarmos de mídia, estaremos nos referindo à mídia jornalística.

EM BUSCA DA VISIBILIDADE MIDIÁTICA

Todo movimento das organizações na direção de se aproximarem de jornalistas e outros profissionais da mídia, tendo em vista um relacionamento com eles, carrega uma intenção clara: a da visibilidade. Esse esforço vai no sentido de tornarem evidentes suas ideias e intenções, seus projetos e ações, buscando assim sensibilizar a opinião pública e, ao longo do tempo, angariar credibilidade e construir reputação. Conforme destaca Sartor (2009, p. 3), "a visibilidade midiática permite o reconhecimento público e constitui o lugar em que as ações individuais e coletivas são socialmente legitimadas". Não é sem propósito que se impõe como tarefa crucial para as organizações influir na agenda dos veículos como fonte de notícias (Sartor, 2009), pois dessa maneira terão condições de se tornar (mais) conhecidas e reconhecidas pela sociedade.

É certo que quando produzem notícias sobre si e buscam divulgá-las por meio da imprensa, estão fazendo das ocorrências que nelas se dão acontecimentos públicos e, consequentemente, ganhando visibilidade. Isso explica, portanto, por que o relacionamento com a mídia passou a ganhar um *status* de prioridade para as corporações. Segundo defende Chaparro (2006, p. 33), "noticiar se tornou a mais eficaz forma de agir no mundo e com ele interagir".

Um aspecto que tende a favorecer as organizações nessa busca de visibilidade midiática reside no fato de que, se por um lado a imprensa é o caminho por excelência para tal feito, por outro, sem fontes não há jornalismo, seja o segmento que for. Para informar a sociedade a respeito dos acontecimentos mais significativos que nela ocorrem – e mesmo visando formar opinião acerca de determinado posicionamento –, os profissionais da mídia precisam também estabelecer contatos que podem ser rápidos e temporários ou duradouros e permanentes com pessoas-chaves a fim de buscarem as informações, os dados, os números, enfim, a matéria-prima para a construção da notícia. Para usar a terminologia proposta por Molotch e Lester (1974), *news promoters* (produtores de notícia), *news assemblers* (jornalistas e editores) e *news consumers* (consumidores da notícia) estabelecem uma relação tal que os profissionais da mídia se tornam dependentes das fontes institucionais quando estas têm credibilidade.

Todavia, isso não significa de modo algum uma postura de subserviência por parte da imprensa, ainda que haja desvios de alguns veículos e profissionais. É papel do jornalista – ainda que isso cause desconforto entre as organizações – questionar, duvidar, desconfiar, investigar e buscar permanente e incessantemente informações que sejam do interesse público. Clovis Rossi, em entrevista à *Revista de Jornalismo da ESPM*, defendeu que

[...] jornalismo serve – ou deveria servir – para iluminar os cantos escuros da política, das administrações públicas e dos negócios. Deve perseguir ardorosamente a notícia que alguém esteja querendo esconder. Se o fizer corretamente, cumpre um segundo papel: o de estimular o debate, componente indispensável de qualquer processo democrático que se preze. (ESPM, 2014, p. 32)

Portanto, o que se preconiza é um relacionamento de mão dupla e caracterizado pelo respeito e pela confiança por parte das organizações e dos profissionais da imprensa. Apesar de estarem em campos diferentes (há casos em que são opostos) e de terem propósitos distintos, isso não significa que sejam inimigos. Ainda que haja críticas mútuas – a mídia acredita que empresas escondem informações e são pouco transparentes, por um lado, e estas desaprovam a conduta de jornalistas de manipularem dados e de serem arrogantes, por outro –, há certamente aspectos em torno dos quais existe concordância, especialmente aqueles voltados a divulgar notícias que sejam de interesse público.

Esse relacionamento pressupõe uma boa sintonia entre os atores envolvidos. Isso equivale dizer que é preciso que a mídia conheça a dinâmica empresarial, do mesmo modo que as organizações devem compreender o *modus operandi* de jornalistas, blogueiros, colunistas, *youtubers* e outros profissionais que atuam na área. No caso do campo das corporações, é sempre bem-vindo o processo de profissionalização e de consolidação dos departamentos de comunicação nos quais se inclui a tarefa do relacionamento com a imprensa.

Partindo do pressuposto de que as organizações buscam a visibilidade midiática, é de se supor que haja alguns cuidados básicos. Sem a intenção de esgotar o assunto, podemos citar a necessidade de que assessores de imprensa conheçam os veículos dos quais desejam se aproximar, saibam que há várias editorias que respondem por temas específicos e, dentro do possível, personalizem o contato com os jornalistas. Soma-se a isso a identificação (e apropriação) de novas ferramentas de relacionamento: as mídias digitais e as redes sociais. Acima de tudo, porém, valem a transparência, a confiança, a verdade, a abertura ao diálogo – atributos que devem estar na essência das organizações – e, obrigatoriamente, boas pautas, isto é, que vão além dos objetivos meramente institucionais para se tornar de interesse público.

O relacionamento com a imprensa [mídia] não se faz teoricamente, mas a partir de contatos, regulares e sistemáticos, com pessoas (profissionais de imprensa) que exigem um perfil padrão [...] mas têm atributos comuns a qualquer cidadão comum. [...] Desconfiam de contatos oportunistas realizados em momentos específicos, quando de interesse da empresa ou entidade. Repudiam tentativas de mascarar a verdade e não perdoam, quando assessores, executivos ou empresários pretendem "passar-lhes a perna". (Bueno, 2009, p. 220)

Por sua vez, é requerido da imprensa o devido cuidado quando da elaboração das matérias. Não é novidade que repórteres, editores e demais integrantes dos veículos de comunicação convivem permanentemente com a pressão pela rapidez para apurar o assunto retratado, seja porque, no caso de portais noticiosos ou das redes sociais, a velocidade é ingrediente obrigatório, seja porque, com o enxugamento das redações, os profissionais da mídia precisam cobrir várias pautas em um mesmo dia. Isso, todavia, não os desobriga de uma apuração adequada e de um conteúdo que retrate com objetividade, clareza, verdade e imparcialidade aquilo que está sendo informado.

Quando isso não acontece, as consequências podem ser desastrosas para as empresas e suas marcas, como o caso emblemático da Escola Base, denunciada por abuso sexual de crianças. Após publicarem uma série de acusações contra os proprietários e destacarem os desvios morais e éticos que eles teriam praticado – o que provocou a pichação do prédio e ameaças de morte aos envolvidos –, veículos de comunicação perceberam, com o andar das investigações, que havia se tratado de um engano. Ao final do processo, os dirigentes foram inocentados e o processo arquivado, mas a imagem/marca da escola ficou manchada definitivamente, a ponto de fechar as portas.

Outro elemento que merece menção está relacionado à espetacularização da notícia. Aliás, podemos até enquadrar o caso da Escola Base nesse aspecto. Não basta apenas manterem informados os leitores, ouvintes ou telespectadores a respeito de determinado assunto; é fundamental que o que está sendo enfocado ganhe ares sensacionais e espetaculares com vistas a atrair e manter a audiência. Até que rolem lágrimas no rosto do entrevistado em *big close* ou em plano detalhe o tema abordado se mantém de pé, ou até que se exponham à exaustão as imagens de personalidades ou empresas que estejam sob os holofotes, os microfones ou os cliques. Nesse afã, o desvio ético está logo ali: a exposição indevida, a verdade não contada, a mentira que vira verdade de tanto que é dita. Não estamos desqualificando a investigação ou o trabalho competente que devem ser feitos pelos profissionais da mídia; o que está em jogo é que, seja pela busca da audiência, seja pela disposição velada ou explícita de favorecer alguns e desfavorecer outros, há uma desvirtuação da missão jornalística. Sobre isso, Bourdieu (1997, p. 23) faz uso de um interessante jogo de palavras para criticar a televisão: "[...] se minutos tão preciosos são empregados para dizer coisas fúteis, é que essas coisas fúteis são de fato muito importantes na medida em que ocultam coisas preciosas".

Igualmente importante é conhecer os consumidores das notícias – aliás, não apenas isso, mas também perceber as transformações que estes experimentam, o que faz com que seja cada vez mais crítico e atento o olhar perante as organizações e os veículos de comunicação. Soma-se a isso a revolução que vêm representando as TICs, no sentido de oferecerem aos indivíduos um papel de protagonismo, superando aquele caracterizado por certa passividade na condição de mero receptor das informações.

Atualmente – e num movimento crescente e incontrolável – eles se tornam produtores de informações e de conteúdos, o que resulta com clareza na percepção de que a imprensa não é mais dona do discurso, ainda que seja ela que, na maioria das situações, dê o pontapé inicial da conversa. Seja para o bem, seja para o mal, indivíduos dispõem de instrumentos para também elogiar, comentar, denunciar, reclamar, reivindicar, sugerir, tendo como alvos organizações que, na experiência deles, são merecedoras desse tipo de reação.

> O consumidor digital força empresas e seus dirigentes a dialogar e explicar-se diretamente com seus clientes, através de blogs e sites corporativos. [...] web 2.0 evoca a ideia de um novo tipo de consumidor, capaz de, simultaneamente, criticar, adular e ajudar as empresas que souberem aliar-se a ele. (Segalla, Ribeiro e Barifouse, 2007)

GESTÃO E CONSOLIDAÇÃO DAS MARCAS

Para entendermos o processo de consolidação das marcas é necessário, primeiramente, conhecer alguns de seus conceitos. De acordo com Wheeler (2008, p. 12), trata-se da "promessa, a grande ideia e as expectativas que residem na mente de cada consumidor a respeito de um produto, de um serviço ou de uma empresa". Segundo Martins (2006), "é a união de atributos tangíveis e intangíveis, simbolizados num logotipo, gerenciados de forma adequada e que criam influência e geram valor". Na compreensão de Navacinsk (2004, p. 38),

> A marca transfere para o produto a tradição e a respeitabilidade que traz por todas as relações estabelecidas historicamente pelo consumidor. Os valores que são conferidos à marca e os que lhes são distribuídos pela opinião pública, de forma natural e espontânea, auxiliam na construção de sua imagem, que deve, acima de tudo, ser coerente, adequada e despertar desejo e confiabilidade no consumidor.

A multiplicidade de definições carrega, em linhas gerais, uma perspectiva comum: as marcas precisam ser geridas de modo tal que tragam benefícios duradouros às organizações. Isso passa, por exemplo, pela coerência inarredável entre o que estas propõem em seu discurso institucional e o que expressam em sua missão, valores e visão e aquilo que no cotidiano está de fato presente. Numa associação com a linguagem mercadológica, significa entregarem o que se prometeram; na linguagem de boas práticas de responsabilidade social, consiste em ter a clareza de que o modo como agem diz quem são; e na linguagem religiosa, o testemunho delas é a melhor prática.

A esse propósito, Garcia (2011, p. 118) chama atenção, no contexto do marketing educacional, acerca dessa distância entre o que a marca de uma instituição de ensino superior sugere e a sua conduta:

> [...] a contradição se evidenciaria diante de uma marca que sugere modernidade quando suas instalações ou laboratórios apontam o atraso e a obsolescência. Ainda, representaria um prejuízo à marca se ela [instituição de ensino] defendesse um ambiente acadêmico plural, diverso, aberto ao diálogo e ao debate se no dia a dia a conduta pouco flexível de docentes, a intolerância e o autoritarismo deles em sala de aula, aliados a uma comunicação institucional pouco transparente, indicassem o contrário.

É importante ressaltarmos também que a consolidação das marcas é resultado de um esforço conjunto – e não apenas do departamento de comunicação e marketing, como muitos defendem. Basta olharmos, de forma bastante simplista, numa perspectiva da cadeia produtiva de um produto, que a qualidade dos insumos que são a matéria-prima dele precisa ser considerada; a

110 COMUNICAÇÃO EMPRESARIAL E GESTÃO DE MARCAS

mão de obra que vai fabricá-lo deve ser treinada e qualificada; os processos logísticos para que a distribuição ocorra com rapidez precisam estar afinados; o relacionamento com os pontos de venda necessita ser adequado para que conheçam profundamente o produto; o setor de vendas precisa funcionar de modo proativo; e assim por diante.

Cada um desses personagens/setores – além de outros que aqui não foram citados – estão, por meio de seu trabalho, comunicando a marca. A isso podemos associar o conceito de cultura da comunicação (Embrapa, 2002, p. 16), segundo o qual "a comunicação com os públicos de interesse e com a sociedade ocorre a cada momento e em qualquer lugar. [...] Deve ser estimulada, na perspectiva de que todos os trabalhadores são responsáveis pela imagem da instituição". Apesar de não ser foco de nossa reflexão aqui trabalharmos a comunicação interna, evidentemente a postura dos funcionários vai depender da forma como essas pessoas são estimuladas, mobilizadas, valorizadas e capacitadas, pois isso também constitui os atributos da marca.

A consolidação das marcas, como já foi mencionado, é resultado de um trabalho de longo prazo. Ele vai sendo construído degrau a degrau, quando as experiências dos diferentes públicos de interesse se tornam repetidamente bem-sucedidas, seja ao contratarem um serviço, seja ao adquirirem um produto, seja ao aderirem a uma causa. Esse somatório de um bom relacionamento com as marcas ajuda na construção de uma imagem positiva na mente e no coração das pessoas; o acúmulo sucessivo ao longo do tempo confere a tais marcas uma reputação positiva que distingue a empresa de outras. De acordo com Almeida (2009, p. 233),

> Pesquisas têm demonstrado que uma reputação positiva atua como um ímã, atraindo investidores, diminuindo custos do capital, trazendo novos consumidores, retendo atuais compradores, motivando empregados, gerando cobertura favorável da imprensa e afetando favoravelmente o conteúdo de análises financeiras.

A IMPORTÂNCIA DA ASSESSORIA DE IMPRENSA

Na perspectiva de que a consolidação das marcas é um trabalho conjunto, grande importância tem a assessoria de imprensa. Vamos reforçar alguns conceitos mencionados neste capítulo. Uma das tarefas essenciais é ser o instrumento que intermedeia o contato e o relacionamento entre a fonte e o jornalista. Os assessores são aqueles que buscam tal aproximação com vistas a que a empresa possa divulgar os projetos, ideias, iniciativas e posicionamentos; ao mesmo tempo, disponibilizam, quando possível, outros dados e informações que enriquecerão o material jornalístico.

Outra tarefa de relevante valor é aquela que vai se construindo ao longo do tempo e diz respeito ao relacionamento que os assessores estabelecem com os veículos de comunicação. Este deve ser de confiança mútua, de reconhecimento dos espaços e de colaboração. Quando esses requisitos predominam – e naturalmente quando a empresa atua com seriedade na condução dos negócios dela –, aumentam significativamente as chances de que o resultado seja positivo sob o ponto de vista de elevar a estima, o respeito e a admiração da opinião pública acerca de sua marca.

Esses e outros cuidados correm o risco de não surtir os efeitos desejados se não houver um planejamento de tudo aquilo que a assessoria de imprensa se propõe a fazer. Incluem-se nesse esforço a preparação dos porta-vozes da empresa, as estratégias para personalizar os contatos com repórteres, editores, colunistas e blogueiros, a identificação de novas ferramentas de comunicação com esses profissionais, a criação de espaços nos quais haja oportunidade de eles estarem com as fontes e, não menos importante, um constante trabalho de pesquisa e investigação sobre a empresa a fim de descobrir conteúdos consistentes e relevantes que podem virar pauta. Tudo isso pressupõe, certamente, competência e profissionalismo, tanto da empresa quanto dos assessores.

Vale a pena chamar atenção para o fato de que a comunicação precisa ser tratada como estratégica dentro da organização a fim de justificar a atuação da assessoria de imprensa. Infelizmente, em que pesem avanços significativos, isso está longe de acontecer. Conforme observa Bueno (2005, p. 102):

> Se não há, necessariamente, vínculo entre a comunicação de algumas organizações e a sua gestão, como imaginar que ela seja estratégica? Como garantir isso, se, na maior parte dos casos, a área de comunicação não participa do processo de tomada de decisões?

Evidentemente, para que tudo isso aconteça, é essencial que a empresa esteja sempre aberta ao diálogo, seja para ser ouvida em temas mais amenos, seja para oferecer a sua versão sobre alguma situação conflituosa na qual ela esteja envolvida. É contraditório o fato de que ao mesmo tempo que desejam visibilidade midiática, um sem-número de organizações adota o "nada a declarar" quando se veem embaraçadas com questionamentos mais duros. Quando essa abertura não ocorre – e a transparência fica relegada a segundo plano –, o trabalho de gestão do relacionamento com a mídia torna-se pouco frutífero e até mesmo sem sentido.

DESAFIOS A SEREM SUPERADOS

Um aspecto que carece de cuidados por parte das empresas é a apropriação, por parte delas, de novas ferramentas de comunicação. Estamos nos referindo especialmente às TICs, que não vêm merecendo investimentos ou mesmo atenção. O que se observa é ainda um engajamento tímido e pouco expressivo em relação a tais tecnologias. Um estudo elaborado pela agência Imagem Corporativa e Mynewsdesk para avaliar as salas de imprensa na web das cem maiores empresas do Brasil, segundo *ranking* Valor 1000, do jornal *Valor Econômico*, divulgado em agosto de 2013, acende luzes de alerta sobre a questão levando em conta as conclusões a que chegou. Os limites deste capítulo nos levam a destacar apenas três aspectos, apesar de haver outros que podem ser também analisados.

Em primeiro lugar, o conteúdo é desatualizado: 44% das corporações postam menos de uma atualização por mês, ao passo que 23% inserem dados novos de uma a três vezes por mês e 29%, no mínimo uma vez por semana; apenas 4% o fazem uma ou mais de uma vez por dia. Além disso, apenas 16% atualizam as informações institucionais. Em segundo lugar, há poucos recursos multimídia disponíveis. Isso está refletido nos dados segundo os quais 72 empresas (das 100 entrevistadas) não dispõem de uma biblioteca de imagens, e 81 não disponibilizam fotos para *download* em alta definição. E mais: apenas 27% incluíram vídeos, tanto para *download* quanto para visualização. Tratando-se de uma ferramenta de suporte e de relacionamento essencial aos profissionais da mídia, é um volume muito limitado de recursos. E, em terceiro lugar, a integração com redes sociais é insatisfatória; isso ficou evidenciado quando se observou que 38% não possuem link ou *feed* de perfis em mídias sociais tais como Twitter, Facebook e YouTube.

COMUNICAÇÃO E GESTÃO DE MARCAS: A IMPORTÂNCIA DO RELACIONAMENTO COM A MÍDIA

[...] são poucas as empresas brasileiras que estão abertas para conversas na internet ou que trabalham sua estratégia integrada considerando mídias sociais, conteúdos de marketing, relacionamento com jornalistas e blogueiros e demais públicos. Há ainda uma cultura muito mais voltada à disponibilização de *press-releases* do que conteúdos capazes de influenciar a percepção geral da empresa junto ao público. (Imagem Corporativa/Mynewsdesk, 2014, p. 5)

Em outro levantamento, Duarte et al. (2015) avaliaram o uso de mídias sociais na interação com a imprensa em um conjunto de 64 organizações públicas e privadas, partidos políticos e entidades associativas, além de entrevistarem jornalistas e assessores de imprensa. A constatação geral, ainda que tenha havido destaques pontuais, é de que as assessorias de imprensa não utilizam as mídias sociais como ferramentas de relacionamento com os jornalistas. O estudo mostrou que não há um cuidado, por parte das empresas, em criar conteúdos apropriados às novas mídias; o que ocorre é a reprodução nas mídias sociais daquilo que foi encaminhado via e-mail. A isso se soma o fato de que os perfis que se voltam para o relacionamento com jornalistas, blogueiros e outros profissionais da mídia "são quase réplicas dos perfis principais, perdendo em relevância e em relacionamento" (Duarte et al., 2015, p. 166).

A despeito do desenvolvimento das mídias sociais e do potencial que elas representam, o estudo revela que a maioria das organizações que foram examinadas não reconhece os profissionais da imprensa como aqueles que podem ser alcançados por meio dessa forma de comunicação.

Mais do que isso, os testes realizados em sites mostram que as diferentes áreas que administram esses ambientes, em grande maioria, não respondem no prazo, nem retornam com eficiência pelos canais oferecidos. Ter vários perfis não é sinônimo de participação e interação. (Duarte et al., 2015, p. 169)

CONSIDERAÇÕES FINAIS

É evidente a importância do trabalho das assessorias de imprensa na estratégia de consolidar as marcas das empresas. Trata-se de um setor da comunicação que oferece uma contribuição de inestimável relevância, especialmente pelo caráter dos meios de comunicação, tidos como uma voz da sociedade no sentido de informar, provocar debates e reflexões, denunciar, investigar etc., o que explica e justifica a credibilidade que contam perante a opinião pública. A parceria com a mídia, na perspectiva editorial, de valorizar e enaltecer iniciativas das organizações – ao mesmo tempo mantendo a distância crítica necessária e legítima – é algo a ser perseguido permanentemente e que, uma vez alcançado, deve ser mantido com competência.

O desafio, para as empresas, é perceber as potencialidades e persegui-las com competência e profissionalismo. Entre elas está aquela relacionada com as formas que vêm permitindo que a informação chegue às pessoas com maior velocidade e maior alcance e – mais do que isso – tornando-as, elas mesmas, protagonistas, construtoras e divulgadoras de conhecimento e de informação. Esse cenário é repleto de oportunidades. Em um tempo no qual as TICs crescem velozmente com novidades atrás de novidades, as assessorias de imprensa, assim como o fazem outras áreas da comunicação e marketing, podem encontrar ali caminhos promissores de, por meio de conteúdos relevantes e consistentes, contribuir ainda mais nos esforços de consolidação das marcas. Acima de tudo, porém, utilizando-se mais ou menos as ferramentas tecnológicas disponíveis, devem estar os esforços para a construção e fortalecimento de um relacionamento estreito, ético, verdadeiro e transparente entre a imprensa e as empresas. As marcas agradecem.

QUESTÕES PARA DEBATE

1) Como a atividade de assessoria de imprensa pode contribuir para aumentar a visibilidade midiática das organizações/empresas e, por extensão, das suas marcas?

2) Segundo Paulo Salles, a consolidação da imagem das marcas resulta apenas do esforço e da competência do departamento de comunicação/marketing? Como deve ser então a articulação entre esses departamentos e o processo global de gestão das empresas visando ao fortalecimento das marcas?

3) Quais são, segundo o autor, os principais desafios para o trabalho de relacionamento com a mídia e como torná-la efetivamente uma atividade estratégica?

REFERÊNCIAS

ALMEIDA, A.L.C. Identidade, imagem e reputação organizacional: conceitos e dimensões da práxis. In: KUNSCH, M.M.K. (Org.). *Comunicação organizacional: linguagem, gestão e perspectivas*. São Paulo: Saraiva, 2009, p. 215-242.

BOURDIEU, P. *Sobre a televisão*. Rio de Janeiro: Jorge Zahar, 1997.

BUENO, W.C. *Comunicação empresarial no Brasil: uma leitura crítica*. São Paulo: All Print Editora, 2005.

_____. *Comunicação empresarial: políticas e estratégias*. São Paulo: Saraiva, 2009.

CHAPARRO, M.C. Cem anos de assessoria de imprensa. In: DUARTE, J. (Org.). *Assessoria de imprensa e relacionamento com a mídia: teoria e técnica*. São Paulo: Atlas, 2006, p. 33-51.

DUARTE, J.; RAMOS, A.D.; SMOLAREK, B. et al. Uso de mídias sociais na interação com a imprensa. In: BUENO, W.C. *Estratégias de comunicação nas mídias sociais*. Barueri: Manole, 2015, p. 161-170.

[EMBRAPA] EMPRESA BRASILEIRA DE PESQUISA AGROPECUÁRIA. *Política de Comunicação*. Brasília: Embrapa, 2002.

[ESPM] ESCOLA SUPERIOR DE PROPAGANDA E MARKETING. Para que serve o jornalismo? *Revista de Jornalismo ESPM*. Rio de Janeiro, jan./fev./mar., p. 32, 2014.

GARCIA, P.R.S. *Marketing de relacionamento nas instituições de ensino superior: estudo de caso da Universidade Metodista de São Paulo e da Universidade Metodista de Piracicaba*. São Bernardo do Campo, 2011, 264 f. Tese (Doutorado em Comunicação Social) – Universidade Metodista de São Paulo.

IMAGEM CORPORATIVA/MYNEWSDESK. *Salas de imprensa no Brasil: como as 100 maiores empresas comunicam suas notícias e histórias relevantes*. São Paulo: Imagem Corporativa/ Mynewsdesk, 2014.

MARTINS, J.R. *Branding – O manual para você criar, gerenciar e avaliar marcas*. 2006. Disponível em: <http://www.globalbrands.com.br/artigos-pdf/livro-branding-o-manual- -para-voce-criar-gerenciar-e-%20avaliar-marcas.pdf>. Acesso em: 6 nov. 2016.

MOLOTCH, H.; LESTER, M. News as purposive behavior: on the strategic use of routine events, accidents, and scandals. *American Sociological Review*. Columbus, v. 39, n. 1, p. 101-112, 1974.

NAVACINSK, S. O valor e o poder das marcas. *Publicis*. São Bernardo do Campo, ano 1, n. 1, p. 37-43, 2004.

SARTOR, B.A. Assessoria de imprensa e visibilidade: a imagem-conceito das organizações no incontrolável domínio da notícia. In: Congresso Brasileiro Científico de Comunicação Organizacional e de Relações Públicas. 2009, São Paulo. Disponível em: <http://www.abrapcorp.org.br/anais2009/pdf/GT2_Basilio.pdf>. Acesso em: 9 nov. 2016.

SEGALLA, A.; RIBEIRO, A.; BARIFOUSE, R. O poder do consumidor no mundo digital. *Época Negócios*. 17 out. 2007. Disponível em: <http://epocanegocios.globo.com/Revista/ Epocanegocios/0,,EDG79423-8382-8-1,00.html>. Acesso em: 9 nov. 2016.

WHEELER, A. *Design de identidade da marca: um guia completo para a criação, construção e manutenção de marcas fortes*. Porto Alegre: Bookman, 2008.

8 A participação dos novos influenciadores digitais na divulgação de produtos e marcas

Rogério Furlan de Souza

INTRODUÇÃO

A sociedade atual passou por inúmeras transformações tecnológicas que interferiram diretamente nos processos comunicacionais, alterando as formas de relacionamento entre os indivíduos, as instituições e as organizações de uma maneira geral. Tais mudanças aconteceram gradativamente, em uma espécie de transição, e levou tempo até que fossem efetivamente percebidas, trazendo novas formas de relações sociais e diferentes maneiras de interação.

> Além de mudar as opiniões e as formas de interagir, a introdução de um novo meio de comunicação e de uma nova tecnologia comunicativa, num determinado momento da história da humanidade, passou a atingir a esfera de interação com o mundo, contribuindo para determinar a transformação da estrutura de percepção da realidade. (Di Felice, 2008, p. 21)

Nessa revolução tecnológica, a internet e sua possibilidade de conexão entre os indivíduos foi a maior impulsionadora de novos modelos relacionais. Galindo (2015, p. 39) considera que "falar em relacionamento, hoje, é falar sobre um novo *status* entre os atores sociais, aliás, é falar sobre uma visão realista de interatividade, pois nunca foi tão possível o ato de tornar comum, de compartilhar e, portanto, de comunicar".

Os mais diversos setores da sociedade tiveram de se adaptar a essa realidade, entre eles, as empresas e o mercado, que passaram a buscar diferentes formas de criar laços com os seus consumidores por meio de estratégias de comunicação e de marketing que estivessem de acordo com uma nova economia conectada.

Algumas mudanças nos conceitos tradicionais de marketing foram inevitáveis para atender ao universo da comunicação empresarial em um cenário onde o papel do consumidor foi transformado na relação de mercado, que passou a ser mais ativo, emocional e participativo. Práticas como marketing experimental e marketing de influência foram adotadas pelas marcas, o que abriu possibilidades inovadoras de relacionamento com os clientes. Isso demonstra como a tecnologia alterou a comunicação mercadológica, interferiu culturalmente nos processos de consumo e modificou o comportamento das pessoas e da sociedade.

Esse novo indivíduo, mais relacional e conectado, encontrou nas redes sociais virtuais uma possibilidade eficiente de manifestação de ideias e de exposição do seu cotidiano, tanto em questões pessoais quanto ideológicas e profissionais. Com isso, inúmeros atores sociais apareceram, mostrando que a quantidade de visualizações e de curtidas determinam o sucesso, a importância e a relevância desses influenciadores digitais. Personagens de diferentes áreas e com estilos variados nasceram neste universo, alguns atuando de maneira individual e outros em grupo. Eles trouxeram do ciberespaço o conceito de webcelebridades, personalidades de grande influência que surgiram na internet e que alcançaram quantidades significativas de seguidores, passando muitas vezes da casa dos milhões de internautas.

Diante desse cenário, este capítulo tem por objetivo identificar como as empresas utilizam os novos influenciadores digitais, ou webcelebridades, para divulgar seus produtos e marcas e construir uma nova estrutura relacional com os consumidores.

TECNOLOGIAS E INTERNET

Todas as fases evolutivas da sociedade, partindo do processo agrícola, passando pelo industrial até chegar na sociedade da informação, foram acompanhadas por importantes mudanças tecnológicas que interferiram diretamente no comportamento dos indivíduos e nos processos relacionais em todas as esferas sociais.

Muitas dessas transformações sociais foram decorrentes das novas tecnologias, principalmente no aspecto comunicacional. Di Felice (2008) afirma que a humanidade passou por três grandes revoluções comunicativas, a primeira com a passagem da cultura e da sociedade oral para a escrita. A segunda, com a invenção dos caracteres móveis e a impressão, representados pela prensa de Gutenberg, pela cultura dos livros e da leitura. Já a terceira surgiu na época da revolução industrial com o início da cultura de massa e foi caracterizada pela difusão de mensagens veiculadas pelos meios de comunicação eletrônicos.

Uma quarta etapa encontra-se em andamento e foi iniciada com o surgimento das tecnologias digitais e, posteriormente, ampliada por intermédio da internet e das conexões em rede, que expandiram não só as estruturas comunicativas, mas transformaram de maneira contundente o significado do ato de comunicar. Para Di Felice (2008), a partir daí a comunicação se torna um processo de fluxo que altera o conceito de emissor, meio e receptor, passando para a dinâmica da interação.

> Diante dos nossos computadores ligados em redes, podemos nos comunicar somente se passamos a interagir com as nossas interfaces (*mouse*, teclado e redes em geral) em um diálogo constante, no qual é excluído qualquer tipo de passividade, ligado à forma comunicativa do espetáculo e a qualquer forma de nítida distinção entre o produtor e o receptor da mensagem. (Di Felice, 2008, p. 23)

Rifkin (2005) considera que a internet é a rede das redes e que suas mensagens podem ser enviadas de diversas maneiras: cabos telefônicos, satélites, cabos de fibra óptica, entre outras. A internet é mais do que multimídia, ela é hipermídia, uma vez que possibilita a junção de todas as outras mídias com a conexão em rede.

Surge, portanto, não somente uma nova forma de interação, consequência de uma inovação tecnológica que altera o modo de comunicar e seus significados, mas também os pressupostos e as características de uma nova arquitetura social que estimula inéditas práticas interativas entre nós e as tecnologias de informação. (Di Felice, 2011, p. 16)

Essas novas práticas modificaram a forma de socialização entre os indivíduos e entre as instituições, entre elas as empresas, ou seja, as relações sociais e comerciais entraram em uma nova era, dando lugar às redes e a uma economia conectada. Nesse panorama, o acesso ao conhecimento passa a ser mais importante do que a ideia de propriedade (ter algo). De acordo com Rifkin (2005), o acesso é algo fundamental para as empresas de hoje, estar conectado significa romper a fronteira das paredes. A economia no ciberespaço une as empresas em redes de relações reciprocamente independentes, nas quais compartilham experiências, recursos físicos e, sobretudo, informação.

Os processos comunicacionais na sociedade pós-moderna são influenciados por aspectos bastante impactantes que podem ser considerados, também, como elementos caracterizadores da própria dinâmica social. O trânsito cada vez maior e veloz de informações, as conexões de pessoas e instituições por meio de plataformas cada vez mais amigáveis e a digitalização e miniaturização dos suportes são alguns dos avanços tecnológicos que permitiram afirmar que a comunicação teve seus paradigmas alterados. O diálogo e a interação que antes eram limitados, agora são potencializados, a produção e distribuição de conteúdos agora envolve variados atores, e a autonomia dos indivíduos no consumo midiático foi ampliada. Como salienta Castells (1999, p. 40), "as redes interativas de computadores estão crescendo exponencialmente, criando novas formas e canais de comunicação, moldando a vida e, ao mesmo tempo, sendo moldadas por ela".

Nesse universo digitalizado e interconectado é possível afirmar que o indivíduo ganhou certo protagonismo. As relações sociais foram ampliadas e não mais se restringem a círculos presenciais; histórias, pensamentos e opiniões podem ser expostos por meio de textos, fotos ou vídeos para milhares de pessoas. O ativismo social pôde ser potencializado ao apresentar um maior impacto entre os indivíduos, e pessoas que antes eram "anônimas" em suas atividades ganharam a possibilidade de tornarem-se celebridades em virtude da hiperexposição proporcionada pela internet e pelas mídias sociais *on-line*.

COMUNICAÇÃO E MARKETING DIGITAL

A estrutura social atual baseada na troca de informações e no fortalecimento do conhecimento, fez com que os modelos tradicionais utilizados nas relações entre indivíduos e organizações fossem transformados para que as empresas atingissem seus consumidores por meio de uma comunicação mercadológica mais eficaz e condizente com a realidade.

O conceito de marketing tradicional, desenvolvido em 1960 por McCarthy, formado pelo composto dos 4 P's (produto, preço, praça e promoção) e que se baseava em um receptor passivo, que apenas assimilava as soluções apresentadas pelas empresas, passou por inúmeras modificações para atender aos anseios de um novo perfil dos públicos de interesse.

Em decorrência dos recursos tecnológicos aos quais as organizações tiveram acesso, os atributos do chamado mix de marketing, produto, preço e praça reduziram o seu destaque, sendo este deslocado para uma ação concentrada na variável promoção, já que ela sempre foi a responsável pela comunicação e pela divulgação daquilo que era oferecido pelas marcas. Galindo (2015) afirma que durante as décadas de 1980 e 1990, em decorrência da crescente interferência da tecnologia no processo, surgiu uma proposta de inovação, de maneira segmentada e contínua, na qual o consumidor começa a escolher e a exigir diferentes produtos e serviços, tornando-se, efetivamente, a razão de ser das empresas.

Esse avanço das tecnologias digitais e também das telecomunicações trouxe inúmeras possibilidades de relacionamento com o mercado, o que gerou novas práticas de comunicação e de consumo. Durante décadas, os veículos massivos atuaram de maneira persuasiva e não permitiam que os consumidores se manifestassem, até que novas formas de distribuição da comunicação, provenientes da digitalização dos processos, mudassem significativamente esse cenário e ampliassem o acesso à informação. Segundo Galindo (2015), as novas tecnologias contribuem para aumentar a segmentação das mensagens, intensificando a desmassificação dos meios e proporcionando uma intermediação mais relacional e próxima do consumidor do que as realizadas pelas mídias de massa.

> Ao contrário de tal modelo, a comunicação digital apresenta-se como um processo comunicativo em rede e interativo. Neste, a distinção entre emissor e receptor

é substituída por uma interação de fluxos informativos entre o internauta e as redes, resultante de uma navegação única e individual que cria um rizomático processo comunicativo entre arquiteturas informativas (site, blog, comunidades virtuais etc), conteúdos e pessoas. (Di Felice, 2008, p. 44)

Kotler (2010) considera que o marketing, em sua evolução, passou por três grandes períodos ou fases. A primeira delas orientava-se pela transação e em como efetuar a venda. Na segunda, baseava-se no relacionamento, em como fazer o consumidor voltar a comprar mais. Já na terceira fase, que perdura até hoje, o foco é no convite aos consumidores para participar não somente do desenvolvimento de produtos da empresa bem como de suas comunicações.

A partir de então, diferentes técnicas de marketing começaram a ser utilizadas nesse processo, e conceitos como marketing digital, experimental, colaborativo e de influência surgiram como uma resposta para essa configuração social. Isso porque as novas tecnologias digitais de comunicação proporcionaram mais transparência, dinamismo e interatividade nos processos relacionais.

Enquanto no marketing tradicional as ações de promoção e relacionamento acontecem no sentido da empresa para o consumidor, da marca para o consumidor, hoje é o consumidor que busca a empresa, a marca – como, onde e quando desejar. (Gabriel, 2010, p. 77)

Dos recursos disponibilizados por meio da digitalização, o mais impactante foi o da conexão em rede e o surgimento das mídias sociais virtuais, uma vez que, no universo digital, a interação deve ser baseada em dois aspectos essenciais, sendo eles o diálogo e a colaboração. Tais aspectos foram identificados pelos profissionais de comunicação mercadológica, que passaram a utilizá-los como referência no desenvolvimento de estratégias e campanhas.

Se as organizações desejam, de maneira autêntica, utilizar as mídias sociais como espaço de relacionamento, não podem priorizá-las como canal de vendas ou de propaganda, mas contemplá-las como uma oportunidade única e formidável para interagir com os seus públicos estratégicos, avaliar a percepção deles em relação às marcas, aprender (e se possível atender) às suas demandas e expectativas. (Bueno, 2015, p. 130)

Nesse contexto, inúmeras mudanças aconteceram no papel do consumidor, que passou a compartilhar suas experiências e emoções, tornando-se mais ativo e relacional. Essas transformações também foram evidentes na nova cultura de consumo dos meios de comunicação e no contato do cidadão com as mídias. Segundo Jaffe (2008), o importante é participar, e a internet torna-se o espaço ideal para a prática colaborativa. O consumidor contemporâneo prefere relacionar-se de forma individual e conectar-se com outros consumidores e não com empresas.

Esse consumidor relacional, conectado, que se manifesta, compartilha e que interage nas redes sociais digitais, deixou de ser um mero consumidor de conteúdo e também passou a produzir, de forma participativa. Surge um novo espaço para o marketing colaborativo, com estruturas de relacionamento horizontalizadas; e para o marketing de influência, no qual os próprios consumidores divulgam e influenciam o consumo de produtos e marcas.

> [...] atualmente, a tradicional pirâmide de influência (de cima para baixo) está mudando, na medida em que amigos, família e funcionários das empresas estão sendo considerados pelas pessoas como os mais importantes e confiáveis formadores de opinião, tendo duas vezes mais credibilidade que os presidentes das corporações, o que faz com que a confiança em pessoas comuns como fonte de informação tenha aumentado consideravelmente [...]. (Colnago, 2015, p.15)

Fica claro que os atores tecnossociais estão ganhando seu espaço no processo relacional e que buscam, cada vez mais, permanecer em evidência. Para Terra (2012, p. 76), "cada um de nós pode ser um canal de mídia", isto é, pode atuar como um produtor, criador, apresentador, remixador ou simplesmente um propagador do seu próprio conteúdo. O termo *usuário-mídia* refere-se a um indivíduo ativo tanto na internet como nas mídias sociais *on-line* e "que produz, compartilha e dissemina seus próprios conteúdos em blogs, microblogs, sites de relacionamento, entre outros" (Terra, 2012, p. 77).

O mercado não pode ignorar esse novo panorama repleto de possibilidades comunicacionais, que estão disponíveis para todos os envolvidos, tanto o cidadão comum quanto as empresas. Nesse ambiente de influência digital, alguns internautas ganharam notoriedade e transformaram-se em webcelebridades, o que chamou a atenção das marcas e gerou estratégias de comunicação baseadas no alcance e na popularidade dessas pessoas.

OS NOVOS INFLUENCIADORES

Os novos influenciadores digitais surgiram, inicialmente, como usuários comuns das redes sociais on-line que passaram a produzir e compartilhar conteúdos sobre os mais diversos segmentos e com inúmeras finalidades. A tendência de popularização das publicações dos internautas em diferentes plataformas e as possibilidades de alcance dessas mensagens despertaram o interesse de alguns pesquisadores da área de comunicação e marketing. "À medida que as mídias sociais se tornarem cada vez mais expressivas, os consumidores poderão, cada vez mais, influenciar outros consumidores com suas opiniões e experiências" (Kotler, 2010, p. 9).

Gabriel (2010, p. 202) também afirma que "as mídias sociais têm se tornado tão relevantes para o marketing e negócios que estão surgindo sites de redes sociais que pagam para os usuários fazerem parte delas". Tais mudanças fizeram com que o mercado percebesse a necessidade de estudar esse fenômeno mais profundamente para identificar e compreender as principais características desse novo universo e de seus atores, obtendo, assim, informações essenciais que pudessem gerar estratégias comunicacionais mais efetivas.

Em 2016, o site youPIX, em parceria com a empresa de pesquisa e inteligência de mercado GFK, a AirInfluencers – plataforma de busca e gestão de influenciadores – e o Meio & Mensagem realizaram o primeiro estudo nacional sobre o mercado de influenciadores digitais. A pesquisa, chamada de *Influencers Market*, tinha como principais objetivos entender o cenário atual do mercado de influenciadores de redes sociais, mapear a dinâmica entre os *stakeholders* e identificar os desafios e tendências para esse novo mercado.

Inicialmente, buscou-se fazer um panorama do surgimento desses ídolos digitais, o que possibilitou traçar um perfil e identificar as particularidades e semelhanças entre eles. Segundo Granja (2016), a princípio, esses influenciadores começaram a produzir vídeos e fotos como um *hobby*, por paixão, de forma amadora, mas com o passar do tempo isso se tornou uma profissão, sendo necessário postar conteúdo periodicamente, com planejamento, organização de negócio e já possuindo parceria com marcas.

Outro aspecto levantado pela pesquisa foi a diferenciação entre celebridades e influenciadores. Ela identificou que as celebridades são caracterizadas como personalidades idealizadas e distantes do cidadão comum, além disso, é mais difícil se desvincular da imagem inicial construída na TV para gerar uma conexão direta com o público no novo contexto de participação e de convergência das redes sociais virtuais. Já os influenciadores foram classificados como sujeitos mais emocionais, permeados pela espontaneidade e com uma identificação mais próxima e interativa, gerando um contato pontual com o consumidor e com nichos de maior relevância (Youpix et al., 2016). Algumas pessoas utilizam o termo webcelebridades para nomear esses ídolos digitais que surgiram no ciberespaço, uma mistura entre dois universos.

É importante destacar também que existe uma discussão sobre como esses indivíduos podem participar da construção de estratégias comunicacionais. Na maioria dos casos, os próprios influenciadores consideram que eles devem fazer parte do processo criativo das campanhas, sendo essa a principal maneira de manifestar suas ideias e seu talento (Youpix et al., 2016).

A pesquisa traz alguns dados sobre como é o comportamento desses influenciadores digitais nas diversas plataformas existentes. Dentre as principais informações disponibilizadas, merecem destaque o fato de que 2% dos influenciadores que atuam nas redes sociais on-line geram 54% das interações na rede, num total de 7,2 bilhões de possibilidades. Além disso, as webcelebridades com mais de meio milhão de seguidores produzem duas vezes mais conteúdos do que a média.

Nos últimos anos foi possível perceber um aumento significativo na quantidade de mídias e aplicativos disponíveis para a produção e publicação de conteúdos pessoais, principalmente textos, fotos e vídeos. Tendo em vista a preocupação do indivíduo em buscar estratégias de comunicação que possam colocá-lo em evidência no ambiente conectado, reforçando sua imagem, suas características e potencializando sua autopromoção, a narrativa audiovisual pode ser considerada um recurso importante que proporciona impacto direto no relacionamento entre as pessoas, o mercado e a sociedade em geral. Segundo Molleta (2009, p. 9), "na contemporaneidade, o audiovisual corresponde à principal linguagem utilizada para informar e comunicar. Não por acaso, é também a mais adequada para a nossa expressão e reflexão".

Como exemplo de plataformas hipermidiáticas que adotaram os vídeos como sua principal estrutura de comunicação, é possível citar YouTube, Snapchat e Instagram, entre outras. Os números que compõem esse universo são bastante interessantes de se analisar. Segundo informações do YouTube (s.d.), o site tem mais de um bilhão de usuários no mundo, quase um terço dos usuários da internet e, a cada dia, as pessoas assistem a milhões de horas de vídeos e geram bilhões de visualizações.

Segundo dados da Pesquisa Brasileira de Mídia (Brasil, 2015) sobre os hábitos de consumo de mídia pela população brasileira, 49% dos brasileiros utilizam a internet, entre estes, 76% acessam todos os dias. Meier (2014) afirma que sete entre dez usuários regulares da internet assistem a vídeos *on--line*, e que o Brasil é o segundo maior consumidor de vídeos pelo YouTube no mundo, com 60 milhões de visitantes únicos por mês (atrás apenas dos Estados Unidos).

Dentre todos os conteúdos em vídeo disponíveis na internet, um grupo específico tem chamado bastante atenção no mercado brasileiro, são aqueles produzidos pelos *youtubers*: uma geração de jovens adultos que se comunica por meio de vídeos on-line para falar de assuntos variados como comportamento, música, *games*, receitas, maquiagem, moda, entre outros. Nomes como Kéfera, Cauê Moura, Felipe Neto, Camila Coelho, PC Siqueira e grupos como Porta dos Fundos e Parafernalha são grandes sucessos no Brasil, tornando-se formadores de opinião, principalmente entre o público jovem. De acordo com pesquisa do Google (2015), todo o sucesso dessas celebridades da internet se deve ao fato de elas oferecerem ao internauta conteúdo de interesse específico e também por apresentarem características como autenticidade, espontaneidade, inteligência, originalidade e bom humor.

O YouTube tem um papel importante nesse novo universo dos influenciadores digitais, sendo responsável pelo surgimento de várias webcelebridades que estão sendo cada vez mais requisitadas pelo mercado publicitário. Metade das celebridades mais influentes entre os adolescentes brasileiros são *youtubers*. Enquanto o poder de influência da TV depende de qual atração está no ar, os *youtubers* têm uma relação mais constante com os jovens, gerando capacidades de engajamento e mobilização muito maiores (Google, 2016).

Quer você ame ou odeie, o YouTube agora faz parte do cenário da mídia de massa e é uma força a ser levada em consideração no contexto da cultura popular contemporânea. Embora não seja o único site de compartilhamento de vídeos na internet, a rápida ascensão do YouTube, sua ampla variedade de conteúdo e sua projeção pública no Ocidente entre os falantes de língua inglesa o tornam bastante útil para a compreensão das relações ainda em evolução entre as novas tecnologias de mídia, as indústrias criativas e as políticas da cultura popular. (Burgess e Green, 2009, p. 8)

Todo esse panorama, composto por novos influenciadores e por diferentes plataformas para divulgação de conteúdo, chamou a atenção das empresas, que resolveram apostar nos ídolos digitais em suas estratégias de comunicação. Contudo, muitas perguntas vieram à tona, pois se trata de um ambiente até então pouco explorado. A Influencers Market 2016 trouxe algumas respostas ao identificar o que os influenciadores entregam para as marcas nesse relacionamento. Segundo a pesquisa, "o papel do influenciador está em emprestar a relevância que tem com sua audiência para a marca". Além disso, o alcance de público, a proximidade, a linguagem especializada para canais e nichos e a influência na decisão de compra dos consumidores são outros aspectos que fazem parte dos atributos.

Por outro lado, ao analisar o que as marcas esperam dos influenciadores, a pesquisa verificou que as empresas buscam visibilidade e retorno sobre investimento (ROI), entrega e comprometimento, conversão e posicionamento, aumento na relevância da marca, controle das ações e dos resultados, reconhecimento de uma parceria e maior afinidade com as diferentes plataformas (Youpix et al., 2016).

Com essa mudança de formatos e de estratégias, o mercado identificou a necessidade de criar ferramentas digitais e métricas que pudessem mapear o tipo de conteúdo produzido pelas webcelebridades e que mensurassem exatamente a força dessas publicações nas redes e mídias sociais virtuais. Algumas agências desenvolveram maneiras de levantar essas informações e disponibilizá-las para as empresas e para os profissionais de comunicação, uma espécie de estratégia para encontrar influenciadores por meio de dados e de estatísticas.

Segundo a Buzzmonitor (2016), influenciadores não são, necessariamente, aqueles que têm o maior número de seguidores. É preciso identificar o parceiro ideal para a ação de uma marca e se preocupar em encontrar um influenciador que seja capaz de expressar o posicionamento da empresa: pode ser uma webcelebridade, um especialista, um ativista, um jornalista ou até mesmo um consumidor comum. Além disso, observar o que está sendo falado pode ser um meio de encontrar o influenciador adequado para a sua campanha, e é aí que entra o monitoramento de redes sociais. As marcas destinam cada vez mais verba aos influenciadores: 65% já utilizam estratégias de marketing de influência, e 52% das empresas têm uma verba exclusiva para ações de mídias sociais (Buzzmonitor, 2016).

Apesar desse grande crescimento, ainda é visível a dificuldade que algumas empresas têm em atuar no universo das redes sociais on-line. Cipriani (2011, p. 60) destaca que:

> Uma ação de marketing em mídias sociais é sempre acompanhada de interações, de diálogos com os clientes que, na maioria das vezes, são perdidos, esquecidos e apagados. Não existem processos que ligam essas interações com o público interno da empresa e vemos informações dos clientes perdidas ou mal sincronizadas com a expectativa dos consumidores.

Na tentativa de minimizar essas práticas negativas, a utilização dos influenciadores digitais parece ser uma alternativa interessante, pois a essência de seus trabalhos está na interatividade e no engajamento, algo muito natural para o atual consumidor conectado.

Algumas iniciativas já apresentam caminhos e tendências para esse novo momento da comunicação digital de marcas e produtos. Uma delas é a inclusão dos influenciadores na construção dos conteúdos das campanhas. A Cia. Barbixas de Humor[1], ou apenas Barbixas, é um grupo multiplataforma que transita por diferentes mídias e que atua de forma direta na produção de conteúdo customizado para empresas como Tim, Porto Seguro, LG, 3M, entre outras. A criação vai desde séries e vídeos exclusivos até intervenções de produtos nos diversos espetáculos que os humoristas apresentam.

Essa demanda se deve ao fato de que o grupo está presente em redes como YouTube, Facebook, Instagram e Twitter e alcança mais de cinco milhões de pessoas com seus canais entre inscritos, fãs e seguidores.

Mais um exemplo da cocriação de conteúdos aconteceu nos Jogos Olímpicos Rio 2016. Segundo Levin (2016), várias marcas escalaram webcelebridades em suas campanhas e empresas como Coca-Cola, Gillette e Bradesco utilizaram os ídolos digitais para gerar uma relação mais direta com seus públicos durante o evento. Em entrevista ao site Máquina do Esporte, o diretor

---

1 Disponível em: <http://www.barbixas.com.br/midiakit/barbixas_midiakit.pdf>. Acesso em: 19 nov. 2016.

de marketing do Bradesco, Márcio Parizotto, afirmou que esse tipo de ação é importante, pois conceito, formato e estética do conteúdo são feitos especificamente para o canal do próprio influenciador, além disso, mencionou que "é algo diferente de contratar uma celebridade e colocá-la na publicidade da televisão. Com os *influencers*, você traz uma audiência acoplada, com um conteúdo consistente e genuíno. E ainda chega a um público que dificilmente é atingido pela mídia tradicional" (Lopes e Beting, 2016).

Outro caminho evidente é a utilização dos *youtubers* em campanhas veiculadas em mídias tradicionais ou até mesmo a mistura entre diferentes tipos de celebridades. Tal estratégia vem sendo desenvolvida desde 2015. *Youtubers* e blogueiros como Christian Figueiredo, Kéfera e Whindersson Nunes viraram estrelas de várias marcas, entre elas Claro, Vivo, Oi e Nestlé, sendo utilizados em filmes publicitários que foram veiculados tanto na internet quanto na televisão (Gazzoni, 2015).

Entre as diversas campanhas, a da Vivo merece destaque, pois a empresa foi uma das primeiras a unir famosos do mundo digital com celebridades consagradas do grande público. Na campanha "Vivo Tudo Turbo", a empresa chamou *youtubers* como Jout Jout, Cellbit, Gabie Fernandes e Thalita Meneghim para atuar com a cantora Ivete Sangalo em diferentes vídeos. Com o *slogan* "nós e a Ivete falando de internet", a empresa conseguiu chamar a atenção de diferentes gerações nas mais diversas mídias.

A segmentação de mercado e a divulgação de produtos de nicho também estão explorando as potencialidades dos novos influenciadores para divulgar suas marcas de maneira efetiva e direcionada. São inúmeras áreas de atuação, como *games*, gastronomia, moda, cosméticos entre outras. Recentemente, a Unilever inovou ao utilizar uma *youtuber* na campanha de um de seus produtos.

> A marca de xampus Tresemmé, que já teve seus produtos lançados por atrizes globais como Alinne Moraes e Sheron Menezzes, escolheu este ano, pela primeira vez, uma webcelebridade como estrela de uma campanha para a TV – a blogueira Camila Coelho, famosa por seus tutoriais de beleza na internet. Ela foi escolhida para "emprestar" credibilidade ao produto. (Gazzoni, 2015)

Exemplos como os mencionados reforçam que é possível atuar em um cenário até então pouco explorado, desde que o planejamento estratégico das empresas seja feito de acordo com as características desse novo ambiente, do consumidor que pretende atingir e do produto.

CONSIDERAÇÕES FINAIS

A construção do mercado de influenciadores tem acontecido de maneira gradativa na última década, porém, foi há cerca de dois anos que eles chamaram, efetivamente, a atenção das empresas. Isso ocorreu por causa das possibilidades de participação nas estratégias de comunicação das marcas, na força que representam no contato com os públicos de interesse e na interferência na intenção de compra dos consumidores.

Por se tratar de um cenário ainda em desenvolvimento, algumas questões não estão muito claras para os envolvidos nesse processo de relações comerciais, tanto os próprios influenciadores quanto as empresas e os profissionais de marketing estão em busca de respostas que possam auxiliar na elaboração de planos mais concretos e na criação de ações comunicacionais que atendam essa demanda. Pode-se dizer que as marcas ainda estão aprendendo a desenvolver estratégias específicas que contemplem a participação efetiva dos influenciadores digitais e que as técnicas convencionais de marketing, destinadas para as tradicionais mídias *off-line*, estão sendo adaptadas ou substituídas por novas formas de relacionamento com esse consumidor que vive no universo digital e que respira fluxos colaborativos.

Em uma sociedade em que as possibilidades de conexão em tempo real por meio da internet e das redes sociais on-line são inúmeras, em que a mobilidade oferecida pelos celulares faz com que não exista local e horário para práticas relacionais, todos podem ser produtores e divulgadores de conteúdo e participar diretamente das interações sociais que são a base da comunicação mercadológica atual. Nesse panorama, como as empresas podem ser relevantes e interferir no poder de escolha dos indivíduos em meio ao enorme leque de opções de produtos e marcas e de possibilidades de divulgação?

A segmentação será cada vez maior, de acordo com as necessidades, os interesses e as paixões dos consumidores. Com isso, o número de influenciadores digitais tende a aumentar para conseguir suprir essa demanda do mercado de nicho e de uma nova economia conectada. Diante dessa constatação, as agências de publicidade e os profissionais de comunicação precisam pensar nos próximos desafios para criar possíveis modelos que possam garantir um melhor desempenho dentro de um cenário inovador como o apontado aqui.

Existem algumas tendências que visam aumentar o aproveitamento nas relações com o consumidor contemporâneo, entre elas, o desenvolvimento de estratégias digitais específicas dedicadas aos influenciadores, o processo de criação colaborativa que valorize o talento desses novos atores sociais e a convergência entre os universos *off-line* e *on-line*, uma espécie de estratégia transmídia.

Muito ainda pode ser feito, mas as tentativas das empresas de criar possibilidades relacionais mais interativas com os seus consumidores, de conectar diferentes atores da sociedade e de revisar as práticas de comunicação mercadológica são sinais de um futuro promissor. Isso demonstra que elas resolveram se movimentar e que a participação dos novos influenciadores na divulgação de produtos e marcas é um caminho sem volta.

QUESTÕES PARA DEBATE

1) O que se pode entender por usuário-mídia e que papel ele desempenha no processo de comunicação nos dias de hoje?
2) Qual a importância dos novos influenciadores digitais na consolidação das marcas?
3) Dê exemplos de ídolos digitais que têm contribuído para a construção e fortalecimento das marcas. Dê também um exemplo de uma relação negativa entre influenciadores digitais e uma marca, por exemplo, pela ocorrência de uma crise.

REFERÊNCIAS

BRASIL. Presidência da República. Secretaria de Comunicação Social. *Pesquisa brasileira de mídia 2015: hábitos de consumo de mídia pela população brasileira*. Brasília: Secom, 2015. Disponível em: <http://www.secom.gov.br/atuacao/pesquisa/lista-de-pesquisas-quantitativas-e-qualitativas-de-contratos-atuais/pesquisa-brasileira-de-midia-pbm-2015.pdf>. Acesso em: 16 nov. 2016.

BUENO, W.C. Estratégias de comunicação para as mídias digitais. In: BUENO, W.C. *Estratégias de comunicação nas mídias sociais*. Barueri: Manole, 2015, p. 123-144.

BURGESS, J.; GREEN, J. *YouTube e a revolução digital: como o maior fenômeno da cultura participativa transformou a mídia e a sociedade*. São Paulo: Aleph, 2009.

BUZZMONITOR. *Como encontrar influenciadores com dados das redes sociais*. 2016. Disponível em: <http://www.buzzmonitor.com.br/blog/como-encontrar-influenciadores-com--dados-das-redes-sociais>. Acesso em: 16 nov. 2016.

CASTELLS, M. *A sociedade em rede. A era da informação: economia, sociedade e cultura*. São Paulo: Paz e Terra, 1999.

CIPRIANI, F. *Estratégia em mídias sociais: como romper o paradoxo das redes sociais e tornar a concorrência irrelevante*. Rio de Janeiro: Elsevier, 2011.

COLNAGO, C.K. Mídias e redes digitais: conceitos e práticas. In: BUENO, W.C. *Estratégias de comunicação nas mídias sociais*. Barueri: Manole, 2015; p. 3 -22.

DI FELICE, M. *Do público para as redes: a comunicação digital e as novas formas de participação social*. São Caetano do Sul: Difusão, 2008.

_____. Redes sociais digitais, epistemologias reticulares e a crise do antropomorfismo social. *Revista USP*. São Paulo, n. 92, p. 9-19, dez./fev. 2011/2012. Disponível em: <http://www.revistas.usp.br/revusp/article/download/34877/37613>. Acesso em: 16 nov. 2016.

GABRIEL, M. *Marketing na Era digital*. São Paulo: Novatec, 2010.

GALINDO, D.S. A comunicação de mercado e o paradoxo dos atributos e benefícios em uma sociedade relacional. In: GALINDO, D.S. (Org.). *A comunicação de mercado em redes virtuais: uma questão de relacionamento*. Chapecó: Argos, 2015.

GAZZONI, M. "Youtubers" viram estrelas das marcas. Blog Radar da Propaganda. *O Estado de S. Paulo*. 2015. Disponível em: <http://economia.estadao.com.br/blogs/radar-da--propaganda/youtubers-viram-estrelas-das-marcas/>. Acesso em: 16 nov. 2016.

GOOGLE. Youtubers fazem a cabeça dos jovens. 2016. Disponível em: <https://www.thinkwithgoogle.com/intl/pt-br/articles/youtube-teens.html>. Acesso em: 20 nov. 2016.

GRANJA, B. Pesquisa youPIX | Influencers Market 2016. 2016. Disponível em: <https://youpix.com.br/pesquisa-ycupix-influencers-market-2016-23a71e50fa13#.c5lr3f1zh>. Acesso em: 16 nov. 2016.

JAFFE, J. *O declínio da mídia de massa*. São Paulo: M.Books, 2008.

KOTLER, P. *Marketing 3.0 – As forças que estão definindo o novo marketing centrado no ser humano*. Rio de Janeiro: Elsevier, 2010.

LEVIN, T. Marcas escalam YouTubers na Rio 2016. *Meio & Mensagem*. 2016. Disponível em: <http://olimpiadas.meioemensagem.com.br/2016/08/19/marcas-escalam-youtubers-na--rio-2016/>. Acesso em: 20 nov. 2016.

LOPES, D.; BETING, E. Influenciadores digitais são a novidade de mídia no Rio. *Máquina do Esporte*. 2016. Disponível em: <http://maquinadoesporte.uol.com.br/artigo/influencia-dores-digitais-sao-novidade-de-midia-no-rio_30947.html#ixzz4QZemQV7r>. Acesso em: 20 nov. 2016.

MEIER, B. Google traça panorama do consumo de vídeo na internet brasileira. *Veja Online*. 2014. Disponível em: <http://veja.abril.com.br/noticia/entretenimento/google-traca--panorama-do-consumo-de-video-na-internet-brasileira>. Acesso em: 29 maio 2016.

MOLLETA, A. *Criação de Curta Metragem em Vídeo Digital: proposta para produções de baixo custo*. São Paulo: Summus, 2009.

RIFIKIN, J. *A Era do Acesso*. São Paulo: Makron Books, 2005.

TERRA, C.F. Como identificar o usuário-mídia: o formador de opinião online no ambiente das mídias sociais. *Revista Internacional de Relaciones Públicas*. v. 2, n. 4, p. 73-96, 2012. Disponível em: <http://bit.ly/1TNOnYn>. Acesso em: 19 nov. 2016.

YOUPIX; GFK; AIRINFLUENCERS et al. *Pesquisa youPIX | Influencers Market 2016*. 2016. Disponível em: <https://youpix.com.br/pesquisa-youpix-influencers-market-2016-23a71e-50fa13#.c5lr3f1zh>. Acesso em: 16 nov. 2016.

YOUTUBE. Imprensa. *Estatísticas*. Disponível em: <https://www.youtube.com/yt/press/pt-BR/statistics.html>. Acesso em: 16 nov. 2016.

Parte 3 – Estudos de caso

9 Reposicionamento da marca Tim: admitir o erro muda tudo?

Ana Maria Dantas de Maio

INTRODUÇÃO

Quando uma organização percebe uma oportunidade de crescimento ou detecta algum desgaste em relação a seus públicos de interesse, é natural que promova um reposicionamento da marca. Em abril de 2016 a empresa de telefonia Tim Brasil decidiu lançar uma campanha para marcar uma tentativa de revitalização e apresentou em mídia aberta o vídeo "Atitude", uma peça publicitária que introduzia novos elementos no discurso organizacional.

O vídeo mostra personagens cansados de promessas, do descaso e da mesmice. Enuncia que admitir erros muda tudo. Em tese, a Tim estaria reconhecendo que errou, entretanto, sugere que daquele momento em diante a situação seria diferente. O objetivo deste capítulo é propor uma análise do discurso veiculado pela empresa, considerando a premissa de que a marca é um fenômeno discursivo (Perotto, 2007). Não faz parte do escopo avaliar o sucesso ou fracasso da nova estratégia, mas tão somente as escolhas traçadas pela organização naquela ocasião. As condições de produção do discurso são avaliadas para que se conheça o contexto dessa tentativa de reposicionamento da marca.

O exemplo da Tim foi selecionado intencionalmente como objeto de estudo em função do conteúdo veiculado. É incomum o discurso publicitário admitir erros, o que chamou a nossa atenção. A fala da Tim recorre a elementos inovadores que merecem o foco da pesquisa em comunicação organizacional. Fundamentos da análise de discurso (AD) da escola francesa ajudam a criar uma abordagem diferenciada, que se sustenta pela natureza discursiva da marca.

O trabalho começa com a apresentação da metodologia, passando pela discussão teórica sobre a AD, envolvendo o gênero de discurso publicitário e sua incidência sobre a imagem e reputação da organização. Em seguida, é construída uma leitura possível sobre a mensagem audiovisual transmitida pela Tim em sua tentativa de reposicionamento da marca. Por fim, conclui-se que a peça veiculada introduz elementos inovadores no discurso da empresa, porém pode se mostrar insuficiente para atingir o objetivo principal: o reposicionamento de fato.

PROPOSTA METODOLÓGICA

A concepção teórico-metodológica da análise de discurso de origem francesa foi escolhida para este estudo para que se possa registrar uma das leituras possíveis da tentativa de reposicionamento da marca Tim e, simultaneamente, oferecer um trabalho empírico que subsidie as teorias da linguagem. A AD não se resume à interpretação semântica de um texto. Ela procura avaliar o funcionamento da linguagem.

> [...] do ponto de vista da análise do discurso, o que importa é destacar o modo de funcionamento da linguagem, sem esquecer que esse funcionamento não é integralmente linguístico, uma vez que dele fazem parte as condições de produção, que representam o mecanismo de situar os protagonistas e o objeto do discurso. (Orlandi, 2011, p. 117)

Por condições de produção deve-se entender "o conjunto dos elementos que cerca a produção de um discurso: o contexto histórico-social, os interlocutores, o lugar de onde falam, a imagem que fazem de si, do outro e do assunto de que estão tratando" (Brandão, 2009, p. 6). Daí a análise em questão começar com uma contextualização, ainda que breve, sobre a Tim e o mercado de telefonia no Brasil.

O vídeo apresentado pela organização tem dois minutos de duração[1] e foi exibido no intervalo do programa de televisão *Fantástico*, da Rede Globo, em 17 de abril de 2016. Dois dias antes foi lançado no Periscope[2]. Conforme antecipado na introdução, a seleção desse conteúdo para análise foi proposital, considerando que a tentativa da Tim se mostra representativa em termos de reposicionamento da marca, um tema não muito explorado pela pesquisa em comunicação empresarial. A intenção era aplicar a AD sobre um conteúdo veiculado recentemente, quesito que a mensagem audiovisual da Tim contemplava, já que este estudo foi elaborado seis meses após a exibição. A pesquisa bibliográfica complementa o trabalho e contribui com conceitos nas áreas de análise de discurso e comunicação organizacional, fundamentando e direcionando a pesquisa empírica.

SOBRE DISCURSO PUBLICITÁRIO E REPUTAÇÃO EMPRESARIAL

O enquadramento do discurso em determinado tipo pode facilitar sua análise. Orlandi acredita que a classificação tem uma função metodológica e explica que o tipo "é um princípio organizador: primeiro passo para a possibilidade de se generalizarem certas características, se agruparem certas propriedades e se distinguirem classes" (Orlandi, 2011, p. 217). Ao classificar o discurso em determinada categoria, o analista estará atribuindo algumas particularidades preconcebidas ao seu objeto de estudo e direcionando a análise.

Para Bakhtin (1997), a utilização da língua está atrelada às diversas atividades humanas, que acabam por definir o conteúdo temático, o estilo e a construção composicional do que é dito. "Qualquer enunciado considerado isoladamente é, claro, individual, mas cada esfera de utilização da língua elabora

---

1   O vídeo está disponível em: <https://www.youtube.com/watch?v=EC0SxY0jDkw>. Acesso em: 2 out. 2016.

2   Periscope é um aplicativo lançado pela rede social Twitter que permite a transmissão de vídeos ao vivo por meio de dispositivos móveis.

seus *tipos relativamente estáveis* de enunciados, sendo isso que denominamos *gêneros do discurso*" (Bakhtin, 1997, p. 279, grifos do autor).

O gênero publicitário apresenta-se intrinsecamente como um discurso persuasivo, pois tenta convencer o interlocutor a comprar um produto, adotar uma ideia, votar em um candidato. Se em um passado não muito distante o discurso publicitário se preocupava em apresentar uma mercadoria, na sociedade de consumo ele se tornou mais sofisticado. Os enunciados contemporâneos buscam associar as marcas a uma simbologia que retrata estilos de vida imaginários e que retroalimentam o consumo.

Santos (2011, p. 218) postula que "quando se adquire um produto, também se compra aquilo que representa, porque ao ter uma alma, identidade, posicionamento e valores associados, essa significação será transposta para o indivíduo que a ostentar". A compra representa o que o indivíduo é e também aquilo que ele almeja ser. Para despertar esse desejo, o discurso publicitário se utiliza da criatividade, do humor, dos estereótipos, da simplicidade e do conteúdo subliminar. A sutileza na construção dessas mensagens dificulta que o consumidor tenha a percepção clara do ato de convencimento.

> Ao se conferir um sentido a marcas e respectivos produtos, estes acabam por emitir, silenciosamente, pareceres acerca da identidade do seu detentor. Assim, concebem-se campanhas publicitárias capazes de explorar esse legado impalpável, para que sobre os bens publicitados se repercuta um sentido, uma significação. Desta forma, escolhem-se, minuciosa e criteriosamente, cenários, personagens, ambientes, linguagens, tudo elaborado com o propósito de conduzir o indivíduo à ação, mediante o que é proposto, seja por este se identificar com o que é divulgado, refletindo-se, através da compra, um pouco do que o sujeito é, ou por pretender beneficiar da conotação do objeto, prometida no anúncio, convergindo com a materialização do que o receptor ambiciona ser. (Santos, 2005 apud Santos, 2011, p. 221)

Definidas algumas características do discurso publicitário, cabe perambular pelos conhecimentos teóricos que associam a marca a um fenômeno discursivo e que justificam a escolha dessa abordagem teórico-metodológica para decifrar o reposicionamento da marca Tim. Ao tentar contribuir para a construção de uma teoria das marcas, Perotto (2007) identifica algumas particularidades que auxiliam na configuração do conceito.

Segundo o pesquisador, "toda construção de marca, invariavelmente, é um processo que *procura produzir algum sentido e ser significante*, atuando na dimensão simbólica da sociedade" (Perotto, 2007, p. 131, grifos do autor). O autor vê a marca contemporânea sob quatro perspectivas: trata-se de uma instituição social, de um fenômeno discursivo, procura produzir algum sentido e ser significativa e constrói uma identidade. Essas características, segundo ele, independem da natureza e do tipo de sujeito enunciador, bem como do contexto da enunciação (Perotto, 2007).

Enquanto fenômeno discursivo, a marca contempla a existência do interdiscurso quando comunicada. De acordo com Pêcheux (2014, p. 158, grifos do autor),

> Nessa perspectiva, o interdiscurso, longe de ser efeito integrador da discursividade, torna-se desde então seu princípio de funcionamento: *é porque* os elementos da sequência textual, funcionando em uma formação discursiva dada, podem ser importados (metaforizados) de uma sequência pertencente a *uma outra* formação discursiva que as referências discursivas podem se construir e se deslocar historicamente.

O sentido de determinada palavra, expressão ou sequência depende da formação discursiva em que ocorre a interpretação. Investigadora da herança intelectual de Pêcheux, Orlandi (2011, p. 27) sintetiza a definição do mestre: "As formações discursivas são formações componentes das formações ideológicas e que determinam o que pode e deve ser dito a partir de uma posição dada em uma conjuntura dada". O sentido, portanto, aparece carregado de uma carga ideológica que, no caso da Tim, estimula o consumo e o sistema de produção capitalista. O próprio enquadramento do enunciado em um discurso publicitário sugere intencionalidades pouco explícitas. O dito e o não dito funcionam como objetos de convencimento do interlocutor.

Perotto (2007) também vislumbra o viés ideológico da marca. "A natureza discursiva da marca é referencial e o seu caráter totalizante-convergente a torna, simultaneamente, *depositária de ideologia* e *tributária de sentido*, sendo causa e resultado de seu próprio discurso" (Perotto, 2007, p. 138, grifos do autor). A marca, bem como quaisquer outros discursos organizacionais, simboliza a identidade empresarial e possibilita que o interlocutor atribua sentidos a esses discursos, construindo a imagem e a reputação da organização. A gestão da marca, portanto, passa pelo conhecimento da análise de discurso, bem como pelas disciplinas da comunicação organizacional, da publicidade, entre outras.

Torna-se imprescindível, por exemplo, que o comunicador tenha a clareza dos conceitos de imagem e reputação empresarial. Para Bueno (2009, p. 199), "uma organização não tem apenas uma imagem, mas imagens, em função das leituras que distintos públicos de interesse fazem dela". No caso em estudo, funcionários e acionistas podem até se mostrar satisfeitos com a Tim, porém, não é possível ignorar as manifestações públicas de indignação de consumidores em relação à marca. A imagem, assim, está totalmente vinculada à percepção que distintos públicos constroem a respeito da organização.

A reputação, por sua vez, também está relacionada à percepção dos públicos. "Ao contrário da imagem, no entanto, ela é menos fluida. Construída num prazo maior de tempo, tem maior consistência e intensidade [...]. A gente pode dizer que a imagem é como algo que se sente na pele e a reputação como algo que se sente na alma" (Bueno, 2009, p. 200). Gestão da marca envolve a construção e o monitoramento ininterrupto das imagens e da reputação organizacional, processos que reivindicam profissionalismo dos comunicadores envolvidos.

QUALIDADE E LIBERDADE, DESDE QUE...

Antes de apresentar a análise de discurso sobre a peça publicitária, convém apresentar a organização e contextualizar o momento em que esse conteúdo foi produzido e veiculado. A Tim é uma empresa brasileira subsidiária da Telecom Itália. O próprio site oficial traz informações desencontradas sobre o início das operações no Brasil, ora citando 1997, ora 1998. A organização oferece serviços de telefonia móvel, fixa e banda larga e tem como principais concorrentes a Vivo, a Claro e a Oi. Desde que o serviço de telefonia foi privatizado no país, no final da década de 1990, as reclamações sobre a qualidade desses serviços e do atendimento oferecido pelas empresas se multiplicaram. Em parte, porque o acesso ao telefone foi universalizado; por outro lado, as tarifas aumentaram e as vencedoras do leilão da Telebrás se mostraram despreparadas para atender à demanda dentro de padrões mínimos de qualidade.

Quase 20 anos depois, o setor de telefonia continua em destaque quando o assunto é a insatisfação do consumidor. A Agência Brasileira de Telecomunicações (Anatel), que regula e fiscaliza os serviços, criou um *ranking* para mensurar as melhores e piores operadoras, com base nas reclamações registradas. Em 2015, os consumidores de serviços de telecomunicações registraram 4,09 milhões de reclamações na Anatel.

No primeiro semestre de 2016, a Tim havia cumprido 68,6% de suas metas previstas em relação à qualidade dos serviços de telefonia móvel, permanecendo à frente apenas da Nextel (64,20%) e da Oi (63,6%)[3]. O Índice de Desempenho no Atendimento (IDA) para o serviço de telefonia móvel, também medido pela Anatel, deixou a Tim como última colocada em julho de 2016, em comparação com as outras prestadoras de serviços[4].

As representações estaduais do Programa de Proteção e Defesa do Consumidor (Procon) e sites que registram queixas de consumidores, como o Reclame Aqui, são canais que permitem monitorar a qualidade dos serviços, bem como a indignação e irritação de clientes. No Reclame Aqui, a empresa figura como "não recomendada" para fazer negócios. No dia 23 de outubro de 2016, uma das reclamações postadas de São Bernardo do Campo (SP) foi a seguinte:

> Dia 25/09 foi efetuada uma recarga de 15 reais que durou cerca de 4 dias apenas. Achei bem estranho e no último dia diminuiu mais ainda, liguei no atendimento e a Miriam que foi muito mal educado [sic] e mal informada, me disse que havia sido descontado naquele dia o uso de dados, fiquei bem brava pois eu nem havia ligado nada, já que meus créditos estavam acabando sem eu ter usado nenhum daqueles dias pra nada que gerasse custo ela me disse que estornaria o dinheiro o que não foi feito e não recebi nenhuma resposta sobre [sic]. Então entrei no site e vi o detalhamento de consumo e verifiquei todos os dias que o celular tinha carga era descontado o uso de dados, mesmo em dias que eu não ligava o consumo. Também verifiquei o desconto automático de VO-Mobile Life - Pcte de Serviço--Categ3 e VO-FS VAS / TIM Protect - TIM PROTECT-Segurança, que não sei o que é e nem pedi. O mais desrespeitoso de tudo isso é que no dia 04/10 meu celular

---

3 Dados disponíveis em: <http://www.anatel.gov.br/dados/controle-de-qualidade?layout=edit&id=296>. Acesso em: 8 out. 2016. Este capítulo selecionou os dados de telefonia móvel por considerá-lo mais expressivo em relação aos serviços prestados pelas operadoras.

4 Disponível em: <http://www.anatel.gov.br/consumidor/desempenho-do-atendimento--ida>. Acesso em: 8 out. 2016.

> quebrou e depois disso continuaram cobrando uso de dados e marcando acesso a internet [sic], sendo que nem usando o número eu estava a mais. Incrível, pode-se entender isso como um tipo de [editado pelo Reclame Aqui] da empresa, já que sabe que é muito difícil de as pessoas olharem essas coisas. Só confirma ainda mais o péssimo atendimento que essas empresas de telefonia têm e a falta de respeito com os clientes[5].

A cliente não se queixa da qualidade da conexão, mas se mostra bastante irritada com a cobrança indevida e com o mau atendimento, temas que a campanha publicitária da Tim transfere para a esfera do não dito. Aparentemente, a Tim adota a política de não responder às reclamações do site Reclame Aqui.

Diante de tanto desgaste, é natural que a organização busque estabelecer uma ruptura com a imagem negativa associada à marca e proponha o reposicionamento. Houve mudança no logotipo, que ganhou um visual mais minimalista, com um "T" vazado, substituindo as ondas vermelhas que sugeriam a ideia de dinamismo do símbolo utilizado anteriormente. As cores azul, vermelho e branco foram mantidas (Figura 9.1).

O *slogan* da empresa foi alterado de "Você, sem fronteiras" para "Evoluir é fazer diferente", mais uma sinalização da necessidade de assumir uma nova postura. Na nova frase, a ideia de evolução está condicionada à mudança. A mensagem anterior, "Você, sem fronteiras", está associada à ideia de ausência de limites, à conexão total, ao poder de se comunicar sem restrições. O interlocutor é o alvo do *slogan*: a empresa se dirige diretamente a ele com o uso do vocativo, o que, de certa forma, estabelece uma proximidade. Personagens marcantes dos primeiros conteúdos publicitários, os homens azuis da Tim não reaparecem na nova propaganda[6] (Figura 9.2). Essa ausência tem significado. Uma leitura possível é que a empresa esteja adotando mais seriedade em suas comunicações, embora o humor e a leveza sejam características marcantes do discurso publicitário brasileiro.

---

5   Reclamação disponível em: <http://www.reclameaqui.com.br/wP6Kj8Lbu5b7a6x3/tim-celular/inumeras-cobrancas-indevidas/>. Acesso em: 23 out. 2016.

6   A Tim mantinha uma parceria com o Blue Man Group, que surgiu no final da década de 1980 em Manhattan, exibindo performances humorísticas.

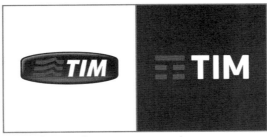

Logo antigo   Logo novo

Figura 9.1 – Logotipos da Tim.

Fonte: Tecstudio. Disponível em: https://www.tecstudio.com.br/operadoras/tim-ganha-nova-logomarca/). Acesso em: 25 fev. 2017.

Figura 9.2 – Os homens azuis da Tim.

Fonte: Diva do Blog. Disponível em: http://div-er.webnode.com.br/album/galeria-de-fotos/os-homens-azuis-da-tim-est%C3%A3o-chegando-no-carnaval-jpg/. Acesso em: 25 fev. 2017.

O vídeo analisado procura inaugurar essa nova etapa, tentando superar os erros cometidos no passado e assumir uma conduta diferenciada em relação ao cliente. A peça publicitária exibe cinco cenas em que os personagens demonstram atitude em situações negativas, como uma praia poluída, um confronto no jogo de futebol, uma palestra tediosa, uma idosa isolada e as dificuldades de um portador de deficiência física.

O sujeito enunciador pode ser identificado como a própria organização, que fala institucionalmente. No entanto, no vídeo analisado, as vozes utilizadas pela Tim foram selecionadas pelas agências W/McCann e Z+, que também "assinam" o conteúdo, assumindo posição de autoria. Os personagens que levam a mensagem, igualmente, tornam-se sujeitos enunciadores, compondo com os veículos de transmissão (TV Globo e Periscope) um complexo sujeito falante que produz (e atribui) sentidos à fala. A seguir, uma descrição do vídeo (os trechos em itálico são narrados).

Imagens de um rapaz recolhendo lixo em uma praia, usando uma caminhonete esportiva com um pôr do sol ao fundo. Voz masculina: "*Você pode se queixar da vida. Ou se mexer e mudar*". Imagens de um grupo de moças cantando karaokê em uma sala confortável onde uma idosa estava lendo e divagando. Uma das moças resolve convidá-la para a brincadeira e há demonstração de carinho entre as gerações (um beijo). Voz feminina: "*Respeito é uma questão de atitude. Tem gente que tem. E você, tem?*". Imagem de um homem discursando em um púlpito diante de uma plateia. Uma das ouvintes, uma moça, se mostra descrente da fala e resolve deixar o ambiente no momento em que ele é aplaudido. Voz feminina: "*Eu estou cansada de promessas. Eu quero fatos*". Imagem de um grupo de colegas jogando futebol em um galpão fechado, quando um deles dá um carrinho e derruba o outro. O jogador que cai reclama da jogada, mas o outro o ajuda a se levantar. Eles se cumprimentam e sorriem. Voz masculina: "*Todo mundo erra, mas... admitir o erro muda tudo*". Imagem de um cadeirante se preparando para uma corrida e depois, em um parque ao lado de um lago, correndo em alta velocidade. Voz masculina: "*Não vem me dizer que não dá. Eu sei que tudo é possível*". Imagens de todos os personagens anteriores se encontrando em uma praça – com exceção da idosa e da moça que a convidou para cantar, que assistem tudo de uma sacada. Voz masculina: "*Fazer diferença tá em cada um. E aí, mais alguém pensa assim?*". O logo antigo da Tim é projetado na parede de um prédio. Pessoas sorriem, um olho claro é focado. O novo logo aparece, com o novo *slogan*. As pessoas demonstram surpresa e alegria. Voz feminina: "*A Tim está com você, com menos promessas e mais fatos. Você pediu qualidade, a Tim investiu e construiu a maior cobertura 4G do Brasil. Você pediu liberdade, a Tim simplificou os seus planos. Mais respeito e transparência para construir uma nova história. Uma nova marca. Tim, evoluir é fazer diferente*".

No novo discurso publicitário, a Tim se apresenta como uma marca inclusiva, ecologicamente correta, socialmente responsável e politicamente confiável, atributos que tentam compor uma imagem institucional positiva, realçando, provavelmente, pontos fracos que campanhas anteriores não conseguiram formatar. O *corpus* analisado revela um enunciador que desafia e provoca o interlocutor: "nem vem me dizer que não dá", "*E aí, mais alguém pensa assim?*", e ainda "*Tem gente que tem. E você, tem?*". Na verdade, nesses três exemplos, a organização procura estabelecer uma relação de cumplicidade com o interlocutor. O "mais alguém pensa assim" indica que outro alguém pensa dessa maneira, no caso, a própria empresa. Trata-se de um convite para os consumidores que concordam com a ideia se unirem à – e consumirem os produtos da – organização. A mesma construção vale para a sequência "*Tem gente que tem. E você, tem?*", ou seja, ter atitude seria um atributo inscrito no DNA da Tim.

Um dos pontos mais instigantes do vídeo é o reconhecimento de erros do passado, conduta incomum no discurso publicitário. Porém, a forma como o enunciado é construído – "*Todo mundo erra, mas... admitir o erro muda tudo*" – busca atenuar esses erros. O detalhe está no uso da conjunção "mas". De acordo com Gonçalves (2013, p. 14),

> Embora o texto linguístico não evidencie toda a subjetividade da comunicação, há elementos explícitos no texto, tais como determinadas preposições e conjunções, que atuam no sentido de levar à identificação da formação discursiva a que os textos estão vinculados. Tais elementos são denominados operadores argumentativos e têm a função de orientar para determinada leitura, valorizando, por exemplo, uma informação em detrimento de outra, como é o caso da conjunção adversativa "mas", que, ao ser inserida em um contexto, carrega, além do sentido de adversidade, também uma valorização, por parte do locutor, da proposição ou do elemento com o qual está mais diretamente vinculado.

O ritmo da fala também significa. Ao dizer "*mas... admitir o erro muda tudo*", o locutor estabelece uma pausa depois do operador argumentativo, criando uma expectativa no interlocutor sobre o que será dito. A pronúncia e o enunciado que acompanham a conjunção adversativa funcionam como elementos de valorização dessa sequência, algo como: esqueçam que erramos, o que vale é que daqui para a frente não vamos errar mais.

Os personagens escolhidos para transmitir as mensagens da Tim também são significantes. O discurso publicitário procura criar uma relação de identificação entre a vida na tela e a vida real: o consumidor deve se enxergar no anúncio. Os destinatários ideais da Tim – considerando esse espelhamento – seriam, em sua maioria, jovens bem-sucedidos. Possuem carro esportivo de alto valor, têm condições de visitar uma praia, habitam ou visitam um imóvel luxuoso, onde se divertem com aparelhos tecnológicos de última geração, têm acesso a palestras em ambientes executivos, conseguem adquirir equipamentos especiais para competição.

A única situação socialmente dissonante é a da partida de futebol dentro do galpão – mostrando que a empresa também se lembrou de seus usuários menos favorecidos, provavelmente trabalhadores de chão de fábrica. Essa análise permite inferir que a marca Tim deve priorizar, a partir desse reposicionamento, clientes que pertençam a uma classe social diferenciada, que se preocupa com o meio ambiente, que cobra atitudes em lugar de promessas, que tem condições financeiras de se divertir.

Outro ponto que merece ser analisado é a construção *"você pediu, a Tim fez"*. Esse enunciado estabelece, por um lado, o empoderamento do interlocutor, fazendo-o sentir-se influente, e, por outro, a disposição da empresa em ouvir e atender às demandas dos clientes: uma relação comercial perfeita. Entretanto, ao associar qualidade à implantação da rede 4G e liberdade à simplificação dos planos, o texto limita esses conceitos.

> A medida em que essa liberdade fundada na escolha de consumidor, especialmente a liberdade de autoidentificação pelo uso de objetos [ou serviços] produzidos e comercializados em massa, é genuína ou putativa é uma questão aberta. Essa liberdade não funciona sem dispositivos e substâncias disponíveis no mercado. (Bauman, 2001, p. 99)

Em outras palavras, o consumidor tem acesso à liberdade desde que compre os planos de telefonia da Tim; e tem acesso à qualidade se utilizar a rede 4G da marca – a organização silencia-se sobre as chamadas que não se completam ou que caem, sobre as cobranças de contas indevidas e sobre a precariedade do atendimento ao cliente. O silêncio comunica: seriam esses os erros que a empresa pretende deixar no passado?

Por fim, ao enunciar *"Mais respeito e transparência para construir uma nova história"*, a Tim admite que, até então, tenha subestimado esses valores. Propõe resgatá-los nessa nova etapa para reescrever sua história. A efetividade do vídeo "Atitude" não será avaliada neste capítulo, mas caberia, no futuro, uma análise sobre a percepção dos destinatários/consumidores da organização.

CONSIDERAÇÕES FINAIS

É emblemática a narrativa adotada pela empresa de telefonia Tim Brasil para caracterizar o reposicionamento da marca em 2016. Uma empresa decide reposicionar sua marca quando necessita comunicar uma mudança de rumo, uma alteração na formulação de sua identidade – processo que se formata a partir da construção de sentidos pelos interlocutores.

Admitindo que a marca é uma instituição social de natureza discursiva (Perotto, 2007), é possível compreendê-la por meio da análise de discurso, abordagem teórico-metodológica adotada neste capítulo. O capital simbólico que ela representa está relacionado ao contexto social e à historicidade construída ao longo do tempo. As condições de produção do discurso da Tim precisam ser observadas para que se possa atribuir sentido à mensagem audiovisual veiculada para anunciar a tentativa de transformação. O conteúdo, que propõe uma ruptura, é contextualizado no tempo/espaço, no mercado e no posicionamento anterior da empresa.

A pesquisa empírica sobre a Tim revela que o vídeo "Atitude", exibido na televisão em abril de 2016 e disponibilizado na internet, apresenta uma narrativa aparentemente inovadora, em que a organização admite erros do passado e se propõe a superá-los, sugerindo que o reconhecimento desses erros signifique o início de um processo para "mudar tudo". O vídeo procura marcar a mudança de postura, o recomeço, o reposicionamento.

Assim, a peça publicitária pode vir a ser um componente guia desse processo, que depende muito mais da gestão da empresa do que das ações de comunicação. Medidas efetivas que minimizem a insatisfação dos consumidores deverão complementar o esforço da comunicação organizacional. O discurso inclusivo da empresa apela à ecologia, às práticas socialmente corretas e às posturas politicamente confiáveis, temáticas de peso sobre as quais a Tim procura marcar posição. A tentativa de associar esses valores aos serviços Tim por meio do discurso publicitário mostra-se arrojada. Entretanto, o vídeo não tem o poder – visto isoladamente – de conduzir a empresa ao patamar de respeito e admiração desejado por parte de seus públicos. Reconquistar a confiança do consumidor exige tempo, persistência, transparência, ética e, principalmente, atitude.

QUESTÕES PARA DEBATE

1) Analise a relação entre o discurso publicitário e a reputação de uma empresa ou organização. É correto afirmar que o discurso publicitário deve ser prioritário ou exclusivamente persuasivo?
2) Como a autora conceitua imagem e reputação empresarial e por que razões uma mesma empresa pode ter mais de uma imagem?
3) Que exemplo se pode tirar da campanha publicitária da Tim analisada pela autora? Uma empresa deve reconhecer os seus erros publicamente? Justifique a sua resposta.

REFERÊNCIAS

BAKHTIN, M. *Estética da criação verbal*. São Paulo: Martins Fontes, 1997.

BAUMAN, Z. *Modernidade líquida*. Rio de Janeiro: Zahar, 2001.

BRANDÃO, H.H.N. *Analisando o discurso*. São Paulo: Museu da Língua Portuguesa, 2009. Disponível em: <http://www.museudalinguaportuguesa.org.br/files/mlp/texto_1.pdf>. Acesso em: 31 ago. 2014.

BUENO, W.C. *Comunicação empresarial: políticas e estratégias*. São Paulo: Saraiva: 2009.

GONÇALVES, E.M. Compromisso social e qualidade de vida – um discurso organizacional. In: _____ (Org.). *Práticas comunicacionais: sujeitos em (re)ação*. São Bernardo do Campo: Universidade Metodista de São Paulo, 2013, p. 11-27.

ORLANDI, E.P. *A linguagem e seu funcionamento: as formas do discurso*. Campinas: Pontes, 2011.

PÊCHEUX, M. *Análise de discurso*. Campinas: Pontes, 2014.

PEROTTO, E.R. Olhando a marca pela sua enunciação: aproximações para uma teoria da marca contemporânea. *Organicom*. São Paulo, ano 4, v. 7, p. 126-139, 2007.

SANTOS, C. O simbolismo das marcas no discurso publicitário contemporâneo: o capital simbólico da Yorn. *Comunicação e Sociedade*. Braga, v. 19, p. 215-226, 2011.

10 As mídias sociais e o marketing de relacionamento: análise da Gol Linhas Aéreas no Facebook

Flávia Danielly de Sousa Costa

INTRODUÇÃO

As mídias sociais se tornaram ferramentas importantes na comunicação com os públicos de interesse das empresas. Se antes os meios de comunicação tradicionais permitiam a informação de mão única, as mídias sociais mudaram esse cenário e a comunicação passou a ser multilateral, ou seja, os públicos não apenas recebem as informações, mas também a comentam, reforçam ou criticam. Dessa forma, exigiu-se que as empresas desenvolvessem um plano de comunicação estratégico para esse meio que englobasse a divulgação de produtos e serviços e também a promoção de interação com o público.

Nesse contexto, as empresas tiveram de investir em relacionamento na busca pela confiança de seus clientes. Dessa necessidade de estreitamento da relação entre empresas e clientes surgiu o chamado marketing de relacionamento e o conceito de SAC 2.0.

Para explicar esses novos conceitos e a relação das empresas com as mídias sociais, este capítulo analisou a página no Facebook da Gol Linhas Aéreas durante os dias 1º a 31 de julho de 2016. A empresa foi escolhida por ser considerada responsável por popularizar o setor aéreo brasileiro por meio da venda de passagens com preços acessíveis a toda a população.

A avaliação do Facebook da companhia aérea mostrou que a página de Gol se tornou um novo canal de atendimento ao cliente. O bom desenvolvimento de um relacionamento com o público de uma empresa nas mídias sociais engloba a maneira como esta se dirige aos usuários, bem como a publicação de conteúdos de seu interesse. A página no Facebook da Gol apresenta conteúdos de serviço, como promoções, dicas de viagens e novidades da companhia.

A interação com o público acontece por meio de respostas que a companhia publica abaixo dos comentários e questionamentos dos usuários. Em geral, no período estudado, as respostas foram enviadas em menos de 30 minutos.

A linguagem utilizada nas respostas é formal, mas de fácil entendimento. É possível notar que a Gol exerce uma política de aproximação com os clientes, o que é premissa do marketing de relacionamento, fundamental no mercado competitivo atual.

COMUNICAÇÃO E MÍDIAS SOCIAIS

No Brasil, as primeiras iniciativas em disponibilizar a internet ao público começaram em 1995. A expansão e popularização da internet fizeram com que esse meio fosse aprimorado e novas ferramentas fossem desenvolvidas para corresponder às necessidades dos usuários, que já estavam além dos serviços de e-mails e salas de bate-papo.

A partir dessa necessidade de criação de novas ferramentas, surgiram as mídias sociais. Estas permitiram que os usuários usufruíssem da grande vantagem da internet: comunicação rápida e direta. Com a internet, houve mudanças na forma de transmissão de informação e a comunicação adquiriu novas direções, não acontecendo mais no sentido tradicional – emissor, mensagem e receptor –, mas de maneira interligada, na qual as mensagens são, ao mesmo tempo, advindas de emissores e receptores, ou seja, o usuário é, simultaneamente, produtor e consumidor de informação.

As mídias sociais reforçaram essa mudança de comunicação e provocaram grande transformação na forma de distribuir informação, segundo Raquel Recuero (2011, p. 15).

AS MÍDIAS SOCIAIS E O MARKETING DE RELACIONAMENTO **153**

A mudança está na horizontalização do processo de constituição das mídias que, ao contrário da chamada mídia de massa, distribuiu o poder de distribuição da mensagem. Essa revolução, que ensaia os passos mais significativos com o surgimento de blogs (e a consequente popularização da produção e publicação de conteúdo na web, instituindo o que O'Relly vai chamar de Web 2.0), vai atingir mais gente de forma mais rápida com sites de rede social (que vão publicizar as redes sociais e manter conexões que funcionam como canais de informação entre os atores) e com apropriações destes sites.

Para as empresas, os impactos dessa nova forma de comunicação foram bastante profundos à medida que seus públicos de interesse passaram a ter acesso a diversos tipos de conteúdo e a opinar de forma direta nas suas ações e posturas adotadas, já que, com as mídias sociais, o usuário dialoga com o emissor da mensagem, fortalecendo-a, discordando ou compartilhando.

A informação passa a ser multilateral e plural, ou seja, a mídia tradicional não detém mais o pleno poder de informar, essa função passa a ser dividida com pessoas comuns. O potencial das mídias sociais já era conhecido por Recuero (2011, p. 25):

> Uma rede social na Internet tem um potencial imenso para colaborar, para mobilizar e para transformar a sociedade. São pessoas que estão utilizando a Internet para ampliar suas conexões e construir um espaço mais democrático, mais amplo, mais plural e com isso, gerando valores como reputação, suporte social, acesso às informações etc.

Esse poder que o usuário adquiriu com o advento da internet e, consequentemente, com as mídias sociais, trouxe para a comunicação corporativa pontos positivos e negativos. A proximidade com os públicos de interesse e o estreitamento de relações são os fatores positivos nesse processo de comunicação, uma vez que é possível definir uma estratégia integrada de comunicação de acordo com o perfil do público que a empresa deseja alcançar e estabelecer um diálogo mais direto com ele. A análise de preferências dos públicos, por meio de suas reações e publicações, também é importante para o desenvolvimento de novos produtos e eventos, por exemplo.

O ponto negativo, no entanto, está no fato de que os novos conteúdos e a facilidade de interação que as tecnologias de comunicação oferecem geraram um novo tipo de consumidor, mais exigente e mais consciente dos seus direitos. Esse novo perfil de consumidor fez com que as empresas adaptassem suas formas de se comunicar e passassem a trabalhar uma comunicação mais interativa e honesta, utilizando seus perfis nas mídias sociais de forma estratégica. Uma crise na companhia ou um posicionamento mal interpretado, por exemplo, pode se potencializar na internet e tomar proporções que podem depreciar a imagem e reputação da empresa.

Por isso, é importante a definição de um plano de mídia corporativo para a comunicação nas mídias sociais, assim a internet será uma ferramenta estratégica no fortalecimento da imagem de uma empresa.

MARKETING DE RELACIONAMENTO

Diante de um mercado altamente competitivo, que impulsiona o surgimento de uma sociedade cada vez mais exigente na escolha de seus produtos de consumo, as empresas tiveram de investir em um diferencial: o relacionamento com o cliente. Não basta apenas divulgar seus produtos em *outdoors* ou em mídia televisiva e impressa, as organizações devem conquistar seus clientes, adquirir a confiança deles.

Dessa necessidade de estreitamento da relação entre empresas e clientes surgiu o conceito de marketing de relacionamento, que, segundo Kotler e Armstrong (1998, p. 30), "é a prática da construção de relações satisfatórias de longo prazo com partes-chave [...], para reter sua preferência e negócios a longo prazo".

Segundo Limeira (apud Dias, 2003, p. 301), marketing de relacionamento é

uma estratégia de marketing que visa construir uma relação duradoura entre cliente e fornecedor, baseada em confiança, colaboração, compromisso, parceria, investimentos e benefícios mútuos, resultando na otimização do retorno para a empresa e seus clientes.

Para Bogmann (2002), a prática desse tipo de marketing por uma empresa é fundamental para que ela se destaque das demais. "O marketing de relacionamento é essencial ao desenvolvimento da liderança no mercado, é a rápida liderança no mercado, a rápida aceitação de novos produtos e serviços e a consecução da fidelidade do consumidor" (Bogmann, 2002, p. 23).

Para estreitar o relacionamento com os públicos de interesse, no entanto, é necessário que as organizações acompanhem e detectem os desejos de seus clientes para compreender suas necessidades e transformá-las em produtos. A internet, especialmente as mídias sociais, é o meio de comunicação que facilita essa percepção de maneira mais rápida em virtude da comunicação multilateral e da interação direta com o consumidor.

Nesse momento, as mídias sociais passam a ser vistas como meios de comunicação estratégicos para as empresas, pois a aproximação mais rápida com os públicos de interesse, de maneira mais pessoal, e a possibilidade de conhecer suas necessidades de forma mais direta permitem o desenvolvimento de um planejamento mais eficaz de divulgação da marca, além de um conhecimento mais profundo dos novos clientes que a empresa almeja alcançar.

O bom desenvolvimento de um relacionamento com o público de uma empresa nas mídias sociais engloba a maneira como a empresa se dirige aos usuários, bem como a publicação de conteúdos de seus interesses. Os conteúdos publicados devem gerar interação, compartilhamentos e menções positivas à empresa e o atendimento ao público deve ser rápido e eficaz.

Além da transformação de desejos de clientes em produtos, o marketing de relacionamento também deve trabalhar a satisfação do consumidor em relação ao atendimento. Kotler e Armstrong (1998) afirmam que a chave para a construção de relacionamentos duradouros é a criação de valor e satisfação superiores para o cliente.

O atendimento ao público praticado nas mídias sociais foi conceituado como SAC 2.0 e envolve não somente o fornecimento de respostas aos questionamentos dos consumidores, mas o direcionamento do consumidor a um atendimento estratégico que contribua para a satisfação dele com a marca.

Para Ricardo Cesari Júnior (2016), especialista em marketing digital com foco em conteúdo e gerenciamento de comunidades *on-line*, o SAC 2.0 é uma ferramenta bastante poderosa para as empresas, pois há a possibilidade de interceptar o consumidor em momentos que, anteriormente, não poderiam ser tabulados ou registrados. "O conceito é importante porque, se antes o SAC só poderia analisar as informações recebidas quando o consumidor entrasse em contato ativo, agora pode interceptar e analisar menções espontâneas às marcas" (Cesari Júnior, 2016).

O retorno desse tipo de marketing é imenso e, dentre as diversas consequências, podemos destacar a permanência dos clientes na empresa por períodos mais longos, o aumento da satisfação deles e o crescimento da divulgação "boca a boca", além de maior lucratividade para a empresa, uma vez que haverá economia em ações publicitárias para seduzir novos clientes.

A criação de uma estratégia de marketing, no entanto, gera resultados a médio e longo prazo, uma vez que os relacionamentos exigem um tempo de maturação para se firmarem. Dessa forma, é necessário investir em um planejamento de marketing de relacionamento, mas não esperar um retorno imediato.

A GOL LINHAS AÉREAS INTELIGENTES[1]

Fundada por Constantino de Oliveira Júnior, herdeiro do grupo mineiro Áurea, a Gol surgiu em 2001 e foi precursora da estratégia de baixos custos e tarifas (*low cost*, *low fare*) no setor aéreo brasileiro. Essa medida ajudou a democratizar as viagens de avião no país, estendendo essa oportunidade às pessoas de poder aquisitivo mais baixo.

A companhia mudou a imagem do setor aéreo que atuava na valorização de conceitos como sofisticação, requinte e glamour e impôs um novo atrativo: a promoção do transporte.

Essa estratégia é utilizada nas campanhas publicitárias da companhia. Em seus informativos, a Gol afirma que, graças a esse novo modelo de baixos custos, aproximadamente 17 milhões de pessoas voaram pela primeira vez no Brasil.

O primeiro voo internacional da empresa aconteceu em 2004, no trajeto São Paulo-Buenos Aires. Nesse mesmo ano, a companhia abriu capital para investimentos com oferta pública de ações, no mercado nacional, na Bolsa de Valores de São Paulo (Bovespa), e internacional, em Nova York.

Em 2005, a Gol se tornou a única companhia aérea brasileira a voar para todas as capitais brasileiras. O auge da empresa aconteceu no ano de 2007, quando ela alcançou cerca de 40% de participação no mercado doméstico e cerca de 15% no mercado internacional, tornando-se assim a segunda maior companhia aérea do Brasil. Ainda em 2005, a Gol adquiriu a Varig Linhas Aéreas.

---

1 Informações extraídas do site da Gol Linhas Aéreas (http://www.voegol.com.br) em outubro de 2016, mas que foram posteriormente retiradas. Informações sobre a história da Gol podem ser encontradas, de maneira ampla, na Wikipédia (https://pt.wikipedia.org/wiki/Gol_Linhas_A%C3%A9reas_Inteligentes) ou parcialmente em alguns outros links do Google, com a busca pelas palavras-chave (história da Gol Linhas Aéreas).

Em 2010, tornou-se a primeira empresa brasileira a viabilizar o processo de *check-in* inteiramente pelo celular e, em 2016, pelo Twitter.

A Webjet, outra companhia aérea brasileira, foi adquirida pela empresa em 2011. Essa aquisição tornou a Gol um dos maiores grupos de aviação do Brasil, com preços cada vez mais competitivos. A empresa investiu também em qualidade de assentos e em pontualidade. Segundo dados da Infraero (Oliveira, 2016), a Gol foi a mais pontual de 2015 no Brasil.

Atualmente, a Gol conta com 140 aeronaves e tem uma extensa malha aérea que engloba 910 voos diários para 71 destinos, sendo 15 internacionais na América do Sul, Caribe e Estados Unidos. Além disso, a companhia conta com três parceiros mundiais, as empresas Delta Air Lines, Air France e KLM, e é composta por cinco marcas, Gol, Varig, Smiles (programa de fidelidade da empresa), Voe Fácil (sistema de parcelamento sem cartão de crédito) e Gollog (unidade de negócios de cargas). Em 2016, a companhia registrou receita líquida de R$ 2,7 bilhões no primeiro trimestre, um aumento de 8,3% na comparação com o mesmo período do ano anterior.

A comunicação é um dos pontos de destaque da companhia. Para se aproximar dos seus públicos de interesse, a Gol se faz presente nas mídias sociais Facebook, Twitter, Instagram e YouTube. Há também um site e um blog da companhia, além de uma revista própria de bordo.

Em 2015, a Gol buscou um reposicionamento de marca e fortalecimento do produto. A companhia mudou a identidade visual de suas campanhas para reforçar os conceitos de inteligência, baixos custos, segurança e tecnologia. Os conceitos de comodidade e bom atendimento também passaram a ser mais valorizados e novidades foram introduzidas, como maior espaço entre as poltronas, *check-in* com antecipação de voo e plataformas de entretenimento a bordo, como televisões e rádios.

METODOLOGIA DA PESQUISA

Para esta análise, foi utilizada a metodologia qualitativa, por meio da técnica de análise de conteúdo das mensagens publicadas na página no Facebook da empresa Gol Linhas Aéreas Inteligentes.

O método qualitativo considera que há uma relação entre o objetivo e a subjetividade do sujeito que não pode ser traduzida em números. Nesse tipo de pesquisa, conforme Richardson (1989, p. 21), os dados não são analisados por meio de instrumentos estatísticos, pois a mensuração e a enumeração não são o foco.

Em relação à técnica utilizada nesta pesquisa, que é a análise de conteúdo, será descrito a seguir o conteúdo encontrado nos *posts*. Os critérios de análise utilizados foram: linguagem, tempo de respostas, interatividades, clareza e coesão nas respostas.

A amostra utilizada engloba os dias 1º a 31 de julho, período de férias escolares no Brasil e o mês anterior às Olimpíadas de 2016, que aconteceram no Rio de Janeiro.

A empresa Gol Linhas Aéreas foi escolhida porque é considerada responsável por criar um novo conceito no setor aéreo brasileiro. Com tarifas mais baixas, a companhia substituiu o conceito de sofisticação e *glamour* instaurado no setor e impôs uma nova definição, a de transporte de qualidade e acessível às pessoas com menor poder aquisitivo. Além disso, a companhia aérea é considerada a segunda maior do país, perdendo apenas para a Latam Airlines Brasil, resultado da junção da Tam com a Lan.

A GOL NO FACEBOOK

A página no Facebook da Gol Linhas Aéreas Inteligentes foi criada em setembro de 2010. Antes da adoção desse novo meio de comunicação pela empresa, o site institucional era o canal para vendas de passagens, anúncio de promoções e posicionamento da imagem da empresa.

No início, a página reproduzia os conteúdos divulgados no blog e site da empresa e, aos poucos, a companhia promoveu a interação com o público e foi utilizando imagens, customizando respostas e atendendo aos usuários da rede. Atualmente, a página conta com 2.919.648 milhões de fãs (registro em 1/8/2016). Em seus álbuns, a Gol disponibiliza mais de 2 mil fotos, entre eventos patrocinados, curiosidades sobre a empresa e novos uniformes dos colaboradores.

No período analisado, entre os dias 1º e 31 de julho, a companhia aérea fez 35 publicações no Facebook. Não há periodicidade de *posts* definida, há dias em que há dois ou três *posts* e dias em que somente há uma publicação. Há finais de semana que recebem *posts* e finais de semana que não recebem, como mostra a Figura 10.1.

Mês de julho:

Dom	Seg	Ter	Qua	Qui	Sex	Sáb
					1	2
3	4	5	6	7	8	9
10	11	12	13	14	15	16
17	18	19	20	21	22	23
24	25	26	27	28	29	30
31						

Legenda:

	0 post			2 posts
	1 post			3 posts

Figura 10.1 – Número de *posts* no Facebook.

O conteúdo das publicações aborda novidades institucionais, como novas maneiras de fazer *check-in*, e parcerias comerciais com outras empresas ou patrocínios de eventos. Há também *posts* sobre descrição de diferentes destinos como opção de viagem e divulgação de promoções de passagens. A maior parte das publicações de promoções e de descrição de destino tem *link* para o site ou o blog da Gol para direcionar os usuários aos demais canais de comunicação da empresa.

Há *posts* que apresentam imagens estáticas e *posts* que trazem vídeos, que são produzidos exclusivamente para o Facebook e utilizam como interface o YouTube. Estes, geralmente, apresentam histórias motivacionais, de superação e amor, e os personagens podem ser passageiros ou tripulantes.

Os *posts* que trazem vídeos foram os mais compartilhados e comentados no período analisado. A técnica de usar colaboradores e clientes como protagonistas dos vídeos aproxima o usuário da empresa, que se sente familiarizado às histórias contadas uma vez que as veem como "histórias da vida real". Tomemos como exemplo o vídeo "Uma história de amor", presente no Facebook da Gol, no dia 1º de julho de 2016, que conta a história de famílias cujos membros moram distantes uns dos outros e mostra como a Gol pôde aproximar essas relações. Ele teve 7,8 mil visualizações, e o *post* teve 50 mil reações, além de 12.550 compartilhamentos e 1.225 comentários.

No período estudado, foram publicados sete *posts* que apresentavam promoção de passagens aéreas, sete que abordavam a descrição de um destino, 16 sobre assuntos institucionais, dois sobre datas comemorativas e três vídeos sobre histórias motivacionais.

A linguagem dos textos é formal, mas de fácil entendimento. O conteúdo produzido é repleto de imperativos (*voe, participe, celebre*) e não incita a interação. Por exemplo, não há *quiz* e conteúdos sobre curiosidades como "você sabia?", somente divulgação da companhia.

O uso de *hashtags* não é constante, somente em *posts* que mostram a empresa como patrocinadora de eventos ou equipes de esportes. Em um *post* publicado no dia 11 de julho, a Gol utilizou a *hashtag* #OVOLEItemCOMPANHIA para parabenizar a equipe feminina do Brasil pela aquisição de um novo troféu. A *hashtag* foi novamente utilizada no dia 13 de julho, em um *post* sobre o Rock in Rio, evento patrocinado pela empresa, #OROCKtemCOMPANHIA. No período estudado, as *hashtags* #VoeGOL e #Amigosabordo também foram utilizadas. No total, quatro *posts* utilizaram esse recurso no mês de julho.

A interação da companhia com o usuário acontece nos comentários. A empresa busca estar atenta a todos os comentários e interagir com eles, respondendo-os ou curtindo-os. A maior parte dos comentários é respondida em um intervalo de até 30 minutos. Muitas vezes, a empresa estabelece um diálogo com o cliente, respondendo a mais de um comentário. Essa técnica é essencial no processo de fidelização do usuário.

Há, no entanto, comentários que não recebem respostas, e, assim, a empresa permite que os usuários continuem em dúvida sobre o tema questionado. Em relação às críticas que a empresa recebe pelos comentários, a maior parte delas é respondida e quando há informações mais sérias como perda de bagagem e atraso em voos, por exemplo, a Gol direciona o diálogo para a conversa privada. Um exemplo de diálogo entre a Gol e o cliente foi publicado no dia 6 de julho de 2016, em que o cliente Marcelo Zucarelli diz: "*Que beleza essa cidade do Rio e a empresa Gol. Sumiram com as bagagens de todos os passageiros do voo 5855, procedente de Congonhas. Demoraram 30 minutos para detectar o problema e deram um prazo de mais 30 minutos! Estão realmente muito bem preparados para as Olimpíadas!*" E a Gol responde: "*Olá, Marcelo! Nós te responderemos via mensagem privada. Estamos à disposição.*"

Por meio da análise dos comentários do período estudado, fica clara a transformação da página no Facebook da Gol em um canal de atendimento ao cliente, o chamado SAC 2.0. A companhia se predispõe a ajudar o cliente a realizar uma compra de passagem pelo site. É possível perceber que as diversas plataformas de atendimento ao cliente oferecidas pela companhia estão integradas e que, se o cliente já obteve resposta por um canal, encontrará a mesma em todos eles.

Todas as publicações analisadas não incentivam a interação voluntária do público, por isso, a maior parte dos comentários dos usuários não é em relação ao tema do *post*, mas a outros assuntos não relacionados com a publicação.

Os comentários enviados pelos usuários são, em sua maior parte, respondidos pela empresa, que, muitas vezes, estabelece diálogos mais longos com os clientes. As respostas são personalizadas e não há nenhum desrespeito ao consumidor. Em relação às críticas muito severas, a Gol direciona o usuário à mensagem privada e, no caso de insistência do cliente em continuar desqualificando a companhia nos comentários, a Gol se reserva o direito de não responder mais a esse determinado cliente na página aberta do Facebook.

CONSIDERAÇÕES FINAIS

A página no Facebook da Gol, no período analisado, não mostrou periodicidade definida na publicação de *posts*. As publicações têm temas variados que vão desde avisos de promoções de passagens aéreas, dicas de destinos até histórias motivacionais dos clientes ou colaboradores da companhia.

Os *posts* não incentivam a interação voluntária do público, por isso, a maior parte dos comentários dos usuários não é em relação ao *post*, mas a outros assuntos não relacionados com o tema da publicação.

A companhia aérea busca responder aos comentários da maioria dos usuários, mesmo que seja com curtidas. Nota-se que página se tornou um canal de atendimento ao cliente, pois são respondidas dúvidas sobre passagens, promoções e reclamações. A linguagem utilizada nas respostas é bem formal, o que não contribui para a aproximação com o público, objetivo central do marketing de relacionamento.

A maior parte dos comentários é respondida em um intervalo de até 30 minutos, o que é um tempo alto, considerando que o canal é uma mídia social, mas um tempo razoável quando se entende o tamanho da companhia.

A falta de periodicidade e temas definidos na públicação dos *posts* pode dificultar a ligação com o público, na medida em que não gera expectativa dele por um assunto de seu interesse em um dia já previamente definido.

A página no Facebook da Gol Linhas Aéreas poderia aproveitar mais a ferramenta digital na aplicação de técnicas de marketing de relacionamento, o que contribuiria para o aumento de fãs da página e para a ampliação da confiança do consumidor na companhia.

QUESTÕES PARA DEBATE

1) "A informação passa a ser multilateral e plural, ou seja, a mídia tradicional não detém mais o pleno poder de informar, essa função passa a ser dividida com pessoas comuns." Esta afirmação da autora se confirma totalmente na prática? Se sim, como esse novo cenário impacta o relacionamento das marcas com os seus públicos estratégicos, em particular os consumidores?

2) O que realmente significa e qual a importância do marketing de relacionamento para o planejamento estratégico de comunicação das organizações?

3) Tendo em vista o relato do caso da Gol e a eficácia de sua interação com os consumidores nas mídias sociais apresentado pela autora, você julga que as empresas devem responder a todas as mensagens que lhe são endereçadas? Justifique a sua resposta.

REFERÊNCIAS

BOGMANN, I.M. *Marketing de Relacionamento: estratégias de fidelização e suas implicações financeiras*. São Paulo: Nobel, 2002.

BRAGA, M.M.S.; COLARES, D.M. *Redes sociais e o marketing de relacionamento: o uso da Facebook na relação editora/leitor*. 2015. Disponível em: http://www.portalintercom.org.br/anais/nordeste2015/resumos/R47-2030-1.pdf. Acesso em: 10 out. 2016.

CESARI JUNIOR, R. *Tudo o que você precisa saber sobre SAC 2.0*. 2016. Disponível em: <http://blog.neoassist.com/tudo-o-que-voce-precisa-saber-sobre-sac-2-o/>. Acesso em: 5 jul. 2016.

DIAS, S.R. *Gestão de Marketing*. São Paulo: Saraiva, 2003.

GUEDES, C.R. O *marketing de relacionamento nas mídias sociais: análise das companhias aéreas Gol e Azul no Facebook*. Juiz de Fora, 2013, 79 p. Trabalho de Conclusão de Curso (Bacharelado) – Universidade Federal de Juiz de Fora. Disponível em: <http://www.ufjf.br/facom/files/2013/05/Monografia-Camila-Rodrigues-Guedes.pdf>. Acesso em: 20 jun. 2016.

KOTLER, P.; ARMSTRONG, G. *Princípios de marketing*. São Paulo: Pearson, 1998.

MONTEIRO, L. *A internet como meio de comunicação: possibilidades e limitações*. Minas Gerais, 2001. Disponível em: <http://www.portal-rp.com.br/bibliotecavirtual/comunicacaovirtual/0158.pdf>. Acesso em: 10 jul. 2016.

MORAIS, A.P. *Qual o papel do SAC como estratégia de relacionamento?* 2014. Disponível em: <https://ideas.scup.com/sac-20/qual-e-a-importancia-do-sac-2-0-como-estrategia-no--marketing-de-relacionamento/>. Acesso em: 5 jul. 2016.

OLIVEIRA, J.J. Gol lidera índice de pontualidade da Infraero em 2015. *Valor Econômico*. São Paulo, 04/01/2016. Disponível em: http://www.valor.com.br/empresas/4376548/gol--lidera-indice-de-pontualidade-da-infraero-em-2015. Acesso em: 08 nov. 2016.

OLIVEIRA, S.A. *Mídias Sociais – Ferramentas de estratégia de marketing de relacionamento para as pequenas empresas*. Goiânia. (s.d), Faculdade Alves Farias – Alfa. Disponível em: <http://www.convibra.com.br/upload/paper/2015/37/2015_37_11149.pdf>. Acesso em: 04 mar. 2017.

RECUERO, R. A nova revolução: as redes são as mensagens. In: BRAMBILLA, A. *Para entender as mídias sociais*. 2011, p. 14-16. Disponível em: <http://issuu.com/anabrambilla/docs/paraentenderasmidiassociais#download>. Acesso em: 22 jul. 2016.

_____. *Rede Social*. Disponível em: <http://paraentender.com/internet/rede-social>. Acesso em: 22 jul. 2016.

RICHARDSON, R.J. *Pesquisa social: métodos e técnicas*. São Paulo: Atlas, 1989.

TURCHI, S. *Como as redes sociais atuam na gestão de clientes?* 2016. Disponível em: <http://www.administradores.com.br/artigos/marketing/como-as-redes-sociais-atuam-na-gestao--de-clientes/94274/>. Acesso em: 5 jul. 2016.

VALLE, A. *Marketing nas redes sociais*. Disponível em: <http://www.academiadomarketing.com.br/marketing-nas-redes-sociais/>. Acesso em: 5 jul. 2016.

VIEIRA, V.L. *Comunicação Empresa-Consumidor nas Redes Sociais da Internet. Estudo de Caso das 10 Empresas que possuem o maior número de Seguidores (Fãs) no Facebook*. São Paulo, 2013, 104 p. Dissertação (Mestrado) – Faculdade Cásper Líbero. Disponível em: <http://casperlibero.edu.br/mestrado/comunicacao-empresa-cliente-dentro-da-rede--social-facebook-estudo-de-caso-com-analise-do-perfil-de-10-empresas-com-os-maio-res-numeros-de-seguidores-no-facebook/>. Acesso em: 18 jul. 2016.

VILLAS, B. *Marketing de relacionamento nas redes sociais*. 2015. Disponível em: <http://www.digai.com.br/2015/07/marketing-de-relacionamento-nas-redes-sociais/>. Acesso em: 5 jul. 2016.

WIKIPÉDIA. Gol Linhas Aéreas Inteligentes. Disponível em: https://pt.wikipedia.org/wiki/Gol_Linhas_A%C3%A9reas_Inteligentes. Acesso em: 04 mar. 2017.

11 Gestão das marcas nas mídias sociais: a disputa entre Nike e Adidas na Copa do Mundo de 2014

Karla Caldas Ehrenberg
Wilson da Costa Bueno

COMUNICAÇÃO E ESPORTE NO BRASIL

O esporte, em particular o futebol, tem importância inquestionável na vida brasileira ("somos uma pátria de chuteiras", como dizia o emblemático cronista Nelson Rodrigues) e tem sido estudado, ao longo do tempo, em suas múltiplas perspectivas: a histórica, a sociocultural, a política, a econômica e a midiática.

A literatura sobre esporte e futebol no Brasil, e em todo o mundo, é vasta, com um número significativo de títulos lançados a cada ano, sobretudo em momentos que coincidem com a realização dos grandes eventos esportivos (em especial a Copa do Mundo de Futebol e as Olimpíadas).

No caso brasileiro, a produção em língua portuguesa tem sido prioritariamente profícua no campo da História e da Sociologia, com atenção à trajetória dos clubes de futebol, dos diversos campeonatos nacionais e regionais, da seleção brasileira e de seus principais ídolos, e também incorpora, com frequência, a relação entre o esporte, a cultura nacional e o comportamento dos torcedores dentro e fora dos estádios.

Integram essa rica e densa bibliografia obras como *O negro no futebol brasileiro*, de Mário Filho, com sucessivas edições, a primeira das quais de 1947; *Sociologia do esporte*, de Georges Magnane (1969); e *Sociologia do futebol*, de Richard Giulianotti (2010), amplo estudo sobre a essência do futebol, abordando aspectos como a magia do futebol, suas bases históricas e sociais, o envolvimento do espectador, a mitologia dos craques e a ascensão social pela prática do esporte. As obras *Memória social dos esportes* (2006), *Futebol e identidade social* (2002) e *Futebol, cultura e sociedade* (2005), e mesmo o *Atlas do esporte no Brasil* (2005), dentre outras, merecem ser também citadas por sua inestimável contribuição.

A relação entre comunicação e esporte tem merecido, apenas nos últimos anos, uma atenção maior da comunidade acadêmica e do mercado profissional, graças ao esforço de análise, reflexão e pesquisa de inúmeros estudiosos e de jornalistas e comentaristas esportivos.

A Sociedade Brasileira de Estudos Interdisciplinares da Comunicação (Intercom) tem editado obras, como *Comunicação e esporte: diálogos possíveis* (Marques, 2007) e *Comunicação e esporte: tendências* (Marques et al., 2005), e mantido espaço em seu evento anual para a apresentação de trabalhos sobre essa temática.

Mesmo assim, é indispensável reconhecer que essa produção é ainda menos vigorosa do que a que caracteriza muitos outros campos da comunicação e que, apesar da existência de mais de cinco dezenas de programas de pós-graduação em comunicação em nosso país, é reduzido o número de linhas de pesquisa específicas sobre comunicação e esporte e mesmo de grupos de investigação focados nessa problemática.

Bueno (2015) realizou um amplo levantamento e análise dos grupos de pesquisa sobre comunicação e esporte existentes no Brasil, valendo-se das informações registradas no Diretório dos Grupos de Pesquisa do CNPq e de buscas realizadas a partir de seis palavras-chave, respectivamente: esporte e sociedade, jornalismo esportivo, marketing esportivo, comunicação e futebol, comunicação e esporte e mídia e esporte. Essa busca por palavras-chave resgatou 82 grupos de pesquisa sobre o tema, mas a maioria deles sem foco específico na temática comunicação e esporte de maneira geral e reportando-se prioritariamente ao esporte como atividade física, portanto associada à área da Educação Física, representando quase 65% do total dos grupos de pesquisa. Apenas 12 grupos (14,63% do total) mantinham vínculo forte com comunicação e esporte, metade dos quais tendo como área de conhecimento predominante a Comunicação (portanto, 50% desse total), seguida por Educação Física (41,67%) e Antropologia (8,33%).

Além disso, esses grupos de pesquisa concentravam-se nos estados do Sul e Sudeste (75% do total) e eram vinculados quase exclusivamente a universidades estaduais ou federais (91,66% do total). Apenas um grupo de pesquisa, a essa época, havia sido fundado há mais de 10 anos, sendo que 40% deles tinha 3 anos ou menos de atuação, ou seja, eram novos e, portanto, sem uma produção mais avantajada.

Merece destaque o de fato de apenas dois líderes dos grupos de pesquisa terem formação básica em Comunicação (11,77% do total), tendo a maioria deles (52,94% do total) formação em Educação Física. Essa condição se repete quando se analisa a formação do conjunto dos pesquisadores desses grupos (82 no total), porque apenas 15,85% deles eram formados em Comunicação Social, contra 43,90% do total graduados em Educação Física.

Os dados anteriores indicam, claramente, que ainda há uma desproporção entre a produção sobre comunicação e esporte e a importância dessa temática na cena brasileira e que é possível justificá-la pela presença não expressiva dos comunicadores como estudiosos e pesquisadores.

Marques (2013) julga que a comunidade acadêmica nutre, efetivamente, um preconceito com respeito ao futebol, resistindo a tomá-lo como objeto, o que, segundo ele, é acompanhado pelo mercado da comunicação. Cita uma enquete realizada junto aos sócios da Intercom no final de 2011, quando a entidade resolveu definir para o seu Congresso Nacional e os Congressos Regionais em 2012, "Esportes na Idade Mídia – diversão, informação e educação" como tema central. Segundo ele, 40% dos que responderam à sondagem prévia ao encontro mostraram sua desaprovação em relação ao tema, indicando que comunicação e esporte não figura como temática válida para porcentagem significativa dos representantes da academia.

Marques (2013, p. 170) explica:

O resultado da enquete nos dá conta do pouco prestígio das pesquisas sobre esporte no campo da comunicação e das ciências humanas. Talvez porque a tradição dos estudos sobre esporte que predominou no Brasil nas décadas de 1960, 1970 e 1980, a partir de uma visão neomarxista sobre o fenômeno esportivo, tenha preferido destacar os aspectos em que o esporte está associado à disciplina e à alienação,

COMUNICAÇÃO EMPRESARIAL E GESTÃO DE MARCAS

como fruto da sociedade pós-Revolução Industrial do século XIX. Sob essa ótica, o esporte estaria relegado a uma atividade do lazer, do tempo livre ou do tempo do não trabalho, e assim ele estaria alijado dos temas importantes que regulamentam a vida social, servindo apenas aos interesses das classes dominantes.

Preconceito ou não, a relação entre comunicação e esporte, em suas múltiplas associações, não tem merecido a atenção devida e essa situação se aplica, talvez ainda mais fortemente, a um de seus subtemas mais relevantes e atuais, notadamente quando se leva em conta que o Brasil sediou recentemente eventos esportivos de repercussão internacional, como os Jogos Panamericanos de 2007, a Copa das Confederações (2013), a Copa do Mundo de Futebol (2014) e, em 2016, recebeu, no Rio de Janeiro, o maior encontro esportivo do planeta – os Jogos Olímpicos.

MARKETING ESPORTIVO: *BRANDING* EM AÇÃO

Empresas de varejo, de alta tecnologia, de bens duráveis, pequenas, médias, grandes, multinacionais, direcionadas aos consumidores finais ou que atuam no campo do B2B (empresas que vendem e negociam com outras empresas), não importa o segmento ou a especialidade, comunicam-se, regularmente, com seus públicos de interesse. No segmento de empresas esportivas, a comunicação mercadológica tem despertado o interesse e a empatia social, "encantando" os consumidores de seus produtos com comerciais, patrocínios, promoções e eventos, sob a responsabilidade de grandes marcas como Nike, Adidas, Puma, Mizuno, Fila, Penalty e Reebok. Esse sucesso se deve, em muitos casos, não apenas à natureza da atividade empresarial dessas empresas, mas principalmente à importância do esporte como elemento comunicacional.

Bechara (2001, p. 4-7) analisa o uso do termo *marketing esportivo* considerando que ele não deve abranger toda e qualquer ação ou estratégia de comunicação realizada no âmbito esportivo. O autor considera a existência de dois campos comunicacionais diferentes dentro desse segmento e postula, para eles, duas definições distintas.

O primeiro campo refere-se ao "marketing no esporte", em que os processos comunicacionais privilegiam a promoção de uma marca, um produto ou um serviço por meio do esporte. Nessa situação, o esporte é utilizado como uma espécie de "mídia" de divulgação para *slogans* e logotipos. As marcas de diversos segmentos que patrocinam clubes, atletas e eventos esportivos são exemplos desse tipo de ação comunicacional.

O segundo campo é aquele que pode, efetivamente, ser chamado de "marketing esportivo", pois envolve a divulgação do esporte em si. A prática esportiva é o negócio, a razão de ser do divulgador, e por isso as suas ações de comunicação estão relacionadas ao marketing esportivo. Como exemplo, podem ser consideradas, nesse caso, as ações de divulgação de clubes, federações e até mesmo de atletas que buscam popularizar a prática esportiva na sociedade.

Tambucci (2011) adverte também para os cuidados a serem tomados no uso do termo "marketing esportivo", porque, para ele, essa expressão deve ser empregada somente nos casos em que o esporte é o foco principal da divulgação. O autor aprofunda a questão apontando que a comunicação no mundo do esporte pode ser encontrada em três situações distintas.

> Pensar o marketing na sua relação com o esporte nos coloca diante de duas situações de marketing. Na primeira, as ações de marketing organizam-se ao redor do *produto esporte*. Na segunda, há uma bifurcação, de um lado, temos ações de marketing que se organizam ao redor de *produtos relacionados ao esporte*, que não devem ser confundidos com produto esporte. Do outro lado, temos ações de marketing que trabalham *produtos não relacionados ao esporte*. (Tambucci, 2011, p. 671, grifos do autor)

Mullin et al. (2004) também consideram que a comunicação esportiva precisa de delimitações teóricas. Os autores consideram que o marketing esportivo deve sempre estar relacionado às atividades que têm como objetivo a satisfação das necessidades e dos desejos dos consumidores esportivos. Eles consideram que o marketing esportivo inclui dois eixos principais: "o marketing de produtos e serviços esportivos diretamente para os consumidores esportivos e o marketing de outros produtos e serviços através da utilização das promoções esportivas" (Mullin et al., 2004, p. 18).

É ilustrativo considerar, ainda, a análise de Yanaze (2011, p. 569-582) sobre o uso da palavra marketing para especificar modalidades comunicacionais que envolvam os esportes, os apoios culturais ou as ações em benefício social.

O autor considera que o uso da palavra marketing, na maioria dos casos, não é adequado quando o tema envolve ações de empresas nos campos mencionados como uma forma de enriquecer a sua estratégia de comunicação. Ele explica que esse tipo de ação está relacionado às estratégias de comunicação e não às de marketing, porque estas últimas devem envolver, diretamente, a essência administrativa e mercadológica da empresa.

Apesar de muitos autores utilizarem a expressão *marketing esportivo* para designar qualquer atividade comunicacional relacionada ao esporte, assumimos aqui os conceitos definidos por Bechara (2001), Yanaze (2011), Tambucci (2011), Mullin et al. (2004), considerando que o marketing esportivo está relacionado apenas às modalidades esportivas e/ou aos elementos que as envolvam diretamente (equipamentos e acessórios) e não à empresas de diferentes segmentos que utilizam clubes, times e jogadores como "veículos de comunicação" de suas marcas.

Considerando que muitas modalidades esportivas não podem ser praticadas sem equipamentos ou acessórios, é possível afirmar que o campo de atuação das empresas de produtos esportivos faz parte do universo prioritário do esporte, pois elas fabricam bolas, chuteiras, roupas e outros itens essenciais para que a prática esportiva possa efetivamente ser realizada. Assim, com base nesse ponto de vista, as empresas Nike e Adidas – objetos de estudo neste capítulo – serão enquadradas nesse contexto em que se define o marketing esportivo.

O PRODUTO ESPORTE E SEUS PROCESSOS COMUNICACIONAIS

O esporte não pode ser assumido como um produto de consumo comum, em que o produtor controla todas as etapas, da produção à distribuição. O interesse social pelo esporte está, evidentemente, em sua imprevisibilidade, que é o ponto central capaz de garantir as emoções – a pedra preciosa para os processos comunicacionais.

Morgan e Summers (2008, p. 180-183) apresentam como componentes especiais do esporte os seguintes aspectos: intangilidade (os eventos esportivos são intangíveis, gerando risco e desconforto para o público que sempre busca um bem físico para justificar o gasto financeiro), inseparabilidade (o produto é consumido enquanto é produzido), heterogeneidade (cada partida é diferente da outra, não existe um produto padrão idêntico ao outro) e perecibilidade (precisa ser consumido no ato que acontece). Esses componentes são fundamentais para que a emoção e a magia presentes no esporte despertem o interesse do consumidor em adquirir um produto (ou serviço) carregado de simbologias.

Outro aspecto interessante do produto esportivo, apontado por Dionísio (2014), é que a concorrência se faz necessária para que a existência do produto seja de alta qualidade. O autor explica que, sem um concorrente à altura, tanto para esportes individuais quanto coletivos, "a vitória está quase previamente definida, o que retira a incerteza do resultado e, com ela, o interesse do próprio espetáculo" (Dionísio, 2014, p. 262).

Esses aspectos corroboram para a concepção de um produto diferenciado no mundo dos negócios, como explicam Morgan e Suumers (2008, p. 196):

> Portanto, o produto esportivo é uma mistura complexa de elementos tangíveis e intangíveis, e a emoção desempenha um papel fundamental nas percepções do produto pelas várias partes interessadas, o que deixa os profissionais de marketing diante de uma tarefa difícil, já que muitos aspectos do produto esportivo estão fora do seu controle.

O esporte, visto como um produto a ser consumido, é de difícil administração. Em sua estrutura encontram-se desde os elementos básicos para que ele exista, como os praticantes (jogadores e técnicos) e a estrutura física (quadras, campos, piscinas, raquetes, bolas etc.), mas também os gestores, dirigentes, associados (no caso de clubes), patrocinadores e a mídia e, finalmente, o público, aquele que faz com que a máquina (e a economia) se mantenha viva.

Cada um desses componentes do esporte requer uma estratégia comunicacional específica, o que pode representar um grande desafio para os profissionais de comunicação que atuam nesse segmento. Não adianta lançar mão de um planejamento geral quando se pretende lançar ou posicionar uma marca esportiva, entendida como o conjunto representado por clubes, modalidades, atletas e empresas produtoras de equipamentos necessários para a prática esportiva. É preciso determinar estratégias específicas para cada um de seus públicos, sempre com base em um planejamento detalhado e preciso que direcione os objetivos de cada ação. Todas essas ações devem ser interessantes e envolventes, a fim de despertar o engajamento do público, o que faz

NIKE E ADIDAS: DUELO DE TITÃS

Entre as empresas que atuam no segmento esportivo, vendendo produtos relacionados ao esporte e patrocinando clubes e seleções, a Nike e a Adidas são consideradas as mais importantes. Conforme as informações disponíveis em seus sites[1], a Nike é uma empresa americana fundada por Bill Bowerman e Phill Knight na década de 1950. Em 1964, a empresa teve o seu primeiro nome registrado: Blue Ribbon Sports, e em 1971 foi dado o nome Nike, inspirado na deusa grega Nike, em português Nice, que significa vitória. A missão geral da empresa é "Trazer inspiração e inovação para todo atleta no mundo. Se você tem um corpo, você é um atleta". Já nas questões relativas aos consumidores, a missão da empresa é "Representar o mais alto padrão de atendimento dentro e fora da nossa indústria, construindo relações de consumo fiéis ao redor do mundo".

A Nike atua no mundo todo e produz roupas, equipamentos e acessórios para diferentes esportes, como futebol, basquete, golf e atletismo. Suas principais marcas são: Nike, Converse, Hurley, Jordan e Nike Golf.

A comunicação da empresa com o público externo está baseada em campanhas de publicidade e patrocínios de atletas, times e seleções. Na área do futebol (recorte desta pesquisa), a empresa patrocina clubes brasileiros e internacionais de prestígio, dezenas de seleções e atletas de renome mundial, e essa situação também se repete para a Adidas, sua principal concorrente. Além dos patrocínios no futebol, a empresa também investe em times e atletas de reconhecimento internacional em diferentes esportes, como Roger Federer, Rafael Nadal e Maria Sharapova (tênis), Kobe Bryant e LeBron James (basquete), o que impulsiona a sua visibilidade com diferentes públicos.

A Adidas, conforme informações contidas em seu site[2], é uma empresa alemã criada pelos irmãos Adolf e Rudolf Dassler na década de 1920. O nome foi criado pela união do apelido de um dos irmãos Adi (Adolf) com a primei-

---

1 Disponível em: <http://www.nike.com/br/pt_br/> e <http://nikeinc.com/pages/about-nike-inc>. Acessado em: 2 set. 2013.

2 Disponível em: <http://www.adidas-group.com>. Acessado em: 2 set. 2013.

ra sílaba do sobrenome da família – AdiDas. A primeira grande aparição da marca aconteceu nos Jogos Olímpicos de verão de 1939, realizados em Munique, em que o corredor americano Jesse Owens ganhou quatro medalhas de ouro usando tênis fabricados pelos irmãos Dassler. Esse feito de Owens ficou marcado na história das Olimpíadas não apenas pela grande quantidade de medalhas que ele ganhou, mas por todo o impacto sócio-político que gerou pelo fato de ele ser um negro mostrando superioridade atlética nos jogos em que Hitler era o chefe de Estado anfitrião. Em 1949, o nome Adidas foi registrado oficialmente. Em 1974, os irmãos se separaram e Rudolf criou a empresa Ruda, mais tarde chamada de Puma.

A missão da empresa é assim definida: "o grupo Adidas se esforça para ser o líder mundial na indústria de artigos esportivos, com marcas construídas sobre uma paixão por esportes e um estilo de vida esportivo".

Atualmente, o grupo Adidas possui as seguintes marcas: Adidas (incluindo Originals), Reebok e TaylorMade Golf (adquirida para concorrer diretamente com a Nike, nesse segmento).

A empresa atua na produção de roupas, equipamentos e acessórios para várias modalidades esportivas, entre elas futebol, atletismo e golf. Assim como a Nike, sua comunicação com o público externo está baseada em campanhas de publicidade e patrocínios de atletas, times e seleções em diferentes modalidades.

A Adidas é a empresa oficial dos eventos da Fifa, fornecendo para a Copa do Mundo a bola, os coletes e os uniformes dos árbitros. Essa parceria acontece desde 1970, quando a empresa forneceu a bola utilizada na competição, e tem contrato firmado até 2030. Na última Copa do Mundo, realizada no Brasil, essa parceria garantiu grande visibilidade para a marca, já que, além de patrocinar todo o evento, foi a patrocinadora das duas seleções que disputaram a final, Alemanha e Argentina, e do atleta considerado o melhor da competição, Lionel Messi.

Ações comunicacionais nas mídias sociais

A Copa do Mundo de 2014 foi realizada no Brasil, abrangendo 12 cidades-sede, distribuídas por várias regiões brasileiras, e ocorreu entre junho e julho, com a realização de 64 partidas. Essa foi a segunda vez que o Brasil sediou uma Copa do Mundo, sendo a primeira delas em 1950, de triste lembrança para os brasileiros pela derrota na final para o Uruguai, em episódio que ficou conhecido como "Maracanaço", o maior feito futebolístico do nosso adversário, e que, entre nós, deixou vítimas eternas, como o goleiro Barbosa.

A Adidas e a Nike, as duas mais importantes marcas esportivas mundiais e patrocinadoras do maior número de seleções presentes da Copa do Mundo, "entraram em campo" para um embate ao mesmo tempo futebolístico e mercadológico.

A escolha das duas empresas justifica-se porque, efetivamente, em termos de receita e posicionamento mercadológico, se constituem as maiores representantes de seus segmentos. Além disso, a Adidas era patrocinadora oficial da Copa do Mundo, e a Nike, a patrocinadora oficial da seleção brasileira de futebol, país que sediava o evento. As duas marcas patrocinaram 18 seleções durante o evento (oito a Adidas e dez a Nike), num total de 38 participantes, e eram as patrocinadoras dos principais atletas atuantes na competição.

O estudo investigou as publicações digitais feitas pelas empresas Nike e Adidas nos meses de junho e julho de 2014 no Twitter e no Facebook, período marcado pela realização da Copa do Mundo Fifa no Brasil entre 12 de junho e 13 de julho de 2014. Além do período específico da realização do campeonato, buscou-se verificar a atuação das empresas em semanas anteriores e posteriores ao evento.

O universo de análise compreendeu os conteúdos publicados pelas empresas em suas páginas do Facebook[3] e Twitter[4], que divulgam conteúdo relacionado ao universo do futebol e escritas em português.

No total foram analisados 427 itens (entre *posts* e *tweets*), divididos da seguinte forma: Adidas (47 *posts* no Facebook e 236 *tweets*) e Nike (41 *posts* no Facebook e 102 *tweets*), com o objetivo de identificar os tipos e formatos de ação nas mídias sociais, além do conteúdo e do local das inserções.

A análise dos *posts* e dos *tweets* levou em conta as seguintes categorias:

---

3 Disponível em: <https://www.facebook.com/nikefutebol> e <https://www.facebook.com/adidasFutebol>. Acessado em: 1 fev. 2017.

4 Disponível em: <https://twitter.com/nikefutebol> e <https://twitter.com/adidasbrasil>. Acesso em: 1 fev. 2017. Após a coleta dos dados, o perfil da marca Nike mudou para @NikeBrasil, disponível em: <https://twitter.com/nikebrasil>. Acessado em: 1 fev. 2017.

- Tipo de ação: patrocínio de clubes, patrocínio de atletas, patrocínio de eventos, patrocínio de seleção, produtos, divulgação de campanha, data comemorativa e divulgação do esporte.
- Formato da publicação: foto, vídeo, texto.
- Conteúdo da publicação: lançamento de produto, divulgação de produto, divulgação de evento, incentivo ao clube, incentivo ao atleta, incentivo à seleção, divulgação de atleta, divulgação de clube, divulgação de seleção, divulgação do esporte.
- Local da produção (idioma): nacional, internacional.

Na divisão proposta, os conteúdos das empresas se apresentaram na forma descrita a seguir.

As marcas no Facebook

Adidas

- Tipo de ação: patrocínio de clubes – 4 / patrocínio de atletas – 20 / patrocínio de eventos – 29 / patrocínio de seleção – 5 / produtos – 28 / divulgação de campanha – 1 / data comemorativa – 0 / divulgação do esporte – 0.
- Formato da publicação: foto – 32 / texto – 17 / vídeo – 35.
- Conteúdo da publicação: lançamento de produto – 1 / divulgação de produto – 16 / divulgação de evento – 26 / incentivo ao clube – 0 / incentivo ao atleta – 4 / incentivo à seleção – 0 / divulgação de atleta – 11 / divulgação de clube – 4 / divulgação de seleção – 7 / divulgação do esporte – 0.
- Local da produção (idioma): nacional – 45 / internacional – 3.

Nike

- Tipo de ação: patrocínio de clubes – 1 / patrocínio de atletas – 18 / patrocínio de eventos – 17 / patrocínio de seleção – 1 / produtos – 7 / divulgação de campanha – 0 / data comemorativa – 0 / divulgação do esporte – 2.
- Formato da publicação: foto – 24 / texto – 41 / vídeo – 17.
- Conteúdo da publicação: lançamento de produto – 0 / divulgação de produto – 6 / divulgação de evento – 17 / incentivo ao clube – 0 / incentivo

ao atleta – zero / incentivo à seleção – o / divulgação de atleta – 17 / divulgação de clube – 1 / divulgação de seleção – 1 / divulgação do esporte – 2.
- Local da produção (idioma): nacional – 41 / internacional – o.

As marcas no Twitter

Adidas

- Tipo de ação: patrocínio de clubes – 6 / patrocínio de atletas – 122 / patrocínio de eventos – 169 / patrocínio de seleção – 30 / produtos – 104 / divulgação de campanha – o / data comemorativa – 1 / divulgação do esporte – o.
- Formato da publicação: foto – 207 / texto – 216 / vídeo – 22.
- Conteúdo da publicação: lançamento de produto – o /divulgação de produto – 78 / divulgação de evento – 160 / incentivo ao clube – o / incentivo ao atleta – 2 / incentivo à seleção – o / divulgação de atleta – 89 / divulgação de clube – 2 / divulgação de seleção – 15 / divulgação do esporte – o.
- Local da produção (idioma): nacional – 222 / internacional – 18.

Nike

- Tipo de ação: patrocínio de clubes – 10 / patrocínio de atletas – 44 / patrocínio de eventos – 37 / patrocínio de seleção – 17 / produtos – 30 / divulgação de campanha – o / data comemorativa – o / divulgação do esporte – 4.
- Formato da publicação: foto – 83 / texto – 102 / vídeo – 17.
- Conteúdo da publicação: lançamento de produto – o / divulgação de produto – 27 / divulgação de evento – 37 / incentivo ao clube – o / incentivo ao atleta – o / incentivo à seleção – o / divulgação de atleta – 36 / divulgação de clube – o / divulgação de seleção – 2 / divulgação do esporte – 3.
- Local da produção (idioma): nacional – 102 / internacional – o.

Principais resultados

No Facebook da marca Adidas, o tipo de ação mais explorado foram os eventos (29 itens), seguido de produtos (28) e patrocínio de atletas (20).

Ocorreu um equilíbrio entre fotos (32) e vídeos (35), e a divulgação de eventos (26) e de produtos (16) foi o conteúdo mais explorado. Foram publicados três *posts* em língua inglesa, e o esporte, no caso o futebol, não mereceu conteúdo exclusivo em nenhuma publicação, aparecendo sempre associado aos produtos ou patrocínios da marca. Apesar de o patrocínio às seleções não ser o tema mais explorado no período da análise, observou-se uma predominância desse tipo de conteúdo perto da final da Copa do Mundo, já que as duas seleções finalistas (Alemanha e Argentina) eram patrocinadas pela marca.

No Twitter, apesar do maior volume de publicações, a exposição da marca manteve o mesmo padrão. Os patrocínios de eventos (169) representaram o tipo de ação mais explorado, seguido de patrocínio de atleta (122) e produto (104). A categoria eventos se destacou, portanto, já que os produtos associados ao campeonato entraram nessa contagem. Além disso, a marca fez ampla divulgação da bola Brazuca, replicando na página analisada alguns *tweets* do perfil criado exclusivamente para a bola – em que ela conversava em primeira pessoa com os internautas.

Foram publicadas mais fotos (207) que vídeos (22) – fato influenciado pelas características da plataforma. Em relação ao conteúdo, a divulgação de eventos aparece com destaque (160), seguida da divulgação de atletas (89). Foram publicados 18 *tweets* em língua inglesa, apesar da página ser em português.

De maneira geral, foi possível observar que, em sua comunicação nas plataformas analisadas, a Adidas explora a divulgação e o lançamento de seus produtos, quase sempre associando os itens à imagem de atletas patrocinados. Durante os dias em que ocorreu a Copa do Mundo, a marca se utilizou do patrocínio do evento, divulgando-o por meio de fotos, vídeos e textos sobre os atletas, seleções e produtos. É interessante destacar que o volume de publicações no Twitter foi muito maior que no Facebook e que a marca publicou grande quantidade de conteúdo repetido nas duas plataformas.

No Facebook, a Nike seguiu um padrão de publicações parecido com o da Adidas. A categoria com maior número de inserções foi a de patrocínio de eventos (17), seguida da de patrocínio de atletas (18). As fotos (24) foram prioritárias em relação aos vídeos (17). Sobre os conteúdos, a divulgação de eventos (17) e atletas (17) prevaleceu e foram publicados somente conteúdos em português.

No Twitter, os tipos de conteúdo mais divulgados foram, pela ordem, o patrocínio de atletas (44), de eventos (37) e os produtos (30). As fotos (83) também foram mais exploradas que os vídeos (17). As divulgações de eventos (37) e de produtos (37), seguidas pela de atletas (36), mereceram destaque. Assim como no Facebook, a marca publicou apenas conteúdos em português.

Por meio da análise das duas plataformas, ficou evidente a estratégia da Nike de divulgar seus produtos, especialmente chuteiras, e um evento por ela patrocinado durante o período da análise (Casa Fenomenal). Durante a Copa do Mundo, a Nike explorou de maneira modesta o patrocínio que faz à seleção brasileira, colocando-o, quase sempre, em segundo plano, por meio dos jogadores que utilizavam o uniforme da seleção. Há uma justificativa para esse fato: a referência à seleção poderia sugerir associação direta da Nike com a Copa do Mundo, e a marca, que não era patrocinadora oficial do evento, estava proibida de se reportar a ele em sua divulgação.

A interação com os internautas

O estudo contemplou também a interação das empresas com os internautas nos *posts* do Facebook durante o período estudado. Nessa etapa, foram analisados 73 *posts* (38 da Adidas e 35 da Nike), com atenção aos primeiros 50 comentários em cada *post*.

Em relação à interatividade, marcada pelos diálogos desenvolvidos (ou não) com os internautas, por meio das páginas do Facebook, o posicionamento das marcas se distanciou em alguns pontos, embora se possa admitir que ele se aproxima também em alguns aspectos.

A Adidas não se mostrou aberta ao diálogo. A marca interagiu em apenas quatro *posts*: respondeu a uma dúvida sobre o nome da chuteira divulgada no *post* (no dia 12/06/2014); esclareceu dúvidas de internautas com referência à participação do desafio Tudo ou Nada (no dia 12/06/2014) e sobre a venda da camisa do Real Madrid (no dia 01/07/2014) e também comentou *posts* que elogiavam o produto em um *post* sobre a chuteira Predator (no dia 30/07/2014).

No geral, os comentários dos internautas foram variados. Nos *posts* com lançamento de produtos (como camisas e chuteiras), os comentários elogiosos prevaleceram. Porém, quando os jogadores, clubes ou seleções patrocinados eram o foco, os elogios e as críticas se alternavam de forma equilibrada. Vários comentários abriam a discussão sobre o melhor jogador ou time, mas a marca não interagiu em nenhum. Os conteúdos que mais geraram engajamento na página da Adidas foram os que incluíam os jogadores patrocinados, a divulgação de chuteiras e os que faziam menção direta à Copa do Mundo.

Já a Nike mostrou-se mais aberta ao diálogo com seu público. A marca interagiu em muitos comentários sobre os atletas, eventos e produtos, e tirou dúvidas sobre como participar dos eventos da Casa Fenomenal. Ficou evidente que a empresa respondia aos primeiros comentários e não entrava nos debates desenvolvidos dentro das respostas dos comentários. Portanto, sua postura majoritária era responder ao primeiro comentário e ausentar-se da discussão posterior.

As respostas dadas pela empresa sempre buscavam um tom de aproximação com o internauta, marcando o seu nome; contudo, a resposta era parecida em todos os casos, e sempre evidenciava o *slogan* da sua campanha ("arrisque tudo"). A linguagem utilizada nos diálogos foi informal e descontraída, ampliando o interesse do internauta em interagir. No *post* do dia 18/07/2014, a empresa respondeu como se fosse o jogador Zlatan Ibrahimovic (o *post* era com um vídeo do avatar do jogador divulgando produtos), e isso gerou uma grande descontração entre os internautas; esse foi, também, o *post* em que a empresa mais publicou respostas.

Durante o período da Copa, alguns *posts* criticaram a customização das camisas da seleção brasileira vendidas pela marca e a resposta dada foi sempre a mesma, padronizada, com caráter visivelmente institucional e com uma linguagem mais objetiva e menos descontraída que o padrão das repostas dadas no Facebook pela marca.

Os vídeos com os avatares dos jogadores, que faziam parte da divulgação do vídeo "Último Jogo" (publicado no dia 09/06/2014), bem como esse próprio vídeo, foram os *posts* como maior participação dos internautas em comentários.

CONSIDERAÇÕES FINAIS

Em primeiro lugar, ficou evidente que a condição de patrocinadora ou não do evento condicionou, de alguma forma, o tipo de ação e o conteúdo, embora, para ambas as empresas, algumas semelhanças tenham sido encontradas, como a menção frequente do patrocínio de eventos e de atletas e da proposta de dar visibilidade aos seus produtos.

Nos conteúdos analisados das duas empresas, foi possível perceber que os *posts* com maior engajamento, entre curtidas, comentários e compartilhamentos, foram os que traziam atletas patrocinados e/ou chuteiras. Isso mostra a disposição do internauta para conhecer mais os produtos da marca, bem como seu interesse pelos atletas de reconhecimento internacional. É importante mencionar que os internautas participaram majoritariamente por meio de "curtidas", que é a ação de mais baixo envolvimento dentro do universo das análises de engajamento. Os comentários – foco principal da análise relacional das marcas com seus públicos nesse capítulo – representaram a menor forma de manifestação, sendo os compartilhamentos a segunda ação mais praticada pelos internautas.

Apesar dessas diferenças, quase sempre pontuais, há semelhanças com respeito à forma como ambas produzem e divulgam seus conteúdos. Em todas as publicações, nas duas plataformas, as empresas se posicionaram como emissoras de conteúdo, em uma postura parecida com a adotada em mídias tradicionais. Não foi percebida uma abertura para a construção colaborativa de conteúdos, característica do ciberespaço, e nem para o desenvolvimento de um relacionamento mais forte e duradouro com seus públicos. As marcas publicavam seus conteúdos sequencialmente e, mesmo para a Nike, que evidenciou maior intensidade de interação que a concorrente, é preciso concluir que ela também não explorou as potencialidades do ambiente virtual.

QUESTÕES PARA DEBATE

1) Há diferenças básicas entre o marketing esportivo e a comunicação esportiva? Justifique a sua resposta.
2) Como você avalia o processo de construção e fortalecimento das marcas no universo do esporte? Há uma marca esportiva que, na sua opinião, merece destaque pela sua competência em termos de comunicação/marketing, em particular no relacionamento com os seus consumidores nas mídias sociais?
3) Qual a importância da visibilidade, do prestígio e da credibilidade dos atletas patrocinados para o sucesso das marcas?

REFERÊNCIAS

BECHARA, M. *Marketing esportivo: resultados com ética e compromisso social*. Rio de Janeiro, 2001. Disponível em: <http://www.gestaodesportiva.com.br/ebook%20Bechara.pdf>. Acessado em: 4 abr. 2013.

BUENO, W.C. *Estratégias de comunicação nas mídias sociais*. Barueri: Manole, 2015, p. 189-208.

CHADE, J. Fifa confirma lucro recorde com Copa, mas "esconde" números. *O Estado de S. Paulo*. Esportes. 2015. Disponível em: <http://esportes.estadao.com.br/noticias/futebol,fifa--confirma-lucro-recorde-com-a-copa-mas-esconde-numeros,1654731>. Acessado em: 15 jul. 2015.

CIPRIANI, F. *Estratégia em mídias sociais: como romper o paradoxo das redes sociais e tronar a concorrência irrelevante*. Rio de Janeiro: Elsevier, 2011.

COSTA, L. (Org.). *Atlas do esporte no Brasil*. Rio de Janeiro: Shape, 2005.

DAMO, A.S. *Futebol e identidade social: uma leitura antropológica das rivalidades entre torcedores e clubes*. Porto Alegre: Editora da Universidade Federal do Rio Grande do Sul, 2002.

DAOLIO, J. (Org). *Futebol, cultura e sociedade*. Campinas: Autores Associados, 2005.

DI FELICE, M. Redes sociais digitais, epistemologias reticulares e a crise do atropoforfismo social. *Revista USP*. São Paulo, n. 92, p. 9-19, dez./fev. 2011/2012. Disponível em: <http://www.revistas.usp.br/revusp/article/download/34877/37613.pdf>. Acessado em: 14 jan. 2015.

DIONÍSIO, P. Marketing desportivo – o Marketing da Paixão. In: BRITO, C.M.; LENCASTRE, P. (Org.). *Novos Horizontes do Marketing*. Alfragide: Publicações Dom Quixote, 2014, p. 258-272.

FILHO, M. *O negro no futebol brasileiro*. Rio de Janeiro: Mauad/Editora Faperj, 2003.

GIULIANOTTI, R. *Sociologia do futebol. Dimensões históricas e socioculturais do esporte das multidões*. São Paulo: Nova Alexandria, 2010.

GURGEL, A. *Futebol S/A – A economia em campo*. São Paulo: Saraiva, 2006.

JORGE, E. Nike vai liderar uniformes de seleções na Copa. *Folha de S.Paulo*. 2014. Disponível em: <http://www1.folha.uol.com.br/esporte/folhanacopa/2014/01/1397731-nike--adidas-e-puma-dominam-uniformes-das-selecoes-nas-copas.shtml>. Acessado em: 7 jan. 2015.

MAGNANE, G. *Sociologia do esporte*. São Paulo: Perspectiva, 1969.

MARQUES, J.C. (Org.). *Comunicação e esporte: diálogos possíveis*. São Paulo: Intercom, 2007.

_____. Teoria ou Prática. O movimento pendular dos cursos de comunicação no Brasil e a abordagem do esporte. *Atos de pesquisa em Educação*. Blumenau/SC, Universidade Regional Blumenau, v. 8, n. 1, p. 165-181, 2013. Disponível em: <http://gorila.furb.br/ojs/index.php/atosdepesquisa/article/view/3666/2282>. Acessado em: 20 mar. 2016.

MARQUES, J.C.; CARVALHO, S.; CAMARGO, V.R.T. *Comunicação e esporte: tendências*. Santa Maria: Pallotti, 2005.

MORGAN, M.J.; SUMMERS, J. *Marketing esportivo*. São Paulo: Thompson Learning, 2008.

MULLIN, B.J.; HARDY, S.; SUTTON, W.A. *Marketing esportivo*. Porto Alegre: Artmed/Bookman, 2004.

RECUERO, R. *Redes sociais na internet*. Porto Alegre: Sulinas, 2009.

ROCCO, A.J. Brasil 1x7 Alemanha: o dia em que a comunicação a favor do esporte goleou o esporte a favor da comunicação. In: MARQUES, J.C. *A Copa das Copas? Reflexões sobre o Mundial de Futebol de 2014 no Brasil*. São Paulo: Edições Ludens, 2015.

SBALIEIRO, E.D.G. Quanto (e como) cada clube ganha com fornecedores de material esportivo. *Época Negócios*. 24 jan. 2013. Disponível em: <http://colunas.revistaepocanegocios.globo.com/negociosfc/2013/01/24/quanto-e-como-cada-clube-ganha-com-fornecedores-de-material-esportivo/>. Acessado em: 07 jan 2015.

SILVA, F.C.T.; SANTOS, R.P. *Memória social dos esportes. Futebol e política: a construção de uma identidade nacional*. Rio de Janeiro: Mauad/Editora Faperj, 2006; v. 2.

SIQUEIRA, M.A. *Marketing esportivo: uma visão estratégica e atual*. São Paulo: Saraiva, 2014.

TAMBUCCI, P.L. Marketing esportivo. In: YANAZE, M.H. (Org.). *Gestão de marketing e comunicação: avanços e aplicações*. São Paulo: Saraiva, 2011.

YANAZE, M.H. (Org.). *Gestão de marketing e comunicação: avanços e aplicações*. São Paulo: Saraiva, 2011.

12 Estratégias comunicacionais e simbólicas dos rótulos de vinhos

Marcelo Cymerman Asnis

INTRODUÇÃO

O vinho é considerado o néctar dos deuses, bebida que os deuses gregos tomavam no Monte Olimpo para acompanhar um doce chamado ambrosia, servido por Hebe, deusa da juventude, sob a crença de que ficariam mais jovens e bonitos.

Com esse nome, e contexto em que foi criada, a expressão néctar dos deuses descortina um universo imaginário a ela atrelado. Afinal, como uma bebida, nascida do fruto da terra, no mundo físico, pode ser chamada dessa maneira?

Com um rico conteúdo simbólico e grande repertório de significados, a bebida vem acompanhando a trajetória da humanidade desde seus tempos mais remotos. Considerado um alimento, o vinho tem propriedades salutares para quem o consome regular e moderadamente. A variedade de aromas e sensações, proporcionados pela enorme diversidade de uvas, fazem do vinho um produto único.

A expressão conteúdo simbólico está relacionada ao conteúdo atrelado aos signos. Jung (1977, p. 20) define signo como: "Um termo, um nome ou mesmo uma imagem que nos pode ser familiar na vida diária, embora possua conotações especiais além de seu significado evidente e convencional. Implica alguma coisa vaga, desconhecida ou oculta para nós".

Portanto, uma palavra ou imagem é considerada simbólica quando implica algo além de seu significado manifesto e imediato que não pode ser precisamente definido ou explicado.

Assim é o vinho, uma grande fonte de inspirações, devaneios e sensações. Poetas como Charles Baudelaire (1821-1867), comandantes como Napoleão Bonaparte, (1769-1821), entre tantos outros personagens da história da humanidade, tinham no vinho um companheiro inseparável para todos os momentos de suas vidas. As garrafas que o embalam têm no rótulo o principal elemento de comunicação com o consumidor a fim de motivá-lo a adquirir a bebida. Estratégias comunicacionais associadas ao seu design são utilizadas para diferenciar os produtos nos pontos de venda. É nesse processo de concepção do rótulo que a abordagem do repertório simbólico é estudada para avaliar seu potencial de persuasão.

A relevância do tema está ligada às relações de consumo em um mercado com grande diversidade de produtos e consumidores mais exigentes, participativos, formadores de opinião e cada vez menos fiéis a marcas.

VINHO, UMA BEBIDA EMBLEMÁTICA

A fabricação do vinho, um produto natural, não necessita de intervenção humana. As uvas amadurecem, os frutos caem e as leveduras[1] convertem o açúcar da fruta madura em álcool.

O termo vinho é definido por lei em muitos países. No Brasil, e nas principais regiões produtoras (Europa, Américas, África do Sul e Oceania), vinho é a bebida com graduação alcoólica de 8,6 a 14% em volume resultante da fermentação alcoólica do mosto da uva sã, fresca e madura.

O vinho tem dimensões sociais e espirituais. Em culturas antigas, acreditava-se que seus efeitos eram responsáveis por dons milagrosos. É por isso que até hoje o vinho está presente nos sistemas espirituais dos antigos (vinho

---

1 Levedura é um fungo unicelular que usa açúcar para realizar seu processo reprodutivo. É o motor da fermentação. Ela metaboliza o açúcar e, nesse processo, gera álcool, dióxido de carbono e calor.

como conforto, coragem, liberação) e é relacionado, às vezes, a ideias como "embriaguez sagrada".

Algumas culturas acreditavam que o vinho era uma ferramenta capaz de induzir ao êxtase e quebrar a barreira que separava humanos dos deuses.

As culturas sumeriana, fenícia e egípcia foram as precursoras do desenvolvimento do vinho na antiguidade. Culturalmente, a Grécia também se destacou na medicina por meio do vinho com Hipócrates, considerado o pai da medicina.

Na Itália, com a expansão do Império Romano, os vinhedos europeus se desenvolveram significativamente, pois o vinho era parte fundamental da dieta dos romanos.

A partir de então, o vinho passou por um grande desenvolvimento sob todos os aspectos (culturais, técnicos, científicos etc.) desde a Idade Média até os dias atuais.

VINHO, SOB A ÉGIDE DO IMAGINÁRIO

O vinho sempre existiu. Não foi criado pelo homem. Porém, foi o homem quem agregou a ele os sentidos religioso, sagrado, festivo, medicinal, entorpecente, proibido, iluminador, nobre, fino etc. Do contrário, ele não existiria da forma que existe hoje.

Beber um vinho remete à história da humanidade. Dessa bebida incomum afloram nuanças aromáticas que provocam o paladar e olfato do homem ao ingeri-lo.

O estudo do imaginário está ligado aos aspectos culturais e sociais do ser humano, desde o ponto de vista científico até uma abordagem religiosa, sendo que, em cada uma dessas vertentes, há um conteúdo simbólico significativo.

Segundo Platão, imaginário é a representação de imagens mentais a partir de ideias, de projeções da mente, pressupondo a existência de dois mundos, um concreto e outro que é apreendido pelos nossos sentidos. Para ele, a "imaginação", em grego, *phantasia*, é apenas uma fonte de suposições que deve ser evitada para não prejudicar a razão ou a busca de conhecimento superior. Aristóteles atribui a compreensão da imagem por meio da imaginação, ou seja, uma experiência sensível, percebida pelos sentidos, especialmente, à visão, obtendo-se a representação mental de um objeto real. Para ele, só haveria um único mundo, em que o ser humano vive, experimenta e sente (Aristóteles, 2006, p.110).

Para Durand (2002, p. 29), imaginário é um conjunto de imagens que, ao se relacionarem entre si, constituem o pensamento do homem, portanto, é onde são encontradas todas as criações do pensamento humano. Nesse universo, o simbólico exerce uma força muito grande, pois se relaciona com o consciente e o inconsciente do sujeito, intermediando sonhos e fantasias.

Ao relacionar o vinho com as definições e interpretações apresentadas acerca do imaginário, é nítida a existência de um campo simbólico que o envolve.

Bachelard (2003, p. 256) destaca em seu trabalho sobre a uva, a videira e o vinho: "O vinho é realmente um universal que sabe tornar-se singular, quando encontra um filósofo que saiba bebê-lo". O autor relata como as videiras, as uvas e o vinho atuam no campo imaginário, nos sonhos e nas fantasias. Bachelard (2003) analisa o simbolismo do vinho como:

- Uma fantasia da matéria e da natureza.
- Uma força transformativa da natureza.
- Um elemento que promove a conjunção entre o céu e o solo (matéria e espírito).
- Um elemento relacionado à temporalidade, já que o vinho remete às estações do ano e à arte do enobrecimento pelo envelhecer.

Entre os deuses gregos relacionados ao vinho, o grande destaque é o majestoso e polêmico Dionísio, filho de Zeus e de Sêmele, que, ao descobrir a uva, criou o vinho, bebida que equiparava deuses e mortais através do êxtase, da sexualidade e da embriaguez.

Grande parte desses efeitos está relacionada ao álcool da bebida, fruto do processo de fermentação das uvas. Michel Maffesoli (apud Fortuna, 2005, p. 51) afirma que o "álcool remete-nos a uma extensão de cada um de nós, em geral uma extensão ao ilimitado". O imaginário que é potencializado pelo alcoolismo aproxima as pessoas, as deixa mais soltas e mais abertas a externar suas sensações, seus desejos bloqueados.

Em uma página de internet especializada em vinhos[2], são citadas algumas frases sobre a bebida, de autoria de personagens célebres da humanidade, tais

---

2   Disponível em: <http://www.sommelierwine.com.br/2016/03/01/frases-celebres-do-vinho>. Acessado em: 19 dez. 2015.

como a de William Shakespeare (1582-1616), poeta, dramaturgo e autor inglês que falava do "espírito invisível do vinho". Segundo ele, "o bom vinho é um camarada bondoso e de confiança, quando tomado com sabedoria". Victor Hugo (1802-1885), poeta, dramaturgo e novelista francês, lembrava que "Deus criou a água, mas o homem fez o vinho". Robert Louis Stevenson (1850-1894), poeta, novelista e escritor escocês, dizia que "Um bom vinho é poesia engarrafada". Para François Rabelais (1494-1553), escritor, padre e médico francês, "O vinho tem o poder de encher a alma de toda a verdade, de todo o saber e filosofia". Alexander Fleming (1881-1955), médico, farmacologista, biólogo e botânico inglês, afirmava que "A penicilina cura os homens, mas é o vinho que os torna felizes".

Vinho e arte estão quase sempre juntos, já que a bebida de Dionísio representa uma grande fonte de alegria, alucinação, relaxamento e prazer. A bebida desperta as vibrações criativas e artísticas. Pode conectar o homem ao sagrado e ao seu espírito, sem nenhuma nuvem, sem nenhuma maquiagem, de forma direta e objetiva, envolvendo seu imaginário, suas experiências e sua história de vida. Como diz o provérbio latino: "*In Vino Veritas*"[3], ou seja, no vinho está a verdade, expressando a sensação de "liberdade" provocada pelo álcool.

VINHO, COMUNICAÇÃO E CONSUMO A PARTIR DO IMAGINÁRIO

O vinho extrapola o conceito de bebida, traz lembranças e desperta os sentidos. O direcionamento do imaginário na esfera da comunicação não é diferente, já que o vinho pode ser apresentado como uma simples bebida ou a partir de seu conteúdo simbólico.

Sucesso, felicidade, amor, sensualidade, luxúria, *status*, tradição, experiência, prazer, cultura, sociabilidade, riqueza, estilo e exclusividade são alguns dos muitos conceitos relacionados ao imaginário e às experiências de cada um e que podem ser associados ao consumo de vinho, considerado mais um patrimônio cultural do que uma bebida, como destaca Harvey (2003, p. 152):

---

3 Disponível em: <https://www.significados.com.br/in-vino-veritas/http://www.sommelierwine.com.br/2016/03/01/frases-celebres-do-vinho>. Acessado em: 19 dez. 2015.

Além do puro prazer (para alguns) de um bom vinho com a comida certa, há todo tipo de referentes na tradição ocidental que remontam à mitologia (Dionísio e Baco), à religião (o sangue de Jesus e o ritual da comunhão) e a tradições celebradas em festas, poesias, canções e na literatura. O conhecimento dos vinhos e a degustação "adequada" são, com frequência, sinal de classe e analisáveis como forma de capital "cultural" [...]. Escolher o vinho certo pode ter ajudado a selar vários acordos importantes de negócios (você confiaria em alguém que não soubesse escolher um vinho?). O estilo do vinho está ligado à cozinha regional e, portanto, incorporado àquelas práticas que transformam a regionalidade num estilo de vida marcado por estruturas distintas de sentimento.

No contexto atual da comunicação e do consumo de vinho, é necessário que se trabalhe com a construção de significados para agregar valor e diferenciação a esse produto. É imperativo compreender como os consumidores se comportam e suas motivações, já que essas refletem diretamente nas decisões de compra.

Segundo Levy (1959, p.118), a discussão do aspecto simbólico do consumo iniciou-se na década de 1950, tendo como direcionamento o fato de que os indivíduos podem comprar os produtos não pelo que eles oferecem e sim pelo significado atribuído a eles. Assim, os signos e símbolos vinculados aos objetos nunca foram tão fortes e representativos da ordem social na coletividade, pois são interligados e interdependentes entre si.

Entende-se, portanto, que a aquisição de produtos e serviços está associada não apenas a necessidades, mas também à satisfação pessoal, como destaca Mary Douglas (2007, p. 26):

Consumo é o processo de transformar mercadorias em bem-estar. Nem os bens, nem os objetos, mas a sociedade é o produto. As escolhas de consumo são em relação a quem vai comer em nossa casa, quem será excluído, com quem nossas crianças irão brincar, ir à escola, casar. São as decisões mais importantes que podemos fazer.

O vinho e todo seu repertório de significados está diretamente relacionado à busca do prazer em um processo hedonístico que promove distinção a ele. O vinho passa a ser uma necessidade de satisfação para atender aos desejos do consumidor.

Mirian Aguiar (apud Costa, 2011, p. 98) define o público consumidor de vinho:

> [...] um grupo social formado por elementos da classe média alta à classe alta brasileira, com grande trânsito e conhecimento do mundo internacional do vinho e domínio de sua linguagem específica. Podemos dizer que a sofisticação expressiva da linguagem utilizada no texto, a sabedoria revelada pelos conhecimentos do histórico e das condições produtivas do vinho, a capacidade de leitura olfativa e gustativa exposta pelo diagnóstico de sua apreciação, as cifras do custo do produto, entre outros elementos, situam o consumo de vinhos importados como um ato distinto estatutariamente – dado que todas estas características (sofisticação, sabedoria, apuramento sensório) somadas à possibilidade de se ter um tempo dedicado ao puro deleite de apreciação de um gosto, normalmente pertencem ao imaginário de uma elite social.

Essa citação vai ao encontro do que salienta Harvey, ao associar o consumidor de vinho a conceitos como *status*, tradição, experiência, prazer, cultura e sociabilidade.

Gonçalves (2006, p. 81) destaca que é por meio do consumo que os indivíduos almejam a materialização de seus valores e princípios morais, diante de uma diversidade de opções para a expressão de seus sistemas simbólicos.

Para Campbell (2001, p. 58), o consumo moderno se originou com uma mudança de valores, crenças e atitudes. O autor salienta que o ato de consumir não se dá somente pela escolha ou por uma atitude materialista, mas ocorre por algo que o autor chamou de "hedonismo imaginário", o que possibilita sensações fantasiosas de prazer. "É necessário estar consciente das sensações a fim de extrair delas prazer, pois 'prazer' é, efetivamente, um julgamento de quem o experimenta" (Campbell, 2001, p. 92).

Degustar um vinho é sentir seus taninos, acidez e corpo, para que esse momento seja uma prazerosa experiência sensorial que se apresenta já no primeiro gole.

Entre os vinhos, a materialização desses conceitos está intimamente ligada ao espumante conhecido como champanhe, considerado um produto de luxo, cujos preços não são baixos, mas que vem cada vez mais sendo consumido, tamanha é a aura de prazer e realização que seu consumo proporciona ao consumidor.

Esses conceitos são estrategicamente trabalhados na comunicação do produto. A força e a autoafirmação que seu consumidor poderá sentir ao vivenciar a experiência de saborear um champanhe são pontuados por Tejon et al. (2010, p. 2):

> Vivemos em uma sociedade centrada na busca de autoafirmação e de autorrealização, que anseia por bem-estar e ser feliz, busca qualidade estética e ética no ambiente e nos objetos que a envolvem, e necessita de reconhecimento e de valores. Mais do que nunca, as pessoas estão à procura da felicidade e da autorrealização também por intermédio do consumo, mas um consumo sensato e que se coloca no próprio modelo de vida. Estamos, portanto, tratando da autorrealização pelo consumo como uma relação de igual para igual e transparente, do consumido, quanto a uma marca, que não confunde sonhos com ilusões.

Os aspectos simbólicos do vinho e de sua relação com o consumidor no âmbito do imaginário podem ser utilizados no *mix* de comunicação por meio de diferentes estratégias, tais como propaganda, promoção e *merchandising*, além do design do próprio rótulo, pois, quando exposto no ponto de venda, esse será o principal agente de persuasão para motivar o consumidor a adquirir o vinho. E, a partir daí, fidelizá-lo, não só pela qualidade do produto, mas também pela sua rápida identificação na gôndola/prateleira do ponto de venda.

EMBALAGEM, UMA ESTRATÉGIA COMUNICACIONAL

Embalagem é um tipo de invólucro, embrulho, recipiente, acondicionamento, elemento de contenção ou pacote. E também um agente de incremento de vendas dos produtos.

Gurgel (2007, p. 2) define embalagens como "invólucros, recipientes ou qualquer forma de acondicionamento removível, ou não, destinados a cobrir, empacotar, envasar, proteger, manter os produtos, ou facilitar sua comercialização".

Souza (1978, p. 9) destaca a "função técnico-econômica, com o objetivo de proteger e distribuir produtos ao menor custo possível, além de aumentar as vendas e os lucros".

Vendramini (1987, p. 43) diz que "o conceito de embalagem é bastante amplo". Para ele, o principal raciocínio é que ela deve proteger o produto.

Sob o ponto de vista mercadológico, deverá vender ou auxiliar a venda do produto.

Portanto, a embalagem é também um meio de provocar no consumidor o desejo de adquirir um produto. Essa tem sido uma das principais estratégias de comunicação nos pontos de venda por causa da visibilidade que as embalagens possuem.

Negrão e Camargo (2008, p. 33) destacam que a embalagem é uma forma de "experiência gratuita", para que o cliente conheça o produto e o "experimente", "marcando" o produto na memória do consumidor.

Assim, o design é um fator determinante nessa experiência do cliente por meio dos elementos visuais e demais características que compõem o rótulo para motivar e sensibilizar sua percepção, criando nele o desejo de adquirir o vinho, produto no qual a importância do rótulo é decisiva, já que as garrafas são muito similares e com mínimas diferenciações entre os vinhos de variados tipos, produtores etc. Esse contexto está diretamente ligado ao que afirma Blessa (2009). Segundo a autora, produtos semelhantes em um mesmo ponto de venda devem buscar diferenciação entre eles. Portanto, é um desafio para os profissionais de criação que atuam no desenvolvimento de rótulos e embalagens de vinhos.

Um fator importante nesse momento de decisão do consumidor não apenas o produto em si, mas também sua marca. Uma marca forte, reconhecida de forma positiva, poderá influenciar positivamente na escolha do produto.

Para Mestriner (2007, p. 17), a motivação de compra do produto pelo consumidor se dá por fatores seletivos relacionados ao poder das marcas disponíveis, às ações de comunicação, ao conhecimento delas pelo consumidor, entre outros. Ao escolher um produto, aciona seus sentimentos, hábitos e atitudes em relação a ele.

Sob esse aspecto da força da marca, os vinhos do "Velho Mundo" (Europa e Oriente Médio) destacam em seus rótulos o nome da vinícola/produtor e/ou a região e o vinhedo (conforme a legislação do país). O reconhecimento desses produtos no ponto de venda é, portanto, diretamente ligado à marca do vinho (produtor, vinícola etc.).

No "Novo Mundo", especificamente nos países da América do Sul, predomina o destaque ao tipo de uva. Todavia, essa mesma uva é utilizada por vinícolas concorrentes, o que potencializa a importância da marca da vinícola como elemento de diferenciação.

Em um mercado competitivo em que os consumidores vêm se tornando protagonistas nas relações de comunicação com as marcas, interagindo, opinando e compartilhando suas sensações e experiências, a indústria vem buscando formas de se diferenciar no mercado e também, especificamente, nos pontos de venda, para manter e aumentar suas vendas.

Nos rótulos, o impacto visual está ligado ao nível de atratividade que exercem quando expostos no ponto de venda por meio de suas cores, formas, figuras e tipografia utilizados de maneira articulada com base em uma estratégia de comunicação para atingir o consumidor.

Para Joly (1996, p. 19), as significações ou signos trabalhados na composição de um rótulo transmitem ideias e provocam na mente do consumidor interpretações que estão relacionadas à sua bagagem cultural e às suas experiências, que poderão aguçar a percepção do produto exposto, deflagrando o processo de motivação para que o adquira.

Nos rótulos de vinhos do "Velho Mundo" (Europa e Norte da África), é comum o uso de elementos figurativos de alto poder simbólico que provocam o imaginário do consumidor. São imagens de castelos, propriedades, paisagens, elementos da nobreza como coroas, brasões ou relacionados a conquistas, como batalhas, espadas, escudos, armas, entre outras. Nos do "Novo Mundo", não há um padrão figurativo semântico. Quando utilizadas, imagens abstratas ou relacionadas a temas diversos são as que predominam no projeto gráfico.

Ao transmitir uma imagem com aspectos expressivos que agradam ao consumidor, proporciona a ele sensações positivas por meio de elementos gráficos como forma, cor, imagens e tipografia, tornando-a visualmente atrativa e provocando diversas associações simbólicas em sua mente.

O projeto gráfico do rótulo de uma embalagem deve considerar aspectos básicos de design e compreender a influência que a disposição dos elementos gráficos em um suporte apropriado têm na percepção do observador, a fim de proporcionar a mensagem visual pretendida já que ela é um tipo de publicidade que se inicia com a própria imagem. Assim, recursos gráficos e técnicos de projeto e impressão devem ser considerados na criação de um rótulo, tendo como base as diretrizes socioculturais e mercadológicas relacionadas ao vinho e a seus públicos de interesse. Dentre os principais recursos, destacam-se:

- Psicologia da Gestalt: teoria baseada na forma como os signos são percebidos no cérebro humano, avaliando a interferência que características como equilíbrio, harmonia e clareza têm nessa estruturação. Significa "uma integração das partes em oposição ao todo" (Gomes Filho, 2002, p. 18). O rótulo de um vinho é uma peça gráfica cuja criação deve considerar esses conceitos, em razão da importância de suas funções como elemento vendedor e de destaque no ponto de venda. Seu equilíbrio organizacional quanto à forma e aos elementos que o compõem (textuais e figurativos) poderá ser decisivo junto a outros aspectos de visibilidade no sentido de motivar o consumidor a adquirir o produto.

- Cores: produtos expostos em um ponto de venda são muito parecidos. Um recurso para diferenciá-los são as cores, que contêm grande carga emotiva no processo visual por meio de sua força simbólica, despertando sensações, definindo comportamentos e provocando reações corporais e psicológicas. O vinho é um produto que mostra a sua cor. Não apenas o rótulo tem a função simbólica, estética e prática de vender o produto. A própria bebida também pode ser trabalhada no aspecto simbólico, suas cores – tinto, branco (amarelado) e rosado – também comunicam e provocam o imaginário. Outro ponto interessante em relação às cores da bebida é a relação figura-fundo, por meio da qual o rótulo precisará se destacar em relação à bebida (fundo) de modo a atrair a atenção do observador.

- Uso de imagens: o uso de imagens na comunicação visual das embalagens bem como nos rótulos de vinhos é um recurso frequentemente utilizado. Desenhos, ilustrações, fotografias, gravuras, pinturas são cada vez mais utilizados nas embalagens para colaborar na transmissão de mensagens e como fator de diferenciação. Nos rótulos de vinho é rara a utilização de fotos. Os desenhos e ilustrações representam elementos conhecidos e/ou imagens abstratas e conceituais.

- Tipografia: assim como a cor, a tipografia também pode agregar valores e significados ao produto e sua embalagem. O que a distingue das cores, embora também faça uso delas, é que além de ser um código visual, é também um elemento de linguagem verbal informativa que comunica ideias, nomes e conteúdos pelas palavras. Do ponto de vista imagético, é um elemento gráfico utilizado para leitura das informações contidas nas embalagens. Em relação à transmissão de mensagens com significado, o tipo de letra escolhido "deve considerar que cada um dos tipos exerce uma ação psicológica variável, evocando sentimentos como peso, rigidez, leveza, alegria e movimento, que vão contribuir na construção da personalidade do produto" (Pinho, 1996, p. 40). Nos rótulos de vinhos, o principal recurso gráfico utilizado é a tipografia, pela importância em sua função de identificação do produto (nome, uva, região, safra etc.), considerando seu pequeno tamanho e a área restrita para comunicação.

Outros recursos são utilizados nos rótulos de vinho, direcionando semântica e simbolicamente a percepção do consumidor. Exemplos: acabamentos gráficos diferenciados tais como tintas metalizadas, cortes especiais, relevos, apliques, papéis especiais etc.

O RÓTULO DE VINHO E SUA FUNÇÃO MERCADOLÓGICA

O rótulo de um vinho tem funções distintas. Ele é a carteira de identidade do vinho, pois carrega consigo as informações que auxiliam o consumidor na tomada de decisão pela escolha considerando sua composição, degustação, harmonização, conservação e serviço.

A criação de um rótulo inclui etapas fundamentais de conhecimento e pesquisa para que a arte, a tecnologia e os elementos estéticos proporcionem a integração com o produto para atrair o consumidor no momento da compra.

Seu design deve atrair a atenção do público, transmitindo a mensagem de forma clara, objetiva e direta, com textos curtos para que o observador seja motivado a ler até o final.

Um bom rótulo de vinho nem sempre é necessariamente o mais bonito – até porque o conceito de beleza é subjetivo –, mas, sim, aquele que faz o vinho "saltar" da prateleira para a cesta de compras do cliente, passando uma mensagem relevante para o consumidor, criando uma relação duradoura entre o consumidor e a marca.

Como diretrizes para a criação de um rótulo de vinhos eficiente que promova uma grande chance de sucesso na venda, claro, considerando a boa qualidade do produto, destacam-se:

- Imagem forte: impactante na composição visual e estética a fim de destacar o vinho no expositor do ponto de venda.

- Informações relevantes e hierarquizadas: elementos gráficos e conteúdo específico sobre a bebida bem planejados e dimensionados de modo a tornar rápida a identificação e compreensão pelo consumidor.
- Persistência: período em que o rótulo estará na memória visual do consumidor para que ele busque o produto de maneira mais rápida no ponto de venda, seja em uma segunda compra ou ao visualizar o produto pela primeira vez.

Um bom rótulo não salva um mau vinho. Mas um vinho bom, com preço adequado e um rótulo que atenda às expectativas do consumidor, é um dos segredos de marcas de sucesso.

Um rótulo bem elaborado, com todas as informações importantes bem articuladas, associado a um produto de qualidade, poderá resultar no incremento de vendas. Todavia, um rótulo pode iludir o consumidor e levá-lo a comprar determinado vinho acreditando ser um produto de qualidade. E essa ilusão pode ser provocada pelo design e pela forma como o conteúdo é apresentado no rótulo. Entre os acabamentos, atualmente, muitos produtores criam rótulos com efeitos dourados, podendo provocar a imagem de um produto nobre, sofisticado e diferenciado. Mas nem sempre o são.

ANÁLISE GRÁFICA DE RÓTULOS DE VINHOS

Esse procedimento consistiu em realizar um inventário fotográfico e analítico acerca de uma amostragem intencional não probabilística de vinhos em uma tradicional loja especializada em bebidas na cidade de São Paulo.

Foram escolhidos 43 vinhos entre tintos, brancos e rosados que atendiam a critérios definidos pelo pesquisador considerando o valor de venda, de modo a abranger todas as faixas de preços, contemplando todos os perfis de consumidores da loja. Esse critério permitiu avaliar rótulos de todos os tipos e preços.

Após a avaliação de cada rótulo de vinho, percebeu-se certo conservadorismo no design de rótulos de vinhos da amostragem analisada. O formato pode ser um dos aspectos ligados ao conservadorismo, já que antigamente não havia tecnologia desenvolvida para cortes irregulares e/ou desenhados. Era mais rápido, prático e barato utilizar rótulos retangulares ou quadrados. Mesmo atualmente, considerando a escala industrial, o retangular/quadrado é mais vantajoso, tanto em custo como operacionalmente.

Dentre os rótulos analisados, 35 (83% dos rótulos) têm essa característica. Dentre esses, 23 (66%) são de países do "Velho Mundo". Outro aspecto que chama atenção é o padrão cromático predominante: 25 (60%) possuem rótulos claros. Dentre esses, 17 (68%) são vinhos do "Velho Mundo", conhecidos como vinhos produzidos na Europa com raízes culturais no Império Romano, onde as primeiras técnicas para produzir, armazenar e distribuir vinho foram desenvolvidas.

Outro aspecto relacionado ao conservadorismo é a tipografia, especificamente a com serifa, mais tradicional. As fontes começaram a ser desenhadas há alguns séculos por Gutemberg, Garamond, Baskerville, Bodoni, entre tantos outros tipógrafos que, como esses, se tornaram nomes de famílias tipográficas e são até hoje utilizadas no desenvolvimento de projetos gráficos para atender a diversas finalidades. Essas são todas fontes com serifa, o que remete ao aspecto tradicional.

Na amostragem analisada, 30 (71%) utilizam tipografia com serifa no texto principal do rótulo (nome do vinho e/ou nome da vinícola). Desses rótulos, 18 (58%) são de vinhos do "Velho Mundo".

Além das questões tabuladas, a procedência do vinho também foi quantificada, pois é um dado importante em relação a aspectos culturais que interferem na escolha pelo consumidor.

Embora os critérios de definição de amostragem não tenham considerado a origem dos vinhos, percebe-se nos resultados a predominância dos vinhos importados do "Velho Mundo" perante os vinhos brasileiros e também a disponibilidade desses em todas as faixas de preços estipuladas nas diretrizes da amostragem. Dos 43 vinhos avaliados, 28 são de origem europeia, com destaque para França, que superou os demais países que possuem viés cultural próximo ao perfil do brasileiro – Portugal, Espanha e Itália, os três em empate técnico, três pontos abaixo da pontuação francesa. A França desperta no consumidor um imaginário seletivo associado a exclusividade, sofisticação, refinamento e estilo, que é atrelado a grandes marcas de tradição francesa e altamente vendáveis e desejadas – Dior, Givenchy, Moët & Chandon, Louis Vuitton, entre outras –, além de ser associada a uma riqueza histórica e cultural desde os primórdios da civilização humana. Pode-se afirmar que o vinho francês transmite uma mensagem subliminar ou até mesmo consciente no imaginário do consumidor, direcionando-o a seu consumo, o que potencializa a oferta de vinhos franceses no mercado brasileiro. Embora nem todos saibam, a França foi a precursora na criação de uma legislação para o vinho a fim de proteger seus produtos e que serviu de base para as legislações de outros países. Para quem possui conhecimentos sobre vinho, esse fator acaba por também destacar simbolicamente os vinhos franceses, o que, claro, não garante a qualidade da bebida.

No caso de Portugal, Espanha e Itália, há uma grande simpatia do brasileiro por esses países e suas culturas, especialmente Portugal e Espanha por aspectos históricos e linguísticos, havendo uma grande oferta de vinhos desses países em todas as faixas de preços.

Outro aspecto relevante nesta pesquisa é o uso de elementos figurativos, sejam desenhos e/ou logotipos. Juntos somam 31 vinhos (72%) que adotam esse recurso em seu design. Além de aspectos práticos como diferenciação no ponto de venda e o viés artístico que se quer atrelar ao rótulo, conforme o tipo de elemento, uma forte carga simbólica pode ser vinculada ao produto. No caso de desenhos (ou ilustrações) – paisagens, sedes das vinícolas, seus fundadores –, tais elementos proporcionam interpretações diversas para as mensagens. Tradição, seriedade, solidez e comprometimento podem ser algumas delas. Em relação aos logotipos, foram incluídos nessa categoria brasões e elementos fortemente simbólicos, como cruzes e coroas, que transmitem conceitos associados a tradição, solidez, nobreza e exclusividade, entre outros significados. Logotipos propriamente ditos vinculam o produto à vinícola e à sua marca com a finalidade simbólica de agregar valor a seu produto e à empresa.

Em relação a acabamentos gráficos, a metade dos vinhos avaliados utiliza cores metalizadas. O metalizado pode ser de várias cores, mas predominou na pesquisa a cor dourada. Sua mensagem simbólica visa despertar percepções associadas a sofisticação, nobreza, exclusividade, luxo e requinte. Outro acabamento que teve pontuação foi o relevo, especialmente o seco, quando não há impressão sobre a área elevada. Seu apelo simbólico está atrelado a exclusividade e refinamento.

EXPERIMENTO DEGUSTATIVO DE VINHOS: A PERCEPÇÃO DO RÓTULO

Esse procedimento foi realizado no mesmo local da pesquisa anterior, em uma área fechada sem interferência externa. Participaram nove degustadores com perfis diversos, entre profissionais e enófilos (com algum conhecimento sobre vinho ou nenhum).

Foram escolhidos os cinco vinhos mais vendidos entre 1/11/2015 e 22/02/2016, observando-se os seguintes critérios: países diferentes, tintos e rótulos com características gráficas e estilos bem diferentes, a critério do pesquisador. Os vinhos utilizados foram:

- Barone Montalto: Itália, R$ 39,90, 1.224 garrafas vendidas no período.
- Franc Beauséjour: França, R$ 63,80, 219 garrafas vendidas no período.
- Intriga: Chile, R$ 142,00, 68 garrafas vendidas no período.
- Las2ces: Espanha, R$ 39,90, 507 garrafas vendidas no período.
- Porta 6: Portugal, R$ 59,70, 611 garrafas vendidas no período.

A pesquisa experimental foi feita em duas partes:

- Degustação às cegas de cada vinho, todos numerados quanto à sequência de serviço para a primeira degustação (sequência aleatória).
- Degustação dos mesmos vinhos, porém com as garrafas expostas para visualização dos rótulos e em sequência diferente da primeira degustação (alteração aleatória da sequência).

Para cada degustação, os participantes foram solicitados a dar uma nota de zero a cinco para o vinho, que deveria considerar apenas o gosto pessoal, sem nenhum critério técnico. E ao final da degustação de cada vinho, responder se o compraria.

Os vinhos foram numerados com etiquetas, uma para cada degustação em sequências diferentes para cada experimento e embaladas para não identificação durante o serviço.

Por meio desses critérios, é natural que os sentidos fossem testados em situações diferentes. Na primeira degustação, o sentido da visão foi muito pouco explorado, apenas pela cor do vinho, similar entre todos. Na segunda, a visão foi determinante na avaliação do vinho. Os degustadores não conseguiram ter um comportamento similar após o estímulo visual. Foram polêmicos os debates após verem as garrafas, ainda antes de degustar os vinhos.

Um ambiente tranquilo subitamente se tornou movimentado, os degustadores se manifestaram sobre a comunicação visual dos rótulos, emitiram julgamentos e decisões, dizendo que jamais comprariam este ou aquele vinho. Queriam também saber qual vinho foi servido em determinada taça e qual era o rótulo dele. Um burburinho geral e gratificante por comprovar a força do estímulo visual, bastante similar em uma situação real em um ponto de venda.

Dois vinhos e respectivos rótulos foram destaque. O mais polêmico foi "o *bordeaux*", como se referiam a ele. Só nessa situação já há a força do simbólico. Sem que os degustadores soubessem os preços até então, seu rótulo, francês, com o perfil de vinhos do "Velho Mundo" – elementos gráficos que passam uma imagem tradicional e elegante – chamou atenção, pois seu sabor e sua qualidade não agradaram à maioria. Como pode um vinho francês, com rótulo tão bonito, tradicional e bem elaborado ser apenas razoável ou mesmo ruim, tendo recebido notas baixas? Essa foi a indignação de uma degustadora. Porém, quando apresentado o preço, houve o seguinte comentário: "Ah, está explicado, um vinho francês de Bordeaux com esse preço tão acessível não poderia mesmo ser boa coisa".

Portanto, as mensagens transmitidas pelo rótulo poderão ser determinantes na decisão de compra, mas outros fatores, por exemplo o preço, poderão dificultá-la, como observado acima, ou favorecê-la: "Um produto tão bom com esse preço...", ou seja, a percepção de um bom negócio. No final, o consumidor pode não ficar satisfeito com o produto que o rótulo lhe vendeu.

O outro vinho que gerou comentários e algum debate foi o português, por conta de ter um rótulo extremamente diferente para os padrões de rótulos de vinho e, ainda mais, por sua procedência. Portugal é um país do "Velho Mundo", portanto já tradicional e repleto de um grande repertório cultural e simbólico. A maioria dos vinhos portugueses tem rótulos tradicionais, simples, com poucos elementos e predominância do branco em seus fundos.

CONSIDERAÇÕES FINAIS

O rótulo é o suporte da comunicação entre o vinho e o consumidor, peça gráfica que identifica a bebida, apresenta suas características e exerce a função comercial, já que é ele que, normalmente, motiva o consumidor a adquirir o vinho.

Essas estratégias estão diretamente relacionadas ao design que é desenvolvido para os rótulos de vinhos, utilizando recursos imagéticos – cores, tipografia, organização (Gestalt), tipos de suporte, acabamentos de impressão, ilustrações etc. – e simbólicos – conceitos arquetípicos, signos, imaginário – para diferenciar os produtos nas prateleiras de lojas.

As garrafas da maioria dos vinhos são muito similares, tornando o rótulo o principal elemento de diferenciação entre eles. Assim, cada vinho exposto passa a ser vendedor de si mesmo, distinguindo-se de seus concorrentes e agregando valor e significado ao produto. Portanto, quanto mais eficientes forem as estratégias de comunicação e design estabelecidas para o projeto do rótulo de um vinho, maiores serão as chances de se persuadir o consumidor.

No procedimento metodológico de degustação, essas afirmações se mostraram verdadeiras. E o ponto alto desse experimento foi a reação dos degustadores a dois vinhos específicos, o francês e o português. Nos dois casos, o design de ambos os rótulos, associados aos conceitos simbólicos a eles atrelados, seria determinante em um cenário de ponto de venda no que diz respeito à opção de compra desses vinhos.

QUESTÕES PARA DEBATE

1) Que importância você atribui às embalagens dos produtos para a sua decisão de compra? O que costuma observar nas embalagens dos produtos e que efetivamente pode influenciar na sua decisão de adquiri-los?

2) O que, segundo o autor, está associado ao consumo simbólico do vinho? A posição do autor a esse respeito se aplica também a outro tipo de bebida? Justifique.

3) Segundo Marcelo Asnis, algumas diretrizes a serem observadas na elaboração de um rótulo para uma bebida como o vinho são importantes quando se considera o potencial de venda. Quais são essas diretrizes? Há alguma delas que, a seu ver, merece mais destaque do que as demais? Por quais motivos?

REFERÊNCIAS

ARISTÓTELES. *De anima*. São Paulo: Editora 34, 2006.

BACHELARD, G. *A Terra e os devaneios do repouso*. São Paulo: Martins Fontes, 2003.

BLESSA, R. *Merchandising no ponto de venda*. São Paulo: Atlas, 2009.

CAMPBELL, C. *A ética romântica e o espírito do consumismo moderno*. Rio de Janeiro: Rocco, 2001.

COSTA, F.M. Vinho, consumo e sociedade. Uma análise da coluna "Tintos e Tantos". *Revista Ação Midiática*. Universidade Federal do Paraná, v. 1, n. 1, 2011.

DOUGLAS, M. O mundo dos bens, vinte anos depois. *Horizontes Antropológicos*, ano 13, n. 28, p. 17-32, 2007.

DURAND, G. *As estruturas antropológicas do imaginário*. São Paulo: Martins Fontes, 2002.

FORTUNA, M. *Dionísio e a comunicação na Hélade. O mito, o rito e a ribalta*. São Paulo: Annablume, 2005.

GOMES FILHO, J. *Gestalt do objeto*. São Paulo: Escrituras, 2002.

GONÇALVES, P.R. *A fumaça da discórdia: da regulação do consumo e o consumo do cigarro*. Niterói, 2006, 127p. Dissertação (Mestrado em Antropologia) – Universidade Federal Fluminense.

GURGEL, F.A. *Administração da embalagem*. São Paulo: Thomson Learning, 2007.

HARVEY, D. A arte de lucrar: globalização, monopólio e exploração da cultura. In: MORAES, D. (Org.). *Por uma outra comunicação: mídia, mundialização cultural e poder*. Rio de Janeiro: Record, 2003.

JOLY, M. *Introdução à análise da imagem*. Campinas: Papirus, 1996.

JUNG, C.G. *O homem e seus símbolos*. Rio de Janeiro: Nova Fronteira, 1977.

LEVY, S.J. Symbols for Sale. *Harvard Business Review*. jul.-ago., 1959.

MESTRINER, F. *Gestão Estratégica de Embalagem*. São Paulo: Pearson Prantice Hall, 2007.

NEGRÃO, C; CAMARGO, E. *Design de embalagem. Do marketing à produção*. São Paulo: Novacec Editora, 2008.

PINHO, J.B. *O poder das marcas*. São Paulo: Summus, 1996.

PLATÃO. *A república*. Diálogos. v. III. Rio de Janeiro. Ediouro-Paradidatic, s.d.

SOUZA, F.A.M. Embalagem: o feio não vende. Marketing. São Paulo, *Referência*, n. 60, out. 1978.

SOUZA, V.L.; CUNHA, M.N. *Aspectos sociais e publicitários na imagem da cachaça brasileira. Cadernos de Comunicação: Revista do Programa de Pós-Graduação em Comunicação Social da Universidade Federal de Santa Maria*. v.17, n.18, jan.–jun. 2013.

TEJON, J.L.; PANZARANI, R.; MEGIDO, V. *Luxo for all: como atender aos sonhos e desejos da nova sociedade global*. São Paulo: Gente, 2010.

VENDRAMINI, L.C. *A influência da embalagem e o comportamento do consumidor: aspectos e considerações do marketing e merchandising em ação*. São Paulo, 1987. 218p. Dissertação (Mestrado em Ciências da Comunicação) – Universidade de São Paulo.

13 Marcas na berlinda: os sites sociais de reclamação e os desafios da gestão da comunicação corporativa no ambiente virtual

Marcelo da Silva

INTRODUÇÃO

Os sujeitos e as corporações estão imersos em uma sociedade mediada por práticas e relações de consumo, mas, também, caracterizada pelo acesso mais amplo à internet e, consequentemente, a uma panóplia de informações disponibilizadas em sites, blogs, redes de relacionamento, plataformas colaborativas etc. As organizações sempre foram produtoras de conteúdos; atualmente, precisam aprender a conviver com uma realidade inevitável: querendo ou não, o consumidor também tem "garantido" seu espaço de expressão e manifestação, posto que ele se tornou um usuário-mídia.

No mundo do consumo e das redes digitais, algumas palavras como relacionamento, reputação e imagem, peculiares à comunicação organizacional, povoam as diferentes formas de discurso das corporações e indivíduos. A partir dessa constatação, é possível pensar que há, ainda hoje, uma fenda entre as promessas feitas pelas empresas e o seu cumprimento, de maneira que essa fissura não é, conforme Bauman, "um sinal de defeito nem um efeito colateral da negligência, tampouco resulta de um erro de cálculo", mas representa o domínio da hipocrisia e a possibilidade de que novas promessas emerjam, mais atraentes, cativantes e envolventes, fomentando um processo de frustração constante dos desejos, sem o qual as demandas de consumo e "a economia voltada para o consumidor ficariam sem combustível" (Bauman, 2008, p. 64-65).

Nesse ambiente, as redes sociais virtuais têm se tornado a ágora tanto para as corporações quanto para os consumidores, um espaço para exposição de descontentamentos, críticas e manifestações, mas, também, um lugar para responder e dialogar, de acordo com Silva (2016). Isso levanta uma reflexão, não apenas sobre a sociedade de consumo, as marcas e os sites das redes sociais, exigindo pensarmos – ou repensarmos – a alteridade com mais propriedade, ou seja, como o "outro consumidor", e os púbicos de afinidade completam as organizações e estas os completam, uma vez que a presença de um "eu" no ciberespaço vai requerer, inelutavelmente, a de "um outro", já que somente sob o domínio de arquiteturas coletivas a subjetividade pode inventar arranjos singulares, pondera Santaella (2010).

Destarte, o objetivo é apresentar, teórico-empiricamente, algumas reflexões acerca das configurações das relações de consumo mediante a emergência dos sites sociais de reclamação e a colocação das marcas na berlinda por parte do consumidor contemporâneo e os grupos de pressão (ou de afinidades com os temas-chave com as quais as marcas comunicam seus valores, produtos e serviços).

As ambiências *on-line* trazem à baila alguns desafios para a gestão das marcas, sendo o conflito e a frustração oportunidades para a gestação de uma comunicação corporativa mais dialogal, interativa, democrática, dialógica e humana no contexto de uma sociedade plural e complexa.

AS REDES SOCIAIS DIGITAIS E SUA COMPLEXIDADE: SUBJETIVIDADES *ON-LINE,* SITES DE RECLAMAÇÃO E MARCAS

As redes sociais da internet são sistemas complexos e, por isso, qualquer análise que vise estabilizá-las para compreendê-las não será suficiente para capturar sua natureza caleidoscópica e dialética, haja vista que a dimensão de seu significado e sua "corporalidade" transcendem as bases materiais, sua superfície visível.

As "novas" subjetividades que surgem e os processos de subjetivação decorrentes das tecnologias e seus dispositivos sustentam os edifícios sociais da vida em rede, desafiando-nos a aceitar que a subjetividade não brota da fertilidade do homogêneo, senão da complexidade heterogênea do tecido social. Dessa forma, considera-se que "a internet é um universo de investigação particularmente difícil de recortar em função de sua escala [...], heterogeneidade [...] e dinamismo" (Fragoso et al., 2011, p. 55).

Conceber a complexidade das socialidades engendradas pelas redes sociais virtuais implica a construção de um pensamento capaz de compreender o comportamento discursivo dos sujeitos e as marcas que atuam e povoam o mundo *on-line*, suas demandas mais urgentes e as oportunidades, bem como os desafios que o ecossistema virtual impõe às organizações, às marcas, aos indivíduos e aos Estados-nação na contemporaneidade.

Nesse sentido, os sites de redes sociais – gozando de seus benefícios e gerindo as conflitualidades que deles/neles emergem – são parte do repertório da comunicação corporativa e têm implicações capitais em como as organizações estão funcionando e vão funcionar no futuro. Assim, nos pomos a pensar de que modo as plataformas de reclamação *on-line* podem favorecer tanto as marcas quanto os consumidores, uma vez que as concebemos como uma evolução sociotecnocultural, redesenhando as relações societais e as experiências – principalmente as frustrantes – ligadas ao consumo.

As plataformas de reclamação facilitam a veiculação das decepções decorrentes de práticas e experiências de consumo, consolidando-se pelo interesse do consumidor em questionar, problematizar, requerer, indagar e reclamar, dividindo o suporte sociotecnológico com as empresas: o consumidor parece desejar confiança, respeito e reciprocidade. Temos, assim, as plataformas de reclamação como atores sociais, pois se constituem de "interação, lugares de fala construídos pelos atores" (Recuero, 2014, p. 26), possibilitando a expressão de elementos de um *éthos* específico, com uma identidade cultural peculiar, própria do tempo em que estamos mergulhados.

O relativo empoderamento dos atores de diferentes sites de redes sociais pode nos dar pistas para a compreensão das redes que surgem nos sistemas informáticos e dos sujeitos que constituem esse novo "habitar". Pode-se, também, entender a arquitetura e o funcionamento do novo tipo de relação engendrada pela emergência das plataformas de reclamação *on-line* no Brasil.

PLATAFORMAS DE RECLAMAÇÃO NO BRASIL: ELEMENTOS HISTÓRICOS E CONTEXTUAIS

No Brasil, hoje, existem muitos sites[1] que atuam no registro de queixas e insatisfações do consumidor com produtos, serviços, atitudes e comportamentos das corporações dentro de um campo que abrange noções de negociação, (falta de) respeito, atenção, atendimento bom/ruim, frustração, justiça/injustiça, promessas *versus* cumprimento etc.

Dada a relevância dos modos de discursivização de decepções com serviços e produtos das marcas, emergem iniciativas que colocam as instituições na berlinda e conclamam formas mais abertas para lidar com as demandas consumeristas. Essas emergências que a tecnologia cria exigem das organizações um reposicionamento de suas estratégias, canais e mensagens no que concerne ao relacionamento com consumidores e à escuta de suas confusas demandas.

Denuncio: direitos do consumidor em evidência – espaço para delatar práticas abusivas das corporações/marcas

Diante da consolidação da defesa dos direitos do consumidor, em 1999, surgiu a plataforma Denuncio, com o objetivo de receber e atender a demandas específicas de consumidores insatisfeitos com as práticas de algumas organizações no tocante ao processo de negociação, promessas, consumo, atendimento, defeitos em produtos e (falta de) respeito.

O Denuncio[2] tem um *modus operandi* peculiar: apresenta algumas estatísticas que mostram as empresas mais negligentes com os consumidores e as mais atenciosas, assim como o número de reclamações atendidas.

O Denuncio oferece espaços para que o consumidor faça sua reclamação, *ranking* das corporações reclamadas, comparação entre essas organizações, publicidade e uma área para notícias relacionadas às relações e experiências

---

1   Para os fins deste capítulo, são destacadas quatro plataformas de reclamação que atuam no Brasil, as quais os autores julgam como as mais relevantes/atuantes.

2   Informações obtidas na plataforma Denuncio, a qual possui mais dados estatísticos acerca da sistemática das reclamações, ranqueamento das corporações etc. Disponível em: <www.denuncio.com.br>. Acessado em: 13 abr. 2016.

de consumo, processos contra empresas, condenações etc. É relevante destacar que o Denuncio tem uma aba para os casos de sucesso e um certificado para as corporações mais bem avaliadas pelos reclamantes.

Conforme o próprio Denuncio[3], o objetivo da plataforma "é ser um elo de comunicação eficiente entre os clientes e os fornecedores, desde que haja uma relação consumerista entre eles", intermediando o contato do consumidor com a organização, supostamente responsável por gerar a frustração e o incômodo no sujeito.

O site Reclame Aqui: organizações entre a espada e a cruz – deveres e direitos do consumidor

O Reclame Aqui se considera "o canal oficial do consumidor brasileiro" e existe há 13 anos como veículo de comunicação entre consumidores e organizações que atuam em todo o país. Esse canal centra suas atividades na internet, valendo-se do potencial das redes sociais virtuais e da amplificação do acesso dos cidadãos a elas.

Naturalmente, esse tipo de iniciativa virtual requer algumas responsabilidades por parte do propositor do serviço, do sujeito reclamante e da corporação reclamada.

Além de se considerar um site de reclamações, manifestações públicas de frustração e descontentamento, o Reclame Aqui se autointitula "site de pesquisa", aconselhando o consumidor a deixar sua queixa registrada para que outros possam saber qual foi o problema e descobrir se houve solução por parte da organização/marca reclamada.

O processo de reclamações aberto da plataforma Reclame Aqui leva em conta mais que as postagens de problemas e descontentamentos com questões negativas oriundas de práticas abusivas de consumo, considerando, ainda, a possibilidade de todos os consumidores terem uma visão prévia da empresa com a qual pensa estabelecer alguma forma de negócio e troca.

Isso ocorre por meio de um ranqueamento, de modo que as corporações reclamadas recebem uma avaliação a partir do atendimento oferecido ao consumidor, agilidade da resposta e solução do problema, o que gera uma

---

3   Disponível em: <www.denuncio.com.br>. Acessado em: 13 abr. 2016.

percepção acerca da maneira como o processo de negociação foi virtualmente conduzido pela organização.

Relevante destacar que no dia 29/04/2016, em comemoração ao seu aniversário, o Reclame Aqui produziu um vídeo com o título "Jantar da Vingança"[4], no qual colocou diretores de diferentes organizações diante de um atendimento ruim em um restaurante de São Paulo; ao final da peça, cada representante recebe um calhamaço com as reclamações que os consumidores postam todos os dias contra a empresa que ele representa.

Para além das 775 mil visualizações, foi considerado que essas iniciativas trazem à cena a questão da empatia e da alteridade, um dos desafios seminais para as organizações e suas políticas de comunicação que, quando existem, muitas vezes, tratam o público consumidor e os públicos de afinidade com descaso, desrespeito e insensibilidade.

O Reclamao.com: reclamação gratuita e patrocinada – consumidor em foco, marcas expostas

Por meio da iniciativa de Wilson Roberto, em 2011, surgiu o site Reclamão, o qual tem características muito peculiares, posto que entre as plataformas escolhidas é a única que oferece a ferramenta chamada "Reclamação Patrocinada", na qual o usuário paga uma taxa de R$ 29,00 e obtém suporte para a solução do seu problema junto à organização/marca reclamada.

O Reclamao.com classifica as organizações reclamadas a partir das respostas que elas dão aos consumidores e da solução dos problemas que são colocados em relevo nas postagens publicadas na plataforma. Esse *ranking* indica as melhores, as piores e as empresas mais reclamadas, assim como o percentual de soluções dadas ao usuário-consumidor.

O governo se posiciona: a plataforma Consumidor.gov.br

O site social de reclamação Consumidor.gov.br apareceu no cenário dos espaços virtuais, ao final de junho de 2014, para registro de queixas e insatis-

---

4 Disponível em: <https://www.youtube.com/watch?v=h7vjS_KoLdU>. Acessado em: 4 fev. 2017.

fações a respeito das corporações. Foi uma iniciativa do governo federal, por meio do Ministério da Justiça, com o intuito de oferecer um serviço *on-line* gratuito de reclamações, no qual os consumidores pudessem registrar problemas decorrentes de práticas de consumo e receber uma posição por parte das empresas acerca de serviços e produtos contratados.

A tentativa de solução dos conflitos não precisa passar, inicialmente, pelo Procon[5] nem pelos tribunais, já que a conciliação poderá dar-se apenas por meio do contato *on-line*[6]. De acordo com o Consumidor.gov.br[7], seu objetivo é oferecer um "serviço público para solução alternativa de conflitos de consumo por meio da internet", gerando uma interlocução direta entre consumidores e empresas.

É de responsabilidade da Secretaria Nacional do Consumidor do Ministério da Justiça cuidar da disponibilização e manutenção do site, assim como realizar a articulação com outros órgãos e entidades do Sistema Nacional de Defesa do Consumidor, os quais, por meio de cooperação técnica, apoiam e atuam na consecução dos objetivos do serviço prestado pela plataforma Consumidor.gov.br.

As iniciativas apontadas e outras similares – que visam combater e dar visibilidade aos abusos decorrentes da relação de consumidores/cidadãos e corporações públicas e privadas – são relevantes pelo fato de se apropriarem do potencial da internet para colocar em relevo as organizações que apresentam pouco equilíbrio entre discurso e prática, suas promoções de produtos e serviços e a forma como atendem e se comportam com seus clientes no campo dos direitos do consumidor e se preocupam com a urgente demanda por diálogo, tão necessário nas sociedades conectadas e democráticas.

---

5 Procon é o Programa de Proteção e Defesa do Consumidor, com personalidade jurídica de direito público, cuja presença se dá em diversos estados e municípios brasileiros; vinculado à Secretaria da Justiça e da Defesa da Cidadania, objetiva elaborar e executar a política estadual de proteção e defesa do consumidor.

6 Parece-nos que a ideia é transferir as queixas mais frequentes dos consumidores das filas do Procon para um ambiente virtual, de modo a desafogar os atendimentos *off-line*, que crescem de forma vertiginosa.

7 Disponível em: <https://www.consumidor.gov.br/pages/principal/?1486221374193>. Acessado em: 4 fev. 2017.

ALINHAVANDO UNIVERSOS: RECLAMAÇÕES, CONSUMIDORES E MARCAS NO AMBIENTE VIRTUAL

O universo *on-line* não se fecha em si mesmo, haja vista não ser um espaço centrado em um único sujeito, uma única proposta ou uma só corporação dentro de um segmento de atuação. É certo que a ambiência digital constrói conexões que vão formando uma rede, conectando pessoas, amigos, consumidores, fãs, cidadãos e organizações, pondo em alerta as corporações, em vista da complexidade do funcionamento das redes, as quais formam "um leito propício para a fertilização de novas formas de subjetivação" (Santaella, 2010, p. 285).

Há um consumidor mutante no universo *on-line*, valendo-se de suas possibilidades e espaços para expressar indignações, decepções, descontentamentos e frustrações.

Jenkins et al. (2014, p. 85) asseveram que o fácil acesso às várias plataformas de mídia tornou o público "mais empoderado para desafiar políticas corporativas". Assim, as diversas formas de participação ativa do público, através de "comunidades de marcas", fiscalizando o comportamento corporativo, bem como observando (e denunciando) as organizações que não agem em conformidade aos seus valores e aos interesses de seus consumidores, são pilares da cultura da propagabilidade erigida nas redes sociais da internet.

Para Jaffe, com a desordem e os fluxos intermináveis de informações disponibilizadas pelas organizações, o consumidor se viu obrigado a instalar bloqueadores de "tranqueira para priorizar, sancionar e separar penetras dos convidados bem-vindos" (Jaffe, 2008, p. 39).

Acompanhando esse pensamento, o desenvolvimento e o amadurecimento do consumidor ocorreram, segundo Souza (2009, p. 31), a partir de uma cronologia que abarca as mudanças econômicas, culturais, tecnológicas e sociais relacionadas ao mundo do consumo, conforme descrito no Quadro 13.1.

A partir da classificação de Souza (2009), verificou-se que a subjetividade virtual emerge no consumidor 3.0, o primeiro a ser multicanal e digital. É relevante salientar que esse processo evolutivo marca uma profunda transformação das relações de consumo e consciência coletiva, impactando a ética e a estética das corporações e marcas.

Quadro 13.1: A evolução do consumidor

Consumidor 5.0 2010	**Consumidor onipresente** Habita as redes sociais em tempo integral + TV interativa
Consumidor 4.0 2006-2010	**Consumidor móvel** Possui internet móvel e seu canal é o *m-commerce*
Consumidor 3.0 1995-2005	**Consumidor conectado à internet** Canal: comércio eletrônico
Consumidor 2.0 Até 1995	**Consumidor analógico** Conectado aos *media* massivos. Canais: loja, catálogo e venda direta
Consumidor 1.0 Pré-História	**Consumidor isolado** Canal: feiras livres

Fonte: Souza (2009, p. 31).

Nesse mesmo fio conceitual, Jaffe (2008) atribui ao consumidor atual dez características: é inteligente, é emancipado, é cético, é exigente, é "desfiel" [sic], vingativo, está ligado, está sempre acessível, está à frente, tem pouco tempo. Tais propriedades fazem com que o consumidor exija das marcas práticas mais coerentes, atenção às suas demandas pessoais e sensibilidade para compreendê-lo.

Esse consumidor emergente possui muitas conexões e é um capital social fundamental ao estudo das redes sociais da internet e aos interesses das marcas. Com o potencial desses nós virtuais, surgem as plataformas de reclamação como um símbolo da desesperança do consumidor em ter uma resposta agora e no desespero de ver seu problema resolvido imediatamente.

Esse contexto parece redistribuir as malhas de poder e influência, haja vista que, até então, lidava-se com o poder dos leitores e o dos manifestantes, e, hoje,

> [...] com a explosão das redes interativas multimídias, como a internet, aparece uma nova classe de cidadãos: numerosas pessoas, de diversos horizontes, que desejam exprimir-se. Ainda não sabemos gerir esta nova situação. (Lèvy, 2000, p. 219)

De acordo com Gonçalves e Silva (2014), o fluido processo de troca e a interatividade de "igual para igual" – característicos do universo virtual – têm estimulado o surgimento de plataformas virtuais voltadas aos interesses do consumidor – como as apresentadas –, deixando as organizações/marcas sem saída: ou respondem às reclamações veiculadas por seus consumidores ou arcam com o ônus decorrente da exposição negativa de sua marca para um número altíssimo de usuários-mídia.

Nesses sites, há um esforço das marcas no sentido de atenderem às demandas dos reclamantes, esclarecendo as dúvidas e explicando acerca de procedimentos, no intento de construir um relacionamento com o consumidor frustrado. Recuero (2009, p. 5) assevera que as informações que circulam nas redes sociais são persistentes, "capazes de ser buscadas e organizadas, direcionadas a audiências invisíveis e facilmente replicáveis", o que se torna um tipo de capital social – em virtude da facilidade de circulação, regras de funcionamento e valores –, com forte impacto para a imagem e a reputação das marcas nas redes.

Entre as características das redes sociais digitais listadas por Recuero (2009, p. 5), estão a persistência da informação, sua alta capacidade de replicabilidade (com alcance, muitas vezes, imensurável) e a emergência de audiências invisíveis e incontroláveis. Nesse sentido, "a circulação de informações é também uma circulação de valor social, que gera impactos na rede", pervertendo o *mainstream* das corporações, com um contrafluxo às estratégias enunciativas – mercadológicas e institucionais – em virtude de trocas e relações de consumo.

A participação e o engajamento dos consumidores e sua capacidade de eleger marcas mais confiáveis, pressionar, acompanhar e protestar *on-line* são determinantes no nível e na qualidade da resposta das empresas às dificuldades, problemas e necessidades apresentadas todos os dias nas plataformas de reclamação, no Facebook, Instagram, Twitter e outras redes sociais digitais.

A mobilização da "rede de consumidores indignados" surge de modo aleatório e espontâneo na jornada diária dos vários temas que permeiam as redes, embora, segundo Bueno (2014, p. 30), seja preciso reconhecer que, apesar dos avanços, os desafios da comunicação organizacional são evidentes, pois a "comunicação que desejamos continua sendo tolhida por processos de gestão nada democráticos, pela hipocrisia das empresas e de seus porta-vozes [...]".

A internet parece ter quebrado o totalitarismo das empresas em relação ao consumidor e contribuído com a construção de uma ciberdemocracia, na qual a ubiquidade das redes tornou-se um dos temas mais fecundos da contemporaneidade, relevando – mais que formas de expressão e individualidade – os modos de concriação, criação, disseminação e programação de pautas frequentes às corporações no ambiente digital.

Esses arranjos envolvem diferentes formas, tipos e níveis de relacionamentos. Os contatos *on-line* ocorrem nos níveis pessoal (sujeito a sujeito), organizacional (de sujeito a organização e vice-versa) e interorganizacional (de organização para organização) e são marcados pela necessidade pungente de comunicação, mais que de informação. Porém, necessitam, sobretudo, do entendimento de que a linguagem está composta de contrários que não podem se separar, os quais vivem em constante luta e reunião, interdependentes.

Esse ciberespaço híbrido e hipermoderno é difuso, não linear e aberto; nele, a tomada da palavra é direito de todos – e para todos. O discurso do sujeito que manifesta suas indignações e frustrações nos sites de reclamação e outras redes sociais virtuais é perpassado por uma "ideologia do cotidiano virtual", a qual pode se infiltrar nos discursos oficiais das marcas/organizações, ser apreendida e levá-las a reconsiderações e novos posicionamentos.

É um caminho que as marcas não podem se recusar a trilhar, apesar de estar repleto de espinhos.

CONSIDERAÇÕES FINAIS

Antes do surgimento das mídias sociais digitais – e especificamente da emergência dos sites de reclamação e indignação –, o "grande" *gatekeeper* das relações de consumo eram as corporações. Hoje, o *gatekeeper* é o sujeito que se move nas redes, a quem é dado o direito da palavra para comentar, provocar, elogiar, criticar e/ou colaborar com outros atores. A abertura democrática promovida pela internet tornou o consumidor contemporâneo uma espécie de porteiro.

Em rede e *na* rede, o homem está desde a criação do mundo. Agora, fazer parte das redes digitais – embora seja algo emergente e que se dá, em partes, de forma distinta das tradicionais redes, dos nós que têm norteado a vida individual e social dos sujeitos – não é apenas uma tendência, estando intrinsicamente ligada à cotidianidade social. Essa ambiência obriga as organizações/marcas a reverem suas políticas de comunicação e relacionamento com seus públicos de interesse, posto que, como diz Castells (1999, p. 497), "o paradigma da tecnologia da informação fornece a base material para sua expansão penetrante em toda a estrutura social". Ou seja, o habitar *on-line* é uma realidade da qual as marcas não podem se esquivar.

Esses novos formatos confrontam as culturas corporativas "avessas ao diálogo e à interação" (Bueno, 2014, p. 213), haja vista que as organizações têm tido muita dificuldade para gerir os conflitos oriundos da relação com os consumidores/usuários das plataformas digitais de relacionamento, informação, queixas e trocas comerciais. Segundo Castells (2013), vivemos a realidade do empoderamento relativo do cidadão, o qual tem certa autonomia comunicativa e mais consciência de seu lugar no mundo, o que compreende, principalmente, ter noção de seus direitos. Já para Bauman (2013, p. 19), as mídias digitais constroem um novo espetáculo que "é um drama mais ardiloso, em que o poder pode mover-se à velocidade de um sinal eletrônico" ou de um clique.

Na esteira desse pensamento, o crescimento do uso das novas tecnologias amplifica a proliferação de códigos – responsáveis pela comunicação entre sujeitos e organizações e pela atribuição de sentidos aos discursos – "poderosos", os quais capacitam os indivíduos a fabricar mundos paralelos e simular realidades. Esse cenário vai exigir das organizações uma constante adaptação e práticas que "permitam decisões mais colaborativas" (Santaella, 2010, p. 277), mais dialogais, dialógicas e abertas ao contraditório.

Temos a impressão de que mesmo em uma sociedade como a nossa, dita democrática, há muito que se debater e fazer no campo da abertura ao diálogo e recolhimento para ouvir e compreender o outro. Essa dificuldade – própria da nossa cultura – carrega uma noção dicotômica: a oportunidade para o início de uma mudança e a ameaça de uma realidade cada vez menos alentadora. Essa realidade se corporifica em práticas que violam os direitos do consumidor e do cidadão; geralmente pouco sensíveis ao outro, tais práticas ferem as possibilidades de coabitação e compaixão, dados os imperativos do capitalismo de concorrência e consumo, bem como a ausência de uma política de comunicação séria por parte das marcas/corporações.

Assim, nesse espaço relacional no qual estão inseridos corporações e sujeitos, o modelo de interatividade que vemos emergir com a sociedade em rede descentraliza o processo comunicativo e coloca, com "o mesmo poder", organizações – que sempre levaram a fama de tirânicas – e o sujeito/consumidor – dantes visto como passivo. A tomada tecnológica da palavra e a pluralização do acesso geraram uma multiplicação de narrativas e de novas estéticas antropológicas que legitimam o que Santaella chamou de processos de decisão essencialmente "negociais, democráticos, participativos" (Santaella, 2010, p. 272).

O sujeito exige que as marcas atuem interativamente com mais eficiência e eficácia, haja vista que os fluxos contínuos de informação redinamizam o processo de informação, tanto *on-line* como *off-line*, sendo que o *input* e o *output* – que já faziam parte do ambiente corporativo – se tornaram um comportamento comum aos usuários das redes. Esses sujeitos deixaram o lugar de receptores de conteúdos para também produzir de modo independente e influenciar nas peças criadas pelas marcas. O que Bueno (2014, p. 216) chamou de "torvelinho de informações" ou "buraco negro" das mídias sociais digitais refaz a dinâmica do acesso, da interação e do poder, agora mais pulverizado e disponível aos consumidores e grupos de pressão.

O universo de contatos dos sujeitos está composto de um circuito de relações quantificáveis com as quais mantém um nível de aproximação que leva a certas conversações, compartilhamentos, "curtidas", debates, embates e discussões. Nesse sentido, Cremades (2009, p. 62) defende que "como a funda de Davi, as novas tecnologias oferecem ao homem das ruas o poder de competir com mais eficácia". Isso aponta para a realidade das plataformas de reclamação, na medida em que a frustração, o descontentamento e o incômodo com situações ligadas a produtos e/ou serviços ou promessas não cumpridas, atendimentos pessoais e *on-line* malsucedidos, defeitos em produtos etc. passam a ser a tônica do jogo do consumo e das relações entre consumidor e marcas.

A tomada da palavra por parte dos sujeitos e a consolidação dos direitos do consumidor colocam as marcas na berlinda; nesse contexto, emerge como desafio às organizações a gestão da convivência e a preeminência do respeito pelas demandas do consumidor, assim como a abertura para a escuta das distintas vozes que povoam as plataformas de reclamação *on-line* e outras redes sociais; o potencial tecnológico e a interatividade não podem ser vistos como um fim, mas um meio que podem produzir estratégias para a gestão dos conflitos entre marcas, consumidores e ativistas.

Acreditamos que a comunicação não promove, de fato, a compreensão humana, porque ela necessita de disposição subjetiva. Todavia, a comunicação como processo pode reduzir as incompreensões que reinam no cotidiano e nas relações entre marcas e consumidores. A coabitação é o preço que temos de pagar por um mundo menor e mais próximo, recortado por técnicas refinadas, interativas e personalizadas; carecemos de uma comunicação organizacional que (re)considere a alteridade radical e o dever de gerir a convivência, tanto no mundo *off-line* quanto no *on-line*.

QUESTÕES PARA DEBATE

1) Você já utilizou sites de reclamação para se manifestar contra uma marca ou uma organização? Se sim, essa decisão contribuiu para que o problema, objeto de sua reclamação, fosse resolvido? Explique.

2) "A internet parece ter quebrado o totalitarismo das empresas em relação ao consumidor e contribuído com a construção de uma ciberdemocracia, na qual a ubiquidade das redes tornou-se um dos temas mais fecundos da contemporaneidade, relevando – mais que formas de expressão e individualidade – os modos de concriação, criação, disseminação e programação de pautas frequentes às corporações no ambiente digital." Você concorda, total ou parcialmente, com a afirmação de Marcelo da Silva ou discorda dela? Justifique.

3) O autor acredita que o embate entre os consumidores e as marcas nos sites de reclamação "descentraliza o processo comunicativo e coloca, com "o mesmo poder", organizações – que sempre levaram a fama de tirânicas – e o sujeito/consumidor – dantes visto como passivo". Baseando-se na sua experiência, você concorda com ele? Ou acredita que, no fundo, apesar dos sites de reclamação, as marcas continuam prevalecendo sobre os consumidores?

REFERÊNCIAS

BAUMAN, Z. *Vida para consumo*. Rio de Janeiro: Zahar, 2008.

_____. *Vigilância líquida*. Rio de Janeiro: Zahar, 2013.

BUENO, W.C. *Comunicação empresarial: da rádio peão às mídias sociais*. São Bernardo do Campo: Metodista, 2014.

CASTELLS, M. *A sociedade em rede*. São Paulo: Paz e Terra, 1999.

_____. *Redes de indignação e esperança: movimentos sociais na era da internet*. Rio de Janeiro: Zahar, 2013.

CREMADES, J. *Micropoder: a força do cidadão na era digital*. São Paulo: Senac, 2009.

DI FELICE, M. Auréola digital: a crise dos pontos de vista centrais e o fim do direito exclusivo da edição das informações. In: MARCHIORI, M; OLIVEIRA, I.L. *Redes sociais, comunicação e organizações*. São Caetano do Sul: Difusão, 2012.

FRAGOSO, S.; RECUERO, R.; AMARAL, A. *Métodos de pesquisa para internet*. Porto Alegre: Sulina, 2011.

GONÇALVES, E.M.; SILVA, M. A amplitude do diálogo nas redes sociais digitais: sentidos em construção. In: GOULART, E.E. (Org.). *Mídias sociais: uma contribuição de análise*. Porto Alegre: Edipuc-RS, 2014.

JAFFE, J. *O declínio da mídia de massa: por que os comerciais de TV de 30 segundos estão com os dias contados*. São Paulo: M.Books, 2008.

JENKINS, H.; GREEN, J.; FORD, S. *Cultura da conexão: criando valor e significado por meio da mídia propagável*. São Paulo: Aleph, 2014.

LÈVY, P. *Cibercultura*. Rio de Janeiro: Editora 34, 2000.

RECUERO, R. Redes sociais na internet, difusão de informação e jornalismo: elementos para discussão. In: SOSTER, D.A.; FIRMINO, F. (Orgs.). *Metamorfoses jornalísticas 2: a reconfiguração da forma*. Santa Cruz do Sul: Unisc, 2009.

_____. *Redes sociais na internet*. Porto Alegre: Sulina, 2014.

SANTAELLA, L. *A ecologia pluralista da comunicação: conectividade, mobilidade, ubiquidade*. São Paulo: Paulus, 2010.

SILVA, M. *A comunicação corporativa e o discurso do consumidor contemporâneo nos sites sociais de reclamação: decepção e coabitação na rede – desafios e oportunidades*. São Paulo, 2016. 291p. Tese. (Tese em Comunicação Social) – Universidade Metodista de São Paulo.

SOUZA, M.G. *Neoconsumidor digital, multicanal & global*. São Paulo: GS&MD, 2009.

PARTE 4 – Fontes e recursos para comunicação e gestão de marcas

14 Comunicação e gestão de marcas: fontes e recursos

Wilson da Costa Bueno

Com o objetivo de favorecer a ampliação do conhecimento, leitura e debate sobre a temática abrangente de "comunicação e gestão de marcas", este capítulo lista um conjunto significativo de materiais (fontes e recursos) específicos, como livros, e-books, artigos *on-line*, sites e portais, dissertações, teses e monografias de cursos de especialização e vídeos.

A proposta é também permitir que professores, estudantes, pesquisadores e profissionais possam valer-se desses materiais, seja para o processo de ensino *vs.* aprendizagem, seja para subsidiar debates e novas publicações ou apresentações (artigos, capítulos de livro, palestras, seminários etc.).

No caso de artigos, sites, portais e mesmo e-books, dissertações e teses, este levantamento inclui o *link* que permite o acesso fácil; a indicação de livros de autoria individual ou coletâneas se faz acompanhar da referência completa da obra, um breve resumo e a citação de um trecho.

Evidentemente, este levantamento inicial não tem a pretensão de esgotar o assunto, mesmo porque a produção de novos mate-

COMUNICAÇÃO EMPRESARIAL E GESTÃO DE MARCAS

riais sobre essa temática é permanente, estimulada pela sua atualidade e relevância, notadamente para as áreas de comunicação e marketing.

LIVROS DE AUTORIA INDIVIDUAL E COLETÂNEAS

1) **BATEY, M.** *O significado da marca. Como as marcas ganham vida na mente dos consumidores.* **Rio de Janeiro: Best Business, 2010.**

A obra tem como objetivo descrever como as marcas incorporam significado e, para isso, o autor busca entender a motivação do consumidor e, em geral, a motivação humana. Ela trata, prioritariamente, como indica o seu próprio título, do significado da marca, que, segundo Batey, se origina de duas fontes distintas: "(1) aqueles codificados e comunicados pelo dono da marca e (2) os significados captados, criados e atribuídos pelos consumidores num ambiente permanente de consumo" (p. 16). O texto tem capítulos específicos sobre significado da marca e comunicação de marca, extremamente úteis para quem estuda, pesquisa e atua nessa área.

Um trecho escolhido do livro:

> É o significado da marca que faz a mediação entre os produtos e a motivação do consumidor, determinando assim seu comportamento. O significado de uma marca é estabelecido a partir de como ela é percebida pelo público em nível consciente e de como ela age dentro dele no nível semi ou subconsciente. [...]. A expressão se refere às características semânticas ou simbólicas de uma marca, à soma dos elementos conscientes e subconscientes fundamentais que compõem sua representação mental para o consumidor. Seu significado define e é definido pelo território em que o significado gerado pelas diversas associações à marca corresponde às necessidades e aspirações do consumidor. É onde as qualidades concretas do produto encontram as qualidades abstratas da marca. (p.189-90)

2) **CARRIL, C.D.B.** *Qual a importância da marca na sociedade contemporânea?* **São Paulo: Paulus, 2007.**

Obra pouco ambiciosa, com pouco mais de 70 páginas em formato reduzido, que integra a coleção *Questões Fundamentais da Comunicação*, editada pela Paulus, mas que nem por isso deixa de contribuir para o conhecimento e o debate sobre as marcas na sociedade moderna.

A autora, jornalista e pesquisadora, com mestrado em Comunicação e Semiótica pela PUC-SP, traça um cenário objetivo e lúcido das marcas e sua importância, com inúmeros exemplos, permitindo uma leitura rápida, indicada sobretudo para os pouco familiarizados com a temática. É preciso ressaltar dois capítulos que tratam, respectivamente, da crise das marcas e da gestão necessária das marcas por pequenas e médias empresas, focos nem sempre incluídos na literatura dessa área (como se pode avaliar a partir dos resumos dos demais textos indicados neste capítulo).

Um trecho escolhido do livro:

> A gestão de marcas para pequenas empresas depende ainda de conscientização e quebra de paradigmas. De um lado, por parte das agências e profissionais de publicidade, que devem mudar sua visão de mercado e olhar não só para as grandes empresas, mas também para as pequenas, que são imensa maioria no Brasil e que necessitam de ajuda especializada. Por outro lado, os pequenos empresários não anunciam. Ainda não há a cultura da marca em suas empresas, por entenderem que são necessários milhares de reais para alavancarem a imagem da marca de suas empresas. (p. 63)

3) **COSTA, J. *A imagem da marca, um fenômeno social*. São Paulo: Edições Rosari, 2008.**

Texto clássico de Joan Costa, professor da Universidade Autônoma de Barcelona, na Espanha, catedrático em Design Gráfico e Comunicação Visual, além de presidir a Associação Ibero-americana de Comunicação Estratégica e que foca, especificamente, no que denomina de imagem da marca. Na verdade, o texto traça um panorama abrangente da questão da marca (conceito, evolução da marca etc.), concentrando-se ao final no tema título do livro.

O livro assume um tom essencialmente didático e está marcado pela experiência do autor, reconhecido consultor na área de gestão da comunicação e da imagem das organizações e das marcas. Além da atenção aos conceitos, Joan Costa ilustra a obra com alguns *cases* (Séphora Blanc e Pirelli, por exemplo), contextualiza o debate sobre as marcas, refere-se à quarta geração da marca – a marca/emoção –, e a contempla como um sistema vivo. Leitura interessante e fluente tendo em vista a capacidade de comunicação do autor.

Um trecho escolhido do livro:

O que acontece é que as marcas não nascem como marcas, mas como produtos. E efetivamente vão adquirindo uma vida autônoma a partir destes. Isto é visível nas supermarcas que abrangem uma diversificada e numerosa carteira de produtos e linhas de produtos. Impondo-se assim, as marcas se enchem de significados, de conteúdos, inclusive, às vezes, aparentemente contraditórios. Desta forma, as marcas/emoção tratam de atender aos diversos enfoques da sensualidade e criam, para tanto, submarcas, marcas-filhas e extensões de marcas. (p. 94)

4) **DOMENEGHETTI, D.; MEIR, R.** *Ativos intangíveis: o real valor das empresas. Como sair do deserto competitivo dos mercados e encontrar um oásis de valor e resultados para sua empresa.* **Rio de Janeiro: Campus, 2009.**

Embora a obra não se limite a tratar especificamente da questão das marcas, as contempla como um ativo intangível fundamental ao lado da sustentabilidade, da inovação, da governança corporativa, entre outros. O texto dá atenção a conceitos e tipologias e aborda uma centena de aspectos relacionados ao tema geral, contribuindo para aumentar o conhecimento e a reflexão sobre ativos intangíveis e as marcas em particular.

Um trecho escolhido do livro:

Todas as Marcas clamam por atenção. Nunca houve tantas ferramentas de marketing ou técnicas de aproximação. E nunca o consumidor se fechou tanto para essas investidas. Poucas pessoas abrem mala direta, leem *pop-up*, *outdoor* ou aceitam conversas mais demoradas com o setor de televendas. As pessoas não têm tempo, não querem ser abordadas pelas empresas, são seletivas e morrem de medo das pessoas que não conhecem. O consumidor vestiu uma armadura blindada e as empresas não conseguem penetrá-la. Pesquisas norte-americanas mostram que a credibilidade que os consumidores atribuem às propagandas unidirecionais veiculadas nas tradicionais mídias de massa não passa de 6%. E essas consomem os maiores orçamentos de propaganda das empresas. Que discrepância! Quanto dinheiro mal investido! (p. 63)

5) **FREITAS, M.B.R.; NETO, M.M.M.** *Marca: do marketing ao balanço financeiro.* **Rio de Janeiro: Editora Uerj, 2015.**

Texto básico e que aborda um conjunto significativo de subtemas associados à marca que se estendem do referencial essencialmente teórico (conceitos e reflexões) às metodologias de avaliação do valor da marca. Os autores partem da contextualização da marca como ativo intangível e dedicam a maior parte da obra para apresentar pesquisa realizada junto a 11 empresas, subsidiadas por entrevistas feitas com especialistas.

Um trecho escolhido do livro:

> [...] a marca tem *brand equity* positivo se, ao ser revelada ao consumidor, provoca reações favoráveis e intensificadas em relação ao bem ou serviço que representa, haja vista as possibilidades de aumento de receitas e redução de custos; e tem *brand equity* negativo se essa reação for de rejeição. (p. 78)

6) LINDSTROM, M. *Brandsense: segredos sensoriais por trás das coisas que compramos.* Porto Alegre: Bookman, 2012.

Texto interessante, de um autor consagrado (seu livro *A lógica do consumo* constitui-se em um *best-seller*), fartamente ilustrado com *cases* e exemplos, que evidencia o uso pelas empresas, em seus produtos, de apelos aos sentidos (tato, sabor, cheiro, visão e som), com resultados, muitas vezes, excelentes. Segundo Lindstrom, o *branding* sensorial tem como objetivo estimular o relacionamento com uma marca, o que pode não apenas motivar o comportamento impulsivo de compras, mas também conectar as marcas com as emoções. A leitura vale a pena pela originalidade da abordagem e pela articulação entre a teoria e a prática, com o resgate de conceitos e estudos sobre o tema e as suas inúmeras e reveladoras e bem-sucedidas aplicações.

Um trecho escolhido do livro:

> O fato é que cada um dos nossos sentidos está inerentemente interconectado com os outros. Saboreamos com o nariz. Vemos com os dedos e escutamos com os olhos. Contudo, assim como podemos identificar uma marca por meio de uma garrafa quebrada, também podemos quebrar os sentidos para construir e gerar uma conexão positiva entre nós, consumidores, e as marcas de que gostamos – e, assim, entrar bravamente no território inexplorado do *branding* sensorial. (p. 73)

226 COMUNICAÇÃO EMPRESARIAL E GESTÃO DE MARCAS

7) LINDSTROM, M. Brandwashed. *O lado oculto do marketing. Controla-mos o que compramos ou são as empresas que escolhem por nós?* **São Paulo: HSM Editora, 2012.**

Esse livro de um autor consagrado nos Estados Unidos, considerado na primeira década do século XXI, pela revista *Time*, uma das pessoas mais influentes do mundo, representa uma crítica ao consumismo e às estratégias ardilosas das empresas para persuadir os consumidores, violar a nossa privacidade e empurrar produtos desnecessários ou pouco saudáveis. Segundo ele, é necessário adotar o processo de desintoxicação das marcas, resistir à investida das marcas. O texto traz o prefácio de Jaime Troiano, um dos maiores especialistas no assunto em nosso país e merece ser lido com atenção. Certamente, aqueles que tomarem contato com esse livro se sentirão desconfortáveis, notadamente se são fãs de marcas globais e consumidores impulsivos.

Um trecho escolhido do livro:

[...] os pequeninos de fato conseguem pedir as marcas pelo nome, assim que começam a falar. Em um famoso estudo, um bebê de 23 meses repetiu o mantra "Coca-Cola é isso aí", enquanto outro da mesma idade gesticulou para a garrafa de cerveja que o pai segurava, murmurando: "Diet Pepsi, uma caloria a menos". Quando chega ao primeiro ano do ensino básico, uma criança relaciona facilmente cerca de duzentos nomes de marcas, número razoável se pensarmos que, em média, cada pequeno ganha setenta brinquedos e aparelhos eletrônicos por ano. Uma pesquisa da Nickelodeon concluiu que, aos nove anos, o futuro consumidor já foi exposto a cerca de trezentos e quarenta marcas. (p. 37)

8) MOFFITT, S.; DOVER, M. *Wikibrands: como reinventar sua empresa em um mercado orientado para os clientes.* **Porto Alegre: Bookman, 2012.**

Os autores, parceiros de Don Tapscott, considerado um ícone na área de negócios nos Estados Unidos, autor de *Wikinomics*, uma das obras de administração mais vendidas naquele país, produziram esse livro a partir de sua participação em um programa bem-sucedido de pesquisa sobre marcas.

Eles conceituam de imediato, já no início do primeiro capítulo, o que denominam de *wikibrands* ("um conjunto progressivo de organizações, produtos, serviços, ideias e causas que tiram proveito da participação, influência social e colaboração dos clientes para gerar valor nos negócios"), buscando demonstrar que há novos desafios a vencer e que eles acarretam obrigatoriamente uma mudança radical na forma de enxergar a relação entre consumidores e marcas. Lembram que agora o "cliente está no controle", que o paradigma do marketing precisa ser reinventado e que é necessário lançar mão de novas ferramentas e plataformas. Pela sua originalidade e tom desafiador, a obra será lida com interesse por estudiosos, pesquisadores, professores, estudantes e profissionais porque, fundamentalmente, tem como objetivo tirar todos de uma natural e perigosa zona de conforto.

Um trecho escolhido do livro:

> Durante muito tempo, as companhias criaram produtos e serviços e então os empurraram para os clientes, utilizando as ferramentas da época. Os quatro P's do marketing – produto, praça, promoção e preço – eram sacrossantos [...]. Quando as estratégias eram formadas, os clientes eram levados em consideração ao planejar e ao empurrar estas mensagens a partir de mídias intermediárias. A mensagem era controlada; o papel dos clientes era escutar e comprar. Agora, perante uma radical mudança no modo como a colaboração possibilitada pela tecnologia transforma os relacionamentos, uma geração talhada pela internet promoverá enormes mudanças nos negócios e na cultura. O modo como as empresas criam valor com as marcas será transformado pelos relacionamentos e experiências que essas empresas estabeleceram com os consumidores. As marcas deixarão de ser um conceito abstrato na mente, passando a requerer uma arquitetura nova e mais sofisticada que envolva integridade e um diálogo em duas mãos. (p. 5)

9) NUNES, G; HAIGH, D. *Marca: valor do intangível. Medindo e gerenciando seu valor econômico.* São Paulo: Atlas, 2003.

Após apresentar alguns conceitos básicos e contextualizar o processo de *branding* na sociedade moderna, os autores focam no processo de avaliação da marca, apresentando várias técnicas de avaliação. No capítulo final, tratam da legislação internacional e do tratamento contábil da marca.

Um trecho escolhido do livro:

> Enfim, marca é o que fica para o público em termos de valor e, obviamente, é muito mais do que o produto, como vimos, valor este que vem da qualidade e preço do produto, do atendimento e ambiente da loja, das notícias de jornal sobre a empresa, da qualidade de gestão da empresa, de seu reconhecimento, da lealdade

de seus consumidores, dos processos, tecnologia e sistemas da empresa, da distribuição e logística, da capacidade de seus colaboradores, da entrevista do presidente na TV etc. Neste sentido, a marca adquire conotação humana. Ela é quem vai "dar vida" às empresas do século XXI. *Marca como um ser vivo é, portanto, um fenômeno cultural, com um propósito, o qual sintetiza uma crença, valores, objetivos e missão da empresa/marca junto a seus stakeholders ou públicos com os quais se relaciona direta ou indiretamente.* (p. 82, grifos dos autores)

10) SERRALVO, F.A. (Org.). *Gestão de marcas no contexto brasileiro.* São Paulo: Saraiva, 2008.

Texto básico sobre gestão de marcas que reúne inúmeros autores, com relevante atuação profissional ou acadêmica, para conceituar, descrever e analisar aspectos diversos do processo de construção, gerenciamento e posicionamento das marcas. Ela inclui capítulos sobre o patrimônio da marca, a internacionalização das marcas brasileiras, a relação entre as marcas e as atitudes do consumidor e, ao final, traz o relato de gestores sobre marcas conhecidas.

Um trecho escolhido do livro:

O patrimônio de marca (*brand equity*) é o conjunto de atributos intangíveis que a marca consegue transferir para a oferta (produto ou serviço) da empresa, sendo representado por todas as associações positivas (funcionais ou emocionais) relacionadas à marca, e confere o grau de prestígio e distinção que a oferta pode alcançar no mercado. Essa noção central procura ressaltar o fato de que as marcas renomadas só conseguem um patrimônio de marca significativo com um alto grau de distinção, isto é, estão fortemente posicionadas no mercado, possuindo uma presença marcante na mente dos clientes, a qual indica ao indivíduo a marca a ser escolhida no momento em que a necessidade do produto é percebida, levando-se em conta os referenciais relativos à marca na categoria. (p. 137)

11) SCHULLER, M.; TONI, D. *Gestão da imagem de organizações, marcas e produtos através do MCI – Método para Configuração de Imagem.* São Paulo: Atlas, 2015.

Os autores desse livro, professores e pesquisadores com doutorado em universidades de prestígio no Brasil e no exterior, têm como foco a gestão da imagem, ativo valioso na sociedade moderna. Para tanto, além de dedicarem atenção especial ao conceito de imagem, ao seu processo de formação e à gestão da imagem das organizações, marcas e produtos, apresentam e detalham uma metodologia por eles criada para monitorar a imagem, certamente atendendo a uma demanda atual do mercado. No referencial teórico e na apresentação da sua metodologia dão atenção particular à imagem da marca, o que justifica a inclusão dessa obra nas nossas indicações de leitura.

Um trecho escolhido do livro:

A marca existe a partir de uma imagem, uma imagem de marca. A construção dessa imagem depende, em grande parte, de fatores subjetivos e muito pessoais, pois cada indivíduo tem suas percepções e constrói as imagens de acordo com seus referenciais. O que as pessoas veem depende das características dos estímulos, mas também de suas personalidades, valores, experiências e crenças. O conhecimento destas representações mentais pelos anunciantes é um elemento-chave de toda a política de marca, pois a imagem é um dos ativos mais preciosos que uma empresa pode ter. (p. 33)

12) SCHULTZ, D.E.; BARNES, B.E. *Campanhas estratégicas de comunicação de marca*. Rio de Janeiro: Qualitymark, 2001.

Obra importante sobre gestão de marca, particularmente porque traz capítulos esclarecedores sobre estratégias de campanha de marca e para sua avaliação. Inclui também outros capítulos dedicados aos conceitos de marca, criação e valor de marca, além da relação entre consumidores e as marcas. Caracteriza-se por articular adequadamente o referencial teórico sobre o tema e boas práticas em gestão de marca. Como foi publicada anteriormente à emergência e consolidação das mídias sociais, a obra não as incorpora, mas isso não desmerece o seu valor.

Um trecho escolhido do livro:

Embora as organizações sejam capazes de determinar o valor da marca e o seu poder de lucro em potencial e, portanto, determinar algum tipo de valor de aquisição ou venda no mercado, grande parte do verdadeiro valor da marca reside realmente no cliente ou consumidor. Se o consumidor não valorizar a marca, ou se o valor dado à marca pelo cliente diminuir ou aumentar, então, com o passar do tempo, o valor da marca para a organização certamente também irá diminuir ou aumentar. O consumidor final da marca, no mercado, determina o valor daquela marca para si, em relação a outras alternativas do mercado e ao seu próprio desejo ou vontade. (p. 53)

13) TOMIYA, E.H. *Branding analítico: métodos quantitativos para gestão da marca.* **São Paulo: Atlas, 2014.**

O autor conceitua e detalha o que denomina de *branding* analítico, não sem antes resgatar o conceito (ou conceitos) tradicionais de *branding* e da sua importância para as organizações. Segundo ele, com base em sua experiência, há uma série de constatações obrigatórias sobre as marcas, entre as quais a necessidade de uma abordagem sistêmica, o que significa que a mídia (ou a propaganda) não é tudo; deve-se considerar também o respeito obrigatório das marcas à cultura, à economia, à sociedade em que se inserem; a importância de as marcas entregarem o que prometem e o uso de métricas adequadas para o processo de gestão das marcas, entre outras.

Tomiya refere-se ainda a aspectos básicos da temática das marcas, como posicionamento, identidade, arquitetura de marca etc., e dedica o módulo final à questão do valor da marca, a partir de várias perspectivas com um componente marcadamente econômico-financeiro.

Um trecho escolhido do livro:

A arquitetura de marcas é a representação visual de uma estrutura de comunicação que ilustra o relacionamento entre entidades organizacionais (como divisões e subsidiárias), marcas de produtos e serviços e a matriz. A arquitetura de marcas também se refere à estrutura de comunicação, à estrutura da identidade ou ao sistema de nomenclatura, sempre respeitando os limites da estratégia e o posicionamento de cada marca. A arquitetura de marcas deve ser clara, de forma a possibilitar a compreensão do todo da empresa e deixar a impressão de que todos os produtos e serviços estão relacionados a um todo maior. (p. 80-1)

14) TOMIYA, E. *Gestão do valor da marca. Como criar e gerenciar marcas valiosas.* **2.ed. Rio de Janeiro: Senac Rio, 2010.**

Com uma perspectiva essencialmente didática, sem ser simplista, o autor elabora um voo panorâmico sobre marcas e *branding*, fixando conceitos e abordando tópicos essenciais do tema, como a identidade da marca, posicionamento da marca e sobretudo a avaliação da marca. Ele dedica o último capítulo para o *ranking* das marcas mais valiosas e, embora se reporte a dados de 2009, traz informações importantes sobre alguns dos critérios utilizados para o processo de avaliação de uma marca.

Um trecho escolhido do livro:

> Marcas são a reprodução da cultura de um empreendedor ou de um grupo de empreendedores que têm determinados valores ou uma filosofia em comum. Essa filosofia cria uma cultura interna, uma cultura organizacional ou um jeito de ser e fazer da organização. É exatamente dessa vocação (no caso da Apple, "Pense diferente"; no caso da Tam, "O prazer em voar e servir"), proveniente da essência das próprias pessoas que as empresas conseguem transmitir sua cultura para os públicos externos – de maneira consistente em todos os pontos de contato da relação marca *versus* públicos estratégicos. [...] Essa cultura interna é a identidade da marca. A cultura estabelecida pelos públicos externos (consumidores, sociedade, clientes, investidores) é a imagem ou percepção da marca. (p. 47-8)

15) TROIANO, J. *As marcas no divã: uma análise de consumidores e criação de valor*. São Paulo: Globo, 2009.

Trata-se de um dos textos mais relevantes de Jaime Troiano, especialista em gestão de marcas e consultor renomado nessa área, com trabalhos premiados e reconhecidos para um número formidável de empresas e organizações brasileiras ou multinacionais. Baseado sobretudo em sua experiência profissional, Troiano destaca, já na apresentação do livro, o fato de que o consumidor, longe de ser racional, "corre atrás das marcas que incorporam valor e alimentam seus sonhos e emoções" e que "é impossível entrar na carteira do consumidor sem antes entrar na vida dele" (p. 16). Descreve, com a apresentação de *cases* ou ilustrações, técnicas de investigação de comportamento do consumidor, constata a "destribalização do consumidor", a importância cada vez maior dos *trendsetters* (inovadores, os que adotam primeiramente uma ideia, um estilo etc.) e a necessidade imperiosa de conviver com os consumidores para entender os seus hábitos e valores. Ele prega a chamada etnografia da marca, analisa o mercado feminino e o mercado jovem, buscando compreender a relação desses segmentos com as marcas. Obra essencial para quem estuda, pesquisa e gerencia marcas.

O livro *As marcas no divã*, disponível para download, é uma obra de referência e merece estar na mesa de cabeceira dos estudiosos de marcas. Ele pode

COMUNICAÇÃO EMPRESARIAL E GESTÃO DE MARCAS

ser baixado em: <http://troianobranding.com/marcasnodiva.pdf>. Acesso em: 17 nov. 2016.

Um trecho escolhido do livro:

Etnografia de marca é uma forma de ter acesso ao conjunto dos aspectos culturais e dos valores que orientam a vida e os comportamentos do consumidor. Mesmo que estejamos realizando etnografia de marca, o processo de observação e convivência com o consumidor e seu grupo é abrangente. Não dirigimos nosso foco exclusivamente para a marca. Nosso interesse é entender a totalidade da cultura e dos valores do consumidor para aprender o significado mais profundo de sua conexão com as marcas. Como metáfora apenas, a etnografia de marca lembra muito mais uma "endoscopia" do que uma "radiografia" [...] Na etnografia de marca, a preocupação central é entender a natureza da relação e da conexão que determinada marca estabelece com certos grupos de consumidores. (p. 56-7)

16) TYBOUT, A.M; CALKINS, T. (Orgs.). *Branding*. São Paulo: Atlas, 2006.
Coletânea que reúne duas dezenas de artigos sobre conceitos-chave de *branding*, estratégias para construção e alavancagem de marcas, posicionamento de marcas e cultura organizacional, entre outros temas. Ela foi organizada pela Kellog School of Management da Northwestern University, tem prefácio de Philip Kotler e, em muitos artigos, assume o tom de depoimento ou relato, tornando a leitura fácil e fluida.

Um trecho escolhido do livro:

Branding é muito mais do que dar nome a uma oferta. *Branding* é fazer certa promessa aos clientes sobre como viver uma experiência e um nível de desempenho completos. Assim, *branding* requer que todos os participantes da cadeia de suprimento – do desenvolvimento do produto à fabricação, de marketing à venda e à distribuição – trabalhem para cumprir essa promessa. Isso é o que significa "viver a marca". A marca torna-se a plataforma completa para planejar, desenhar e entregar valor superior aos clientes-alvo da empresa. (Prefácio, de Philip Kotler, p. VII)

E-BOOKS GRATUITOS

ALMEIDA, D. *Rebranding: design e estratégia para renovar marcas*. (s.d). Disponível em: <http://pt.slideshare.net/BetoLima/ebook-rebranding-design--e-estratgia-para-renovar-marcas>. Acesso em: 10 nov. 2016.

BUZZMONITOR. *Gestão e monitoramento de marcas no Instagram com o Buzzmonitor*. 2016. São Paulo. Disponível em: <http://www.buzzmonitor.com.br/ebooks/gestao-e-monitoramento-de-marcas-no-instagram-com-o-buzz-monitor>. Acesso em: 25 nov. 2016.

LETT INSIGHTS. *Estratégias de precificação on line para marcas*. São Paulo (s.d). Disponível em: <http://blog.lett.com.br/download-ebook/estrategias--de-precificacao-online-para-marcas/>. Acesso em: 25 nov. 2016.

SITES E PORTAIS

Grupo Troiano de Branding (www.troianobranding.com)

Um dos mais prestigiados (merecidamente) especializados em marcas/*branding* do país. O site traz um conjunto formidável de artigos, vídeos, *podcasts* e *cases* sobre o tema e merece ser consultado regularmente por professores, pesquisadores, profissionais, gestores e estudantes.

Associação Nacional dos Programas de Pós-Graduação em Comunicação (Compós) (www.compos.org.br)

Entidade que congrega os programas de pós-graduação em Comunicação do país e que, em seu evento anual, apresenta trabalhos relevantes de autoria de pesquisadores da área. É possível encontrar alguns deles que, direta e indiretamente, tratam da questão das marcas e dos ativos intangíveis em geral, embora o grupo de trabalho (GT) sobre Comunicação Organizacional tenha sido desfeito recentemente, o que penalizou sobremaneira a oferta de trabalhos com esse foco. Os anais dos encontros da Compós, com os trabalhos apresentados, podem ser acessados pelo link: <http://compos.org.br/anais_encontros.php>. Acesso em: 4 fev. 2017.

Associação Brasileira de Pesquisadores em Comunicação Organizacional e Relações Públicas (Abrapcorp) (www.abrapcorp.org.br)

A mais importante entidade da área de Comunicação Organizacional/ Empresarial, com um foco eminentemente acadêmico-científico, realiza eventos anuais que incluem a apresentação de trabalhos, muitos dos quais versam direta ou indiretamente sobre a questão das marcas. Para ter acesso aos trabalhos, acesse o link: http://www.abrapcorp.org.br/site/int.php?pagina= congresso-abrapcorp. Acesso em: 4 fev. 2017. É possível resgatar os anais com os artigos apresentados nos eventos desde a sua primeira edição, em 2007.

Sociedade Brasileira de Estudos Interdisciplinares da Comunicação (Intercom) (www.intercom.org.br)

A mais antiga entidade da área de Comunicação e que, tradicionalmente, incorpora em seus eventos (nacional e regionais) trabalhos sobre comunicação organizacional e, em particular, sobre marcas. É possível acessar os trabalhos apresentados no evento nacional pelo link: <http://www.portalintercom. org.br/eventos/congresso-nacional/apresentacao5>. Acesso em: 4 fev. 2017. Os anais dos eventos regionais estão disponíveis no link: http://www.portalintercom.org.br/eventos/congressos-regionais/congressos-regionais-principal. Acesso em: 4 fev. 2017.

ARTIGOS *ON-LINE*

BALDISSERA, R. Comunicação organizacional e gestão de marca: redes de organizações por articulação conceitual. 2014. Disponível em: <http://compos. org.br/encontro2014/anais/Docs/GT07_COMUNICACAO_EM_CONTEX-TOS_ORGANIZACIONAIS/roacbaldisserafinall_2196.pdf>. Acesso em: 16 nov. 2016.

BÓ, G.D.; MILAN, G.S.; TONI, D. O endosso por celebridade e a gestão da imagem da marca: evidências empíricas a partir do estudo da marca Ipanema. 2012. Disponível em: <http://www.scielo.br/pdf/read/v18n3/v18n3a05.pdf>. Acesso em: 16 nov. 2016.

FEIJÓ, V.C. Branding digital: o desafio das marcas na atualidade. 2012. Disponível em: <http://www.intercom.org.br/papers/regionais/sul2012/resumos/R30-0033-1.pdf>. Acesso em: 18 nov. 2016.

GUERREIRO, M.M. O papel da cultura na gestão da marca das cidades. 2008. Disponível em: <http://www.aps.pt/vicongresso/pdfs/191.pdf>. Acesso em: 15 nov. 2016.

IQUEDA, A.A.; GARRÁN, V.G. Cultura e posicionamento internacional de marcas de serviços. 2012. Disponível em: <http://www.regeusp.com.br/arquivos/1188.pdf>. Acesso em: 17 nov. 2016.

IASBECK, L.C.A. Imagem e reputação na gestão da identidade organizacional. *Organicom*. São Paulo, ECA-USP, v. 4, n. 7, 2007. Disponível em: <http://www.ciencianasnuvens.com.br/site/wp-content/uploads/2014/03/Imagem-e-reputa%C3%A7%C3%A3o-na-gest%C3%A3o-da-identidade-organizacional.pdf>. Acesso em: 13 nov. 2016.

LIMA, A. Gestão de marcas como diferencial competitivo: onde o gerenciamento de marca pode ajudar a mudar as tristes estatísticas de mortalidade das MPE no Brasil? 2010. Disponível em: <http://incubadora.periodicos.ufsc.br/index.php/eRevistaLOGO/article/download/2821/3338>. Acesso em: 17 nov. 2016.

MARTINS, J.R. Branding. Um manual para você criar, gerenciar e avaliar marcas. 3.ed. 2006. Disponível em: <http://www.globalbrands.com.br/artigos-pdf/livro-branding-o-manual-para-voce-criar-gerenciar-e-%20avaliar-marcas.pdf>. Acesso em: 17 nov. 2016.

NETO, C.F.; BACHA, M.L.; THOMAZ, J.C. et al. Identidade, imagem e reputação: da gestão de marca à gestão da comunicação política. 2014. Disponível em: <http://www.uel.br/eventos/encoi/anais/TRABALHOS/GT2/IDENTIDADE,%20IMAGEM%20E%20REPUTACAO.pdf>. Acesso em: 17 nov. 2016.

OLIVEIRA, V.R. A evolução estratégica da comunicação de marca: um enfoque ao Branded Content no ambiente digital. 2014. Disponível em: <http://grupo-ecausp.com/digicorp/wp-content/uploads/2015/05/VIN%C3%8DCIUS-RIQUETO-DE-OLIVEIRA.pdf>. Acesso em: 15 nov. 2016.

OLIVEIRA, C.V.A.; SILVA, R.V. Dove, um caso de Branding, emoção e beleza. 2014. Disponível em: <http://www.espm.br/download/Anais_Comunicon_2014/gts/gt_seis/GT06_CHIRLES_OLIVEIRA.pdf>. Acesso em: 15 nov. 2016.

SILVA, J.S.; SAITO, S.K. Aplicação das macrotendências no gerenciamento das marcas contemporâneas. 2009. Disponível em: <https://revistas.pucsp.br/index.php/rad/article/view/2718>. Acesso em: 17 nov. 2016.

TROIANO, J. Quatro pecados na gestão de marcas. 2015. Disponível em: <http://troianobranding.com/troiano-educar/quatro-pecados-da-gestao-de--marcas/>. Acesso em: 17 nov. 2016.

UBERTO, K.; PETRELLI, M.A. Diálogo entre a teoria e prática da comunicação da marca: a utilização do branding pelas agências de publicidade e propaganda do Vale do Itajaí – SC. Disponível em: <https://siaiap32.univali.br/seer/index.php/vd/article/view/4331/2525>. Acesso em: 18 nov. 2016.

VASQUEZ, R.P. Identidade de marca, gestão e comunicação. *Organicom*. São Paulo, ECA-USP, v. 4, n. 7, 2007. Disponível em: <http://revistaorganicom.org.br/sistema/index.php/organicom/article/viewFile/119/138>. Acesso em: 17 nov. 2016.

MONOGRAFIAS DE CURSO DE ESPECIALIZAÇÃO

AGUIAR, L.H. *Comunicação promocional de eventos como nova tendência para o posicionamento de marcas*. 2006. Trabalho apresentado ao curso de pós--graduação *lato sensu* de Gestão Estratégica de Comunicação Organizacional e Relações Públicas do Departamento de Relações Públicas, Propaganda e Turismo da ECA-USP. Disponível em: <https://docs.google.com/viewer?a=v-&pid=sites&srcid=ZGVmYXVsdGRvbWFpbnxtb25vZ3JhZmlhMjAwNWJ8Z3g6MzUxZjFkM2MxMjdkMjFjZA>. Acesso em: 4 maio 2016.

ALMEIDA, K.S. *A contribuição das ações de comunicação na consolidação da marca Itaú*. 2003. Trabalho apresentado ao curso de pós-graduação *lato sensu* de Gestão Estratégica de Comunicação Organizacional e Relações Públicas do Departamento de Relações Públicas, Propaganda e Turismo da ECA-USP. Disponível em: <https://docs.google.com/viewer?a=v&pid=sites&srcid=ZGVmYXVsdGRvbWFpbnxtb25vZ3JhZmlhMjAwMmF8Z3g6Nzc5OGY5YmVlZjdhMmJhNg>. Acesso em: 1 fev. 2015.

BARRETO, C.G. *Gestão da marca e contribuição das Relações Públicas*. 2009. Trabalho apresentado ao curso de pós-graduação *lato sensu* de Gestão Estratégica de Comunicação Organizacional e Relações Públicas do Departamento de Relações Públicas, Propaganda e Turismo da ECA-USP. Disponível em: <https://docs.google.com/viewer?a=v&pid=sites&srcid=ZGVmYXVsdGRvbWFpbnxtb25vZ3JhZmlhMjAwN2F8Z3g6NGJlZmY3YmJjM2YxOWEyYQ>. Acesso em: 8 dez. 2015.

BATISTA, J.S. *Construção de relacionamentos e reputação de marca em redes sociais na Internet*. 2011. Trabalho apresentado ao curso de pós-graduação *lato sensu* de Gestão Estratégica de Comunicação Organizacional e Relações Públicas do Departamento de Relações Públicas, Propaganda e Turismo da ECA-USP. Disponível em: <https://docs.google.com/viewer?a=v&pid=sites&srcid=ZGVmYXVsdGRvbWFpbnxtb25vZ3JhZmlhYTIwMDl8Z3g6NWRkNmE4ZDM3NjcyZDc2YQ>. Acesso em: 2 mar. 2016.

BENDER, R. *Marketing ambiental: a importância das marcas ecológicas*. 2011. Trabalho apresentado ao curso de pós-graduação *lato sensu* em Economia e Meio Ambiente do Departamento de Economia Rural e Extensão, Setor de Ciências Agrárias, Universidade Federal do Paraná. Disponível em: <http://acervodigital.ufpr.br/bitstream/handle/1884/32611/BENDER,%20RAFAEL.pdf?sequence=1>. Acesso em: 18 nov. 2016.

CABRAL, P. *Valorização da marca como estratégia de gestão das organizações modernas. Um estudo de caso sobre a identidade corporativa do Grupo Pão de Açúcar*. 2006. Trabalho apresentado ao curso de pós-graduação *lato sensu* de Gestão Estratégica de Comunicação Organizacional e Relações Públicas do Departamento de Relações Públicas, Propaganda e Turismo da ECA-USP. Disponível em: <https://docs.google.com/viewer?a=v&pid=sites&srcid=ZGVmYXVsdGRvbWFpbnxtb25vZ3JhZmlhMjAwNWF8Z3g6MTY5YWRhO-WQ5ZTk3MTE5Nw>. Acesso em: 15 abr. 2016.

CIOLLI, L.B. *A importância das Relações Públicas na construção, divulgação e manutenção das marcas*. 2006. Trabalho apresentado ao curso de pós-graduação *lato sensu* de Gestão Estratégica de Comunicação Organizacional e Relações Públicas do Departamento de Relações Públicas, Propaganda e Turismo da ECA-USP. Disponível em: <https://docs.google.com/viewer?a=v&pid=sites&srcid=ZGVmYXVsdGRvbWFpbnxtb25vZ3JhZmlhMjAwNGJ8Z3g6NGEyNjZhYjFkMjUxZjlkNQ>. Acesso em: 7 nov. 2016.

COSTA, C.F. A importância da comunicação integrada na internacionalização de marcas. 2005. Trabalho apresentado ao curso de pós-graduação *lato sensu* de Gestão Estratégica de Comunicação Organizacional e Relações Públicas do Departamento de Relações Públicas, Propaganda e Turismo da ECA-USP. Disponível em: <https://docs.google.com/viewer?a=v&pid=sites&srcid=ZGVmYXVsdGRvbWFpbnxtb25vZ3JhZmlhMjAwNGF8Z3g6N2VjMDNkMDU5OThlNmFiZQ>. Acesso em: 24 fev. 2016.

COSTA, H.F. *A gestão da comunicação na construção e fortalecimento das marcas globais. O caso da plataforma de comunicação da marca Scania*. 2006. Trabalho apresentado ao curso de pós-graduação *lato sensu* de Gestão Estratégica de Comunicação Organizacional e Relações Públicas do Departamento de Relações Públicas, Propaganda e Turismo da ECA-USP. Disponível em: <https://docs.google.com/viewer?a=v&pid=sites&srcid=ZGVmYXVsdGRvbWFpbnxtb25vZ3JhZmlhMjAwNWF8Z3g6ZTAzZjIwMzMyMDg1NDUw>. Acesso em: 4 jun. 2016.

CREMÁCIO, C. *Percepção da imprensa automotiva especializada sobre a marca Hyundai no Brasil*. 2012. Trabalho apresentado ao curso de pós-graduação *lato sensu* de Gestão Estratégica de Comunicação Organizacional e Relações Públicas do Departamento de Relações Públicas, Propaganda e Turismo da ECA-USP. Disponível em: <https://docs.google.com/viewer?a=v&pid=sites&srcid=ZGVmYXVsdGRvbWFpbnxtb25vZ3JhZmlhYTIwMTB8Z3g6MmVhNzFkOWRkZjZiYWQoYg>. Acesso em: 30 set. 2016.

ESBERARD, L.M. *A gestão de marca e suas influências para a reputação e imagem das organizações – o exemplo da empresa Bayer*. 2009. Trabalho apresentado ao curso de pós-graduação *lato sensu* de Gestão Estratégica de Comunicação Organizacional e Relações Públicas do Departamento de Relações Públicas, Propaganda e Turismo da ECA-USP. Disponível em: <https://docs.google.com/viewer?a=v&pid=sites&srcid=ZGVmYXVsdGRvbWFpbnxtb25vZ3JhZmlhYTIwMDh8Z3g6NmI4MGE4OTM2OGI1NDRhYQ>. Acesso em: 05 dez. 2016.

ESTEVES, G.A. *Marca: o maior patrimônio de uma empresa. A importância da preservação e utilização correta da marca*. (s.d.). Trabalho apresentado ao curso de pós-graduação *lato sensu* de Gestão Estratégica de Comunicação Organizacional e Relações Públicas do Departamento de Relações Públicas, Propaganda e Turismo da ECA-USP. Disponível em: <https://docs.google.com/viewer?a=v&pid=sites&srcid=ZGVmYXVsdGRvbWFpbnxtb25vZ3JhZmlhMjAwMXxneDoxZGZiMjAoZGE3ZjhjYTlm>. Acesso em: 5 out. 2016.

GASSI, M.A.M. *Revista customizada: uma nova ferramenta de comunicação. Fortalecendo a marca, o relacionamento e gerando fidelidade*. 2004. Trabalho apresentado ao curso de pós-graduação *lato sensu* de Gestão Estratégica de Comunicação Organizacional e Relações Públicas do Departamento de Relações Públicas, Propaganda e Turismo da ECA-USP. Disponível em: <https://docs.google.com/viewer?a=v&pid=sites&srcid=ZGVmYXVsdGRvbWFpbnxtb25vZ3JhZmlhMjAwM3xneDoxZGMoY2Q4ZDE3OTQ2NGZm>. Acesso em: 12 nov. 2016.

COMUNICAÇÃO E GESTÃO DE MARCAS: FONTES E RECURSOS **239**

GONÇALVES, S.F. *Análise de modelos de estratégia para a presença das marcas nas mídias sociais*. 2013. Trabalho apresentado ao curso de pós-graduação *lato sensu* de Gestão Estratégica de Comunicação Organizacional e Relações Públicas do Departamento de Relações Públicas, Propaganda e Turismo da ECA-USP. Disponível em: <https://docs.google.com/viewer?a=v&pid=sites-&srcid=ZGVmYXVsdGRvbWFpbnxtb25vZ3JhZmlhc3R1cm1hMjAxMXxneD01NDY1Njg3MTY3NmUxOWJl>. Acesso em: 8 jun. 2016.

IORIO, B. *Marca e sociedade de consumo. Um estudo do cenário da comunicação sob a ótica social*. 2004. Trabalho apresentado ao curso de pós-graduação *lato sensu* de Gestão Estratégica de Comunicação Organizacional e Relações Públicas do Departamento de Relações Públicas, Propaganda e Turismo da ECA-USP. Disponível em: <https://docs.google.com/viewer?a=v&pid=sites&srcid=ZGVmYXVsdGRvbWFpbnxtb25vZ3JhZmlhMjAwMmJ8Z3g6NzkwY2JmZjEyMD-MyYWIyZA>. Acesso em: 20 jul. 2016.

LOPES, T.D. *Não existem grandes empresas sem grandes marcas*. 2002. Trabalho apresentado ao curso de pós-graduação *lato sensu* de Gestão Estratégica de Comunicação Organizacional e Relações Públicas do Departamento de Relações Públicas, Propaganda e Turismo da ECA-USP. Disponível em: <https://docs.google.com/viewer?a=v&pid=sites&srcid=ZGVmYXVsdGRvbWFpbnxtb25vZ3JhZmlhMjAwMXxneDooOTYyZmM2MDgoMmNiZGM2>. Acesso em: 13 maio 2016.

MOREIRA, E.G. *O papel estratégico da comunicação interna no processo de fidelização do empregado à marca*. 2005. Monografia apresentada ao curso de pós--graduação *lato sensu* em Gestão Estratégica de Recursos Humanos da Fundação de Ensino de Engenharia da Universidade Federal de Santa Catarina. Disponível em: <http://endomarketing.com/wp-content/uploads/2014/10/publicacao--monografia-elena-geralda-moreira.pdf>. Acesso em: 14 nov. 2016.

OLIVEIRA, M.G. *Identidade de marca. A relação entre identidade visual e conceitual na contemporaneidade*. 2014. Trabalho apresentado ao curso de pós--graduação *lato sensu* de Gestão Estratégica de Comunicação Organizacional e Relações Públicas do Departamento de Relações Públicas, Propaganda e Turismo da ECA-USP. Disponível em: <https://drive.google.com/viewerng/viewer?a=v&pid=sites&srcid=ZGVmYXVsdGRvbWFpbnxtb25vZ3JhZmlhc3R1cm1hMjAxMXxneDozNjNkMzc1MTc3ODZiYTc>. Acesso em: 12 nov. 2016.

OLIVEIRA, P.H. *Marca: um ativo estratégico mensurável*. 2003. Trabalho apresentado ao curso de pós-graduação *lato sensu* de Gestão Estratégica de Comunicação Organizacional e Relações Públicas do Departamento de Relações Públicas, Propaganda e Turismo da ECA-USP. Disponível em: <https://docs.google.com/viewer?a=v&pid=sites&srcid=ZGVmYXVsdGRvbWFpbnxtb25vZ3JhZmlhMjAwMmF8Z3g6NDU0NWQxMzVlOTU4MzUwOQ>. Acesso em: 9 set. 2016.

PADILHA, B.S.S. *Planejamento de comunicação integrada para aumentar o conhecimento sobre a marca da Brazilgrass.* 2011. Trabalho apresentado ao curso de pós-graduação *lato sensu* de Gestão Estratégica de Comunicação Organizacional e Relações Públicas do Departamento de Relações Públicas, Propaganda e Turismo da ECA-USP. Disponível em: <https://docs.google.com/viewer?a=v&pid=sites&srcid=ZGVmYXVsdGRvbWFpbnxtb25vZ3JhZmlhYTIwMDl8Z3g6YzJlZjAxZjE0N2YwYzA2>. Acesso em: 20 ago. 2011.

POLZER, C.P. *A força da marca. A identidade corporativa como expressão da identidade de marca. Estudo de caso: Natura.* 2004. Trabalho apresentado ao curso de pós-graduação *lato sensu* de Gestão Estratégica de Comunicação Organizacional e Relações Públicas do Departamento de Relações Públicas, Propaganda e Turismo da ECA-USP. Disponível em: <https://docs.google.com/viewer?a=v&pid=sites&srcid=ZGVmYXVsdGRvbWFpbnxtb25vZ3JhZmlhMjAwMmJ8Z3g6NmNiMjU4MWJkOWJkMDhlZg>. Acesso em: 7 nov. 2016.

PRESTA, R.A.R. *A comunicação integrada no processo de construção de marcas: o caso Voith.* 2006. Trabalho apresentado ao curso de pós-graduação *lato sensu* de Gestão Estratégica de Comunicação Organizacional e Relações Públicas do Departamento de Relações Públicas, Propaganda e Turismo da ECA-USP. Disponível em: <https://docs.google.com/viewer?a=v&pid=sites&srcid=ZGVmYXVsdGRvbWFpbnxtb25vZ3JhZmlhMjAwNWF8Z3g6NmRmNzFjZTk2MmMwMDg5Ng>. Acesso em: 18 dez. 2015.

RIBEIRO, G.C. *A importância da marca para uma organização não governamental. Estudo de caso da Liga Solidária.* 2009. Trabalho apresentado ao curso de pós-graduação *lato sensu* de Gestão Estratégica de Comunicação Organizacional e Relações Públicas do Departamento de Relações Públicas, Propaganda e Turismo da ECA-USP. Disponível em: <https://docs.google.com/viewer?a=v&pid=sites&srcid=ZGVmYXVsdGRvbWFpbnxtb25vZ3JhZmlhMjAwNmJ8Z3g6NmY2YjBmM2JmZDczYWZkMw&pli=1>. Acesso em: 20 nov. 2016.

SAMPERI FILHO, L.M. *A importância da pós-modernidade para a gestão das marcas atualmente.* 2006. Trabalho apresentado ao curso de pós-graduação *lato sensu* de Gestão Estratégica de Comunicação Organizacional e Relações Públicas do Departamento de Relações Públicas, Propaganda e Turismo da

ECA-USP. Disponível em: <https://docs.google.com/viewer?a=v&pid=sites-&srcid=ZGVmYXVsdGRvbWFpbnxtb25vZ3JhZmlhMjAwNWJ8Z3g6NjljMDcxMmEwMzQ4MTNhYg>. Acesso em: 7 ago. 2016.

SILVA, L. *O papel da comunicação estratégica na gestão de marca*. 2014. Trabalho apresentado ao curso de pós-graduação *lato sensu* de Gestão Estratégica de Comunicação Organizacional e Relações Públicas do Departamento de Relações Públicas, Propaganda e Turismo da ECA-USP. Disponível em: <https://drive.google.com/viewerng/viewer?a=v&pid=sites&srcid=ZGVmYXVsdGRvbWFpbnxtb25vZ3JhZmlhc3R1cm1hMjAxMXxneDozYTMyZmNjZjJmOWRkZGZl>. Acesso em: 7 jul. 2016.

SILVEIRA, E.M. *Reputação na mira: lidando com ameaças à imagem da marca*. 2010. Trabalho apresentado ao curso de pós-graduação *lato sensu* de Gestão Estratégica de Comunicação Organizacional e Relações Públicas do Departamento de Relações Públicas, Propaganda e Turismo da ECA-USP. Disponível em: <https://docs.google.com/viewer?a=v&pid=sites&srcid=ZGVmYXVsdGRvbWFpbnxtb25vZ3JhZmlhYTIwMDh8Z3g6MjUwODI4ODA1YmM2Yjc2Yw&pli=1>. Acesso em: 6 set. 2015.

SILVEIRA, P.K.R.S. *A relação das Relações Públicas no processo de gestão da comunicação dos ativos intangíveis*. 2012. Trabalho apresentado ao curso de pós-graduação *lato sensu* de Gestão Estratégica de Comunicação Organizacional e Relações Públicas do Departamento de Relações Públicas, Propaganda e Turismo da ECA-USP. Disponível em: <https://docs.google.com/viewer?a=v-&pid=sites&srcid=ZGVmYXVsdGRvbWFpbnxtb25vZ3JhZmlhYTIwMTB8Z3g6MWI1NmY1ZWZiZWExZTAxYw>. Acesso em: 14 nov. 2016.

DISSERTAÇÕES E TESES

O número de dissertações e teses pode ser significativamente aumentado a partir da consulta aos sites dos programas de pós-graduação em Comunicação, que, por exigência legal, as disponibilizam gratuitamente para download. Listamos aqui algumas delas que servem para indicar trabalhos de fôlego realizados por pesquisadores (jovens e experientes) de todo o país.

ALVES, V.H.L. *Discurso da marca: uma abordagem da semiose comunicacional da marca*. São Bernardo do Campo, 2015, 206f. Tese (Doutorado) – Universidade Metodista de São Paulo. Disponível em: <http://tede.metodista.br/jspui/bitstream/tede/1504/2/Victor%20Alves.pdf>. Acesso em: 8 jul. 2016.

BERIMBAU, M.M.R. *Advergames: comunicação e consumo de marcas*. São Paulo, 2010, 136f. Dissertação (Mestrado) – Escola Superior de Propaganda e Marketing. Disponível em: <http://www2.espm.br/sites/default/files/pagina/mauro_m_berimbau_0.pdf>. Acesso em: 24 nov. 2016.

CARBALLIDO, I. *Comunicação e microdiscurso do consumo. Lógicas de produção dos nomes das marcas publicitárias no Brasil*. São Paulo, 2014, 140f. Dissertação (Mestrado) – Escola Superior de Propaganda e Marketing. Disponível em: <http://www2.espm.br/sites/default/files/pagina/maria_irene_carballido_romero.pdf>. Acesso em: 20 nov. 2016.

COSTA, M.A.S. *A marca corporativa – a intertextualidade entre o institucional e o mercadológico na legitimação da identidade da organização*. São Paulo, 2011. 105p. Dissertação (Mestrado) – Faculdade Cásper Líbero. Disponível em: <http://casperlibero.edu.br/mestrado/dissertacoes/a-marca-corporativa-a-intertextualidade-entre-o-institucional-e-o-mercadologico-na-legitimacao-da-identidade-da-organizacao/>. Acesso em: 18 nov. 2016.

GIDARO, A. *Marcas e brasões: processos midiáticos e estratégias de patrocínio ao futebol brasileiro*. São Paulo, 2015. 125p. Dissertação (Mestrado) – Faculdade Cásper Líbero. Disponível em: <http://casperlibero.edu.br/wp-content/uploads/2016/01/ALEXANDRE-GIDARO.pdf>. Acesso em: 25 nov. 2016.

KISS, E. *As (i)materialidades do consumo. Um estudo sobre as estratégias discursivas da marca Apple na sociedade de consumo*. São Paulo, 2011, 164f. Dissertação (Mestrado) – Escola Superior de Propaganda e Marketing. Disponível em: <http://www2.espm.br/sites/default/files/pagina/ellenkiss.pdf>. Acesso em: 22 nov. 2016.

MAGALHÃES, T.A. *Valor da marca para o consumidor. Um estudo empírico no setor automotivo*. Belo Horizonte, 2006. Dissertação (Mestrado) – Faculdade de Ciências Econômicas Administrativas e Contábeis de Belo Horizonte da Universidade Fumec. Disponível em: <http://www.fumec.br/anexos/cursos/mestrado/dissertacoes/completa/tavira_aparecida_magalhaes.pdf>. Acesso em: 16 nov. 2016.

MARQUESI, A.C. *Comunicação de mercado e as manifestações perceptivas das marcas nas redes sociais*. São Bernardo do Campo, 2015, 371f. Tese (Doutorado) – Universidade Metodista de São Paulo. Disponível em: <http://tede.metodista.br/jspui/bitstream/tede/1506/2/Alexandre2.pdf>. Acesso em: 12 nov. 2016.

PALAIO, R.E.A. *Brand equity: um estudo sobre a marca Apple*. Coimbra, 2011. 121p. Dissertação (Mestrado) – Universidade de Coimbra. Disponível em:

<https://estudogeral.sib.uc.pt/bitstream/10316/18092/1/Brand%20equity.pdf>. Acesso em: 10 nov. 2016.

PEREIRA, E. *A comunicação de mercado e a ressignificação da marca: como as interações nas redes sociais interferem na percepção do consumiodor*. São Bernardo do Campo, 2014, 153f. Dissertação (Mestrado) – Universidade Metodista de São Paulo. Disponível em: <http://tede.metodista.br/jspui/bitstream/tede/688/1/Everaldo%20Pereira2.pdf>. Acesso em: 7 nov. 2016.

RIEGEL, V. *Comunicação e consumo da marca global. Transformações estratégicas contemporâneas no território simbólico de McDonald's*. São Paulo, 2010. Dissertação (Mestrado) – Escola Superior de Propaganda e Marketing. Disponível em: <http://www2.espm.br/sites/default/files/pagina/viviane_riegel_o.pdf>. Acesso em: 18 nov. 2016.

SANTANA, S.A. *Comunicação integrada de marketing e valor de marca: um estudo em empresas de tecnologia da informação*. Recife, 2003, 100f. Dissertação (Mestrado) – Universidade Federal de Pernambuco. Disponível em: <http://www.liber.ufpe.br/teses/arquivo/20031029140127.pdf>. Acesso em: 14 nov. 2016.

SPADIN, A.C.R. *As marcas e o consumidor: um estudo dos discursos da publicidade na perspectiva da modificação dos estereótipos na representação da família*. São Bernardo do Campo, 2016, 153f. Dissertação (Mestrado) – Universidade Metodista de São Paulo. Disponível em: <http://tede.metodista.br/jspui/bitstream/tede/1544/2/Ana%20carolina%20Rodrigues%20Spadin.pdf>. Acesso em: 7 nov. 2016.

VECHIO, G.H.D. *Marcas organizacionais e a agregação do valor institucional por meio do investimento em ações sociais alternativas*. São Bernardo do Campo, 2015, 183f. Dissertação (Mestrado) – Universidade Metodista de São Paulo. Disponível em: <http://tede.metodista.br/jspui/bitstream/tede/1510/2/GustavoVechio.pdf>. Acesso em: 23 nov. 2016.

VÍDEOS SOBRE COMUNICAÇÃO E GESTÃO DE MARCAS

Embora seja possível encontrar, a partir dos sistemas de busca tradicionais, vídeos sobre temas vinculados às marcas, decidimos listar aqui apenas aqueles que têm qualidade de apresentação e de conteúdo, reconhecendo que muitos outros podem também estar disponíveis, embora não facilmente recuperáveis.

Debate sobre construção de marcas com a equipe da Troiano. Disponível em: <https://www.youtube.com/watch?v=wtvQFtxB4hg>. Acesso em: 6 fev. 2017.

Gestão de marcas, com Thiago Stachon, publicitário, professor universitário e sócio diretor do The Getz. Disponível em: <https://www.youtube.com/watch?v=1kftTqDG31g>. Acesso em: 6 fev. 2017.

Marcas nas redes sociais: qual a importância do monitoramento? Entrevista com Marcelo Volker Andrade no *Jornal Minas*. Disponível em: <https://www.youtube.com/watch?v=mYUEZaDWwWk>. Acesso em: 6 fev. 2017.

Gestão de marcas. Palestra de Paula Nader, superintendente executiva de gestão da marca e comunicação integrada do Santander. Disponível em: <https://www.youtube.com/watch?v=S5CLIkQKScY>. Acesso em: 6 fev. 2017.

A avaliação das marcas e de outros ativos intangíveis, com José Roberto Martins. Entrevista ao programa *Mundo Corporativo*, da rádio CBN. Disponível em: <https://www.youtube.com/watch?v=wa7I6HZLvKc>. Acesso em: 6 fev. 2017.

Marcas em crise. Entrevista de Marcos Hiller, coordenador do MBA em gestão de marcas da Trevisan Escola de Negócios, à revista *Isto É Dinheiro*. Disponível em: <https://www.youtube.com/watch?v=WOpPGR6m_5Y>. Acesso em: 6 fev. 2017.

Marcas e pessoas, um caso de amor e ódio. Palestra de Ana Couto, da Ana Couto Branding. Disponível em: <https://www.youtube.com/watch?v=rUNUFttVmaA>. Acesso em: 6 fev. 2017.

Redes sociais para negócios. Como criar visibilidade para sua marca ou para seu portfólio profissional. Palestra de Simone Siqueira. Disponível em: <https://www.youtube.com/watch?v=ox5gzvlQqgQ>. Acesso em: 6 fev. 2017.

A construção de marcas: novas tendências. Entrevista de Ricardo Monteiro, publicitário e consultor. Disponível em: <https://www.youtube.com/watch?v=HczdEz2-6WM>. Acesso em: 6 fev. 2017.

Marcas, um mundo em movimento. Vídeo da Ideia Comunicação Empresarial. Disponível em: <https://www.youtube.com/watch?v=tCmf6WTrWlo>. Acesso em: 6 fev. 2017.

Entrevista com Jaime Troiano sobre *cases* do Grupo Troiano de Branding. Disponível em: <https://www.youtube.com/watch?v=I_cDJJTXcAg>. Acesso em: 6 fev. 2017.

Envolvimento dos colaboradores é fundamental para o branding. Entrevista de Jaime Troiano. Disponível em: <https://www.youtube.com/watch?v=ihpVTEFcsqo>. Acesso em: 6 fev. 2017.

Índice remissivo

A

Adidas 176
Arquitetura de marca 230
Associação de marcas 78
Atributos da marca 110
Auditoria de imagem 9, 10
Avaliação da marca 227, 230

B

Brand content 77, 86, 88, 89, 95, 99, 100
Brand(*ed*) *content* 85
Branded content 102
Brand equity 37, 86, 101, 225, 228
Branding 22, 37, 75, 82, 85-87, 90, 97, 99, 168,
    225, 230, 232, 233

C

Campanha de marca 229
Celebridade 124, 126, 129
Co-branding 78, 86, 100
Comunicação 152
    com as marcas 192
    corporativa 15, 153, 203, 205
    da marca 14, 15, 42, 48, 58-60, 63, 64,
    96, 98, 102, 130, 222
    de mercado 47-49, 54, 56, 61, 64
    e gestão das marcas 3, 4, 12, 15
    empresarial 104
    institucional 109
    mercadológica 33, 34, 55, 118, 121, 122,
    130, 168
    na construção das marcas 13
    nas mídias sociais 154
    organizacional 18, 27, 99, 138, 142,
    212, 216, 233, 234
Comunicando a marca 110
Comunidade de marca 62, 210
Consolidação das marcas 109, 110, 114, 131
Construção da marca 9, 14, 15, 49, 87, 101, 141
Consumidores da marca 48
Consumo de marcas 31
Conteúdo de marca 89, 100
Criação e valor de marca 229
Cultura
    da marca 223
    organizacional 18, 19, 27, 232

245

D

Diferencial de uma marca 88
Discursividade das marcas 95
Discurso da marca 92, 93, 98, 100
Divulgação 155
Dove 91

E

Estratégia de marca 42, 85
Etnografia da marca 231, 232
Evangelistas da marca 13
Eventos corporativos 70
Extensão da marca 8, 224

F

Facebook 112, 128, 151, 152, 157-159, 161, 162, 175, 177-179, 212
Força da marca 10, 11, 191
Fortalecimento das marcas 114, 131, 180
Frame of reference 88

G

Gestão
    da comunicação da marca 60
    da imagem 228
    da marca 51, 67, 87, 88, 103, 104, 142, 204, 219, 221, 228-231
    e consolidação das marcas 108
Gestores da marca 101

H

História da marca 48

I

Identidade
    corporativa 38
    da marca 8, 96, 230, 231
    e imagem da marca 93
    narrativa 28
Imagem
    corporativa 38, 74
    da marca 8, 10, 15, 33, 35, 36, 38-41, 49, 82, 223, 229

    da organização 21
    de marca corporativa 9
    de marcas de produtos e serviços 9
    e reputação 138, 141, 142, 150, 154, 212
    institucional 37
    negativa 144
    organizacional 18, 20
    ou percepção da marca 231
    positiva 81
Imaginário da marca 23
Influenciador 129
Influenciadores 118, 124, 125, 126, 127, 128, 130, 131
Instagram 79, 125, 128, 157, 212
Internacionalização das marcas 228

L

Lego 41, 42, 43, 48
Lembrança da marca 10, 13, 89
Lovemarks 75, 82

M

Marca (s) 22, 23, 32, 35-37, 40, 41, 43, 48, 52, 58-63, 69, 71-75, 77, 78, 81, 82, 85-88, 90-101, 103, 104, 108, 109, 111, 114, 117, 118, 121-124, 127, 129-131, 137, 140-142, 144, 146, 149, 155, 157, 168, 174, 177-180, 184, 191, 194, 196, 204, 205, 210-216, 222
    carismática 95
    de influência 118, 123, 128
    do fabricante 42
    do produto 42
    esportivas 174
    experimental 118
    -filhas 224
    guarda-chuva 42
    institucional 76
Memes 38-40
Mídias digitais 40, 106, 213-215
Mídias sociais 25, 39, 40, 41, 81, 113, 120, 122, 124, 128, 151, 152, 153, 154, 155, 157, 162, 165, 173, 229

N

Narrativas organizacionais 21, 27, 28

Native advertising 88

O

Omo 92
Organizações 18
Outbound marketing 86

P

Patrimônio da marca 228
Personalidade da marca 7
Personalidade e identidade da marca 6
Point of difference 88, 99
Política de marca 229
Posicionamento da marca 101, 230
Posicionamento de marca 87
Posicionamento de marcas 232
Positioning guide 87, 88, 101
Propósito da marca 88
Publieditorial 88

R

Rede social 39, 41, 81, 106, 112, 118, 125, 127, 128, 130, 153, 204, 205, 207, 210-213, 215
Relevância da marca 127
Reposicionamento da marca 137, 138, 157
Reputação 73, 75, 110, 153
    da marca 37
    empresarial 139
Ressignificação da imagem de marca 47
Ressignificação das marcas 47, 64

S

Significado da marca 32, 37, 38, 42, 222

Sites
    de reclamação 204
    de rede social 124, 153
Snapchat 125
Sponsored content 88
Stakeholders 28, 72, 104, 124
Subjetividade da marca 17
Submarcas 224
Sucesso das marcas 180
Supermarcas 224

T

Tamanho da marca 11
Target audience 87, 88
Teoria da marca 60, 140
Tratamento contábil da marca 227
Twitter 112, 128, 157, 176, 177, 212

V

Valor da marca 10, 11, 12, 225, 229, 230
Valorização da marca 104
Visão de marca 87, 93

W

Webcelebridades 118, 125, 126, 127
Wikibrands 226

Y

Youtube 43, 112, 125, 126, 128, 157, 159
Youtubers 126, 129